Fundamentos interdisciplinares
da musicologia sistemática

Universidade Estadual de Campinas

Reitor
Antonio José de Almeida Meirelles

Coordenadora Geral da Universidade
Maria Luiza Moretti

Conselho Editorial

Presidente
Edwiges Maria Morato

Carlos Raul Etulain – Cicero Romão Resende de Araujo
Dirce Djanira Pacheco e Zan – Frederico Augusto Garcia Fernandes
Iara Beleli – Marco Aurélio Cremasco – Pedro Cunha de Holanda
Sávio Machado Cavalcante – Verónica Andrea González-López

José Eduardo Fornari Novo Junior

Fundamentos interdisciplinares da musicologia sistemática

EDITORA UNICAMP

FICHA CATALOGRÁFICA ELABORADA PELO
SISTEMA DE BIBLIOTECAS DA UNICAMP
DIVISÃO DE TRATAMENTO DA INFORMAÇÃO
Bibliotecária: Gardênia Garcia Benossi – CRB-8ª / 8644

N859f   Novo Junior, José Eduardo Fornari, 1966-
        Fundamentos interdisciplinares da musicologia sistemática / José
        Eduardo Fornari Novo Junior – Campinas, SP : Editora da Unicamp,
        2025.

        1. Musicologia. 2. Música. 3. Performance (Arte). 4. Percepção
        musical. 5. Música - Cognição. I. Título.

CDD – 781.1
– 780
– 790.2
– 781.11

ISBN: 978-85-268-1729-6

Copyright © by José Eduardo Fornari Novo Junior
Copyright © 2025 by Editora da Unicamp

Opiniões, hipóteses e conclusões ou recomendações expressas
neste livro são de responsabilidade do autor e não
necessariamente refletem a visão da Editora da Unicamp.

Direitos reservados e protegidos pela lei 9.610 de 19.2.1998.
É proibida a reprodução total ou parcial sem autorização,
por escrito, dos detentores dos direitos.

Foi feito o depósito legal.

Direitos reservados a

Editora da Unicamp
Rua Sérgio Buarque de Holanda, 421 – 3º andar
Campus Unicamp
CEP 13083-859 – Campinas – SP – Brasil
Tel./Fax: (19) 3521-7718 / 7728
www.editoraunicamp.com.br – vendas@editora.unicamp.br

Série EXTENSÃO UNIVERSITÁRIA

A Série Extensão Universitária está voltada à divulgação das contribuições, teóricas e metodológicas, das iniciativas de caráter extensionista da Universidade Estadual de Campinas. As obras tratam de tecnologias, programas, conhecimentos e metodologias referentes a várias áreas de atuação acadêmica e profissional de grande interesse social. Tratam também da divulgação, da formação e da inovação científica, bem como da capacidade de diálogo e de trabalho conjunto da Universidade com a sociedade.

Sumário

Prefácio	9
Apresentação	13
Nota prévia	17

Parte I
Introdução à musicologia sistemática

1 – Da música à musicologia	19
2 – Musicologia na Grécia Antiga e na Idade Média	24
3 – A representação da música em notação	29
4 – A musicologia de Descartes à Gestalt	33
5 – Musicologia e modernidade	39
6 – Pós-modernismo e postonalismo	44

Parte II
Música e cognição

7 – Da tecnologia à expectativa musical	49
8 – Modelos musicais de expectativa	53
9 – Expectativa e emoção musical	59
10 – Ouvir para escutar	68
11 – Escutar por ouvir	73
12 – O compartilhamento de recursos cerebrais entre música e linguagem	79
13 – Escrita textual e musical	83

Parte III
Música e tecnologia

14 – Avanços e caminhos da computação musical	87
15 – Criatividade musical e inteligência artificial	100
16 – Inteligência artificial em música	108

Parte IV
Elementos da música

17 – O eterno ciclo das quintas 125
18 – Relações intervalares 129
19 – Consertos e concertos 134
20 – Escalas musicais da série harmônica 140
21 – Pentatônicas, diatônicas e seus modos 145
22 – Modos maiores e modos menores de acordes harmônicos 149
23 – Acordes e afetos 153
24 – A ciência da música *pop* 158
25 – Harmonia entre consonâncias e dissonâncias 162
26 – Tríades, inversões e progressões 166
27 – O lado positivo da melodia e da harmonia negativa 172

Parte V
Estética e filosofia da música

28 – Música e amor 185
29 – Da piloereção à perfeição 189
30 – Musicologia do tango 195
31 – A produção de sentido musical através da retroalimentação
comunicacional entre o músico intérprete e seu público ouvinte 200
32 – A união estável da música com a dança 205
33 – Bifurcação da produção musical na oralidade secundária 209
34 – Oralidade terciária e a convergência da produção musical 212
35 – Liberdade e significado musical 217
36 – Complicação, complexidade e criatividade musical 222
37 – Música e surdez: uma rápida introdução 235
38 – *Réveillon*, música e rebelião 238
39 – Liberdade, criatividade e música 243
40 – Musas, música e o mundo mental 252
41 – Som e sabor 271
42 – Musicalidade, improvisação e disponibilidade 279

Bibliografia 291

Prefácio

Pedro Daher Novo

As ciências empíricas clássicas, como a física, a química e a biologia, baseiam-se na análise de experimentos que indicam a existência provável de leis gerais que atuam sobre as entidades estudadas. Por outro lado, as ciências humanas enfrentam obstáculos singulares que surgem ao decidirmos analisar fenômenos abstratos que envolvem qualidades que não podem ser diretamente quantificadas. Nesse sentido, a musicologia é uma ciência situada na fronteira de ambos os tipos de prática. Há a necessidade genuína de construir e refinar teorias sobre a música para que seja possível compreender a influência do contexto histórico, social e cultural das comunidades que participaram, direta ou indiretamente, na consolidação de uma obra musical. No entanto, para que possamos ampliar nosso conhecimento sobre os aspectos não sociais da música, emerge a necessidade de estabelecermos teorias que sejam capazes de mensurar e interpretar dados em concordância com a metodologia empírica. A própria curiosidade a respeito do funcionamento dos instrumentos musicais, a busca por um sistema de notação convencional e a emergência de novos ramos da biologia propiciaram o desenvolvimento da área interdisciplinar que atualmente se conhece como "musicologia sistemática".

Por essa ótica, é nítido que os temas, conceitos e fenômenos que o autor aborda neste livro envolvem a possibilidade de comunicação entre diferentes domínios do conhecimento humano. Além da condição da musicologia sistemática, o próprio processo de construção deste livro é um resultado da interface entre sistemas. Tendo presenciado os momentos primevos da seleção de temas e da escrita dos *blogs*, foi surpreendente perceber o surgimento súbito de um genuíno espaço de discussão. Diferentemente do *modus operandi* dos artigos acadêmicos, que permitem apenas o contato pelo sentido do escritor ao leitor, a divulgação científica digital permite existir uma via de mão dupla entre ambas as partes do debate. A possibilidade de os leitores expressarem suas posições, indicarem correções necessárias ou até mesmo fornecerem sugestões de novos assuntos diretamente ao autor propicia um indubitável enriquecimento do material criado. Em outras palavras, a estrutura dos *blogs* torna a escrita em um processo interativo.

Os leitores atentos definitivamente perceberão que, muitas vezes, a ordem dos capítulos expressa uma apresentação de um mesmo tópico por diferentes ângulos ou conceitualizações. Em outros momentos, novos capítulos são responsáveis por introduzir tópicos completamente distintos dos fenômenos da música previamente analisados. O fio condutor do livro, para além da construção de um belo compêndio de musicologia sistemática, são as próprias indagações científicas, metodológicas e filosóficas do autor. Na minha opinião, este é certamente o maior feito da obra: capturar intimamente as investigações intelectuais de um musicólogo contemporâneo. O caráter ensaístico dos capítulos proporciona tanto a versatilidade requerida para traçar considerações sobre uma vasta gama de discussões, quanto a liberdade estética necessária para que um indivíduo se expresse com maior grau de intimidade.

Os primeiros capítulos do livro são dedicados a uma apresentação da história da musicologia sistemática. Após esse momento, o autor se dedica à análise de uma multitude de assuntos centrais da musicologia, como a cognição e a expectativa musical, as relações entre música e linguagem e o papel da tecnologia na produção artística. Os capítulos finais são dedicados à análise de conceitos abstratos que envolvem a música, como a criatividade, a liberdade, a inteligência, a musicalidade, a improvisação e os fundamentos filosóficos da ciência. Por um lado, acredito que os leitores que procuram se familiarizar com a musicologia sistemática encontrarão nesta obra uma fidedigna introdução ao estado da arte dessa ciência. Por outro lado, leitores familiarizados com a área poderão revisitar os grandes temas da musicologia de uma perspectiva singular e íntima. Para além de palestras, cada capítulo também é um convite para que o leitor se indague sobre os mais variados aspectos da música. Quando a divulgação científica é eficiente como prática, ela se torna justamente uma via para que indivíduos se insiram em debates críticos. Espero que o leitor interessado aceite os convites aqui contidos e, ao findar a leitura, perceba que os fenômenos acústicos e musicais que nos circundam são bastante mais complexos, e até mesmo mais misteriosos, do que poderiam aparentar à primeira vista.

Apresentação

Este livro convida o leitor a uma intrépida e multifacetária jornada pelas veredas da arte, da tecnologia, da produção e da expressão musical, pelo viés da pesquisa científica em música: a musicologia sistemática. Ao longo de 42 capítulos, inicialmente compostos com base em material originalmente publicado pelo autor no *blog* de ciência da Unicamp, intitulado "Musicologia na mídia", este livro expande e explora as diversas facetas da música, desde suas origens ancestrais até as fronteiras da tecnologia contemporânea. Esta obra não se limita a uma abordagem tradicional, linear e limitante, mas sim aponta os múltiplos e interconectados caminhos da interdisciplinaridade inerente à música, partindo de distintos campos do conhecimento, como a filosofia, a história, a psicologia, a neurociência, a tecnologia e a sociologia. A estrutura deste livro naturalmente reflete essa diversidade e transdisciplinaridade temática, aqui organizada em cinco partes, a fim de facilitar a navegação e a compreensão do leitor:

Na parte 1, "Introdução à musicologia sistemática", tem-se seis breves capítulos que procuram descrever as bases conceituais da musicologia sistemática, explorando sua história, seus métodos e suas principais áreas de investigação. Essa parte abrange, ainda que resumidamente, desde as origens do estudo da música, na Grécia Antiga, na Idade Média, no Iluminismo e na Modernidade, passando pela evolução da notação musical, e as contribuições de pensadores como Descartes, e escolas como a da Gestalt.

A parte 2, "Música e cognição", composta de sete capítulos, trata da relação intrínseca entre música e cognição, explorando a sensação sonora e a percepção musical, a formação de suas expectativas e a evocação de emoções através da escuta musical. São aqui apresentados os mais importantes modelos que tentam explicar como a mente processa a informação sonora, prediz eventos musicais, gerando significado e emoção. Inclusas aqui também estão reflexões sobre o processo de escuta, distinguindo entre "ouvir" e "escutar" e traçando um paralelo entre linguagem e música.

Na parte 3, "Música e tecnologia", composta de três capítulos, é analisado o impacto da tecnologia na criação, na produção e na apreciação musical, desde os avanços da computação musical até a utilização dos últimos modelos de IA (Inteligência Artificial), como os LLM (*Large Language Models*), discutindo seu potencial criativo e suas possíveis implicações para o futuro da música.

A parte 4, "Elementos da música", composta de 11 capítulos, apresenta um exame mais detalhado dos elementos acústicos constitutivos da música, desde o ciclo das quintas e suas relações intervalares até as escalas, os modos, os acordes e suas funções harmônicas. Também aqui se tem uma análise da música popular e seus mecanismos de composição e razões de ampla aceitação social e consequente mercantilização.

Finalmente, na parte 5, "Estética e filosofia da música", a mais extensa de todas as partes, contendo 15 capítulos, são apresentados os aspectos estéticos e filosóficos da música, abordando conceitos como liberdade, criatividade, imaterialidade, musicalidade e a relação entre música e emoção. São analisadas diferentes perspectivas filosóficas e estéticas com relação à música, desde a Antiguidade até a contemporaneidade, e a sua influência em diferentes aspectos da vida humana, como o amor, a rebelião, a dança e até mesmo o impacto da música na culinária e na publicidade.

Este livro se destina a um público amplo, desde estudantes e pesquisadores de música até leitores em geral, interessados em adentrar e explorar os múltiplos aspectos e dimensões da experiência e do estudo musical. Seu objetivo é estimular o diálogo e a reflexão sobre a música, instigando a curiosidade do leitor e promovendo um entendimento mais amplo do universo complexo e fascinante da arte musical. Assim, a presente obra apresenta-se como um convite à exploração e à descoberta do estudo sistemático da música, caminho através do qual se pretende inspirar o leitor a seguir sua própria jornada pelas veredas da pesquisa em música, esta que é, sem dúvida, uma forma fundamental e essencial de comunicação sonora humana.

Nota prévia

Entre 2019 e 2024 escrevi mais de 60 artigos curtos para um dos *blogs* de ciência da Universidade Estadual de Campinas (Unicamp), "Musicologia na mídia" (www.blogs.unicamp.br/musicologia/), criado por mim com a intenção de divulgar a pesquisa científica em música; aquela que ocorre sob o viés do termo "musicologia sistemática". Dos três tipos de musicologia existentes (histórica, etnográfica e sistemática), a musicologia sistemática é a mais antiga (iniciando com os trabalhos de Pitágoras) e, curiosamente, a menos conhecida. Ela engloba a pesquisa empírica, quantitativa, sistemática e, desse modo, científica da música, que é comunicação sonora expressiva da humanidade, envolvendo diversas áreas interdisciplinares, como: a acústica, a psicofísica, a psicoacústica, a biologia (bem como a anatomia da audição), a etologia, a cognição, a psicologia, a tecnologia (especialmente a eletrônica digital), a computação e, mais recentemente, a neurociência, que permitiram ir adiante com o estudo do timbre e da percepção humana, o que acabou por trazer, por volta da primeira década do século XXI, um ressurgimento da musicologia sistemática.

Assim como fiz quando dei início à minha série de *blogs*, também começo este livro apresentando uma definição mais formal do que vem a ser musicologia sistemática. A partir daí, segui no sentido de abordar diversos temas relacionados à pesquisa científica musical. Por se tratar de uma área muito interdisciplinar, os capítulos aqui apresentados não têm a pretensão de cobrir todas as áreas da musicologia sistemática, mas sim de promover um entendimento inicial e geral do tema, a fim de motivar o leitor a seguir sua própria jornada de pesquisa em música, consoante com seu tema de maior interesse.

Espero com isso que estes ensaios venham a instigar a curiosidade do leitor, trazendo-lhe conhecimento e motivação inicial, e que assim sirvam de inspiração para futuras pesquisas nesse campo tão vasto, fundamental e misterioso que é a comunicação sonora expressiva, ubiquamente presente em todas as culturas humanas e ao mesmo tempo tão inefável, misteriosa e profundamente impactante no emocional humano, que é aquilo que chamamos simplesmente de música.

PARTE I
INTRODUÇÃO À MUSICOLOGIA SISTEMÁTICA

1
DA MÚSICA À MUSICOLOGIA

Música é uma atividade que fascina e intriga a humanidade desde tempos imemoriais. Não há registro histórico de que tenha existido uma sociedade ou comunidade, por menor ou mais antiga que fosse, que não tivesse uma forma de expressão musical. A palavra "música" vem do grego *mousiki*, que quer dizer a "arte das musas", as nove deusas da mitologia grega que inspiram a criação humana, em termos de criatividade e produção de conhecimento, nas áreas da literatura, das ciências e das artes.

A origem da música parece anteceder a da linguagem. Existem evidências arqueológicas de que nossos antepassados desenvolveram primeiro a capacidade de se comunicar por interjeições, ou seja, sonoridades com regularidades rítmicas e tonais, como aquelas encontradas na música, antes de desenvolverem a capacidade de abstração mental necessária para a atribuição de significados semânticos a sons particulares, para nomes, objetos e ações específicas, de onde se desenvolveu a linguagem.

Existem relatos de comunidades que não desenvolveram conceitos básicos, como a noção de duração de tempo, a contagem de objetos ou seres, os nomes para as diferentes cores, ou mesmo um conceito religioso ou mitológico que explicasse sua origem. No entanto, sempre apresentam música e linguagem. Esse é o caso dos pirahãs, um povo indígena brasileiro que habita as terras de Humaitá, no Amazonas. Os pirahãs não sabem contar, distinguir cores ou sequer acreditam em divindades, mas apresentam uma linguagem tonal, pela qual se comunicam falando, cantando ou até mesmo assobiando.

Música, assim como linguagem, é uma comunicação sonora. No entanto, elas cumprem funções bastante distintas. Música, apesar de eventualmente conter um certo grau de significado, normalmente não apresenta um conteúdo semântico complexo, como é o caso da linguagem. De um modo geral, as músicas que são espontaneamente geradas pelas comunidades costumam expressar conteúdos emocionais e afetivos, estando muitas vezes ligadas a rituais, cerimônias ou até a determinados estados de espírito. A linguagem apresenta a função de entendimento do mundo através da categorização de sons referentes a objetos, ações e atributos. Tanto música quanto linguagem se valem da modulação sonora de regularidades rítmicas, tonais e de intensidade para compreender e expressar o mundo e a mente humana. Música e linguagem são, assim, irmanadas e até compartilham as mesmas regiões cerebrais para o seu processamento. Ambas são atividades exclusivas e ubiquamente humanas. São formas de comunicação sonora que transmitem conceitos distintos, porém igualmente relevantes, tanto para o indivíduo quanto para a sua comunidade. Por meio do estudo da música, é possível investigar a essência de uma parte fundamental da natureza humana: o entendimento, o gerenciamento e a expressão de emoções.

Como se sabe, o significado do sufixo *logia* é "o estudo de". Aplicando esse sufixo à palavra "música", tem-se o termo "musicologia", que significa, em linhas gerais, o estudo da música, em todas as suas formas, expressões, aplicações, perspectivas e objetivos.

Assim, entendemos aqui que musicologia é o termo geral que se refere a todos os tipos de pesquisa em música, desde sua composição e sua *performance* até sua apreciação. Tal estudo envolve diferentes áreas e disciplinas do conhecimento humano, como a matemática, a física, a filosofia, a história, a sociologia, a antropologia, a fisiologia, a psicologia, a neurologia, as ciências computacionais e a neurociência.

As maiores vertentes da musicologia são: musicologia histórica, etnomusicologia, teoria musical e musicologia sistemática. Musicologia histórica é o campo mais estabelecido da musicologia, e com maior número de publicações. Trata basicamente do estudo da história da composição musical erudita europeia, ou seja, a música ocidental registrada em notação musical. Acredita-se que a origem da musicologia histórica ocorreu no século XVIII, com a publicação do livro *Storia della musica*, do padre Giovanni Battista Martini (1706--1784).[1] A musicologia histórica baseia-se, principalmente, no estudo documentacional das obras musicais e de seus compositores por meio da análise de suas partituras e documentos de época relacionados à obra e à vida do seu compositor.

A etnomusicologia originou-se no final do século XIX com o surgimento da gravação sonora, que permitiu, pela primeira vez, o registro fonográfico e o consequente estudo da música que não era registrada na forma de notação musical. Esse é o caso das músicas folclóricas, populares, indígenas, de alguns povos não ocidentais, ou de povos e comunidades sem métodos ou tradições do registro notacional de sua expressão musical. O termo "etnomusicologia" vem de duas palavras de origem grega: *ethnos* (que significa "povo ou nação estrangeira") e música. O termo foi cunhado pelo pesquisador e músico holandês Jaap Kunst.[2] Atualmente, a etnomusicologia dedica--se ao estudo da música como fenômeno antropológico, ou seja, ela se

[1] Martini, 1757.
[2] Kunst, 1950.

volta ao estudo etnográfico dos aspectos, origens e impactos sociais e especialmente culturais do fenômeno musical. Desse modo, a etnomusicologia concentra-se, especialmente, no estudo da música como patrimônio cultural imaterial. Isso ocorre através de uma abordagem predominantemente qualitativa do estudo das tradições e expressões culturais musicais.

A teoria musical trata do estudo dos métodos e práticas que permitem aos compositores e arranjadores criar obras melhores, de modo mais eficiente e coerente, por uma determinada perspectiva estética vigente, ou atrelada a um estilo, gênero, arranjo, época, localidade, necessidade mercadológica ou ideológica. Sua abordagem é predominantemente empírica, ou seja, baseia-se na experiência musical do teórico, e engloba disciplinas diversas, como a matemática, a acústica, a percepção musical e a semiótica.

A musicologia sistemática refere-se ao estudo empírico, sistemático e, portanto, fortemente quantitativo da origem, da natureza e da apreciação do fenômeno musical. Alguns pesquisadores argumentam que a origem da musicologia sistemática vem da Grécia Antiga, tendo suas raízes nos estudos de Pitágoras, Platão, Aristóteles e Aristóxeno. No entanto, o termo só foi cunhado no final do século XIX, por Guido Adler,[3] que, nos moldes de outras disciplinas da época, no caso, o direito e a teologia, propôs uma divisão similar ao estudo da música, entre duas grandes disciplinas, a musicologia histórica e a musicologia sistemática, sendo que esta última se dedicaria exclusivamente a investigar as leis fundamentais que regem a criação, a expressão e a apreciação musical. A musicologia sistemática é a área da musicologia que apresenta a maior interdisciplinaridade, ou seja, a cooperação entre diversas áreas do conhecimento humano para o estudo da música. Ela trata da pesquisa empírica, baseada na análise de dados, do fenômeno musical como um todo, envolvendo as mais

[3]   Adler, 1885.

diversas disciplinas, tais como: a acústica, a fisiologia, a psicologia, a computação, a estatística e a neurociência.

Seja qual for o tipo de musicologia aplicada, a música é a mais intangível das artes. A essência imaterial da expressão musical é fortemente atrelada ao tempo, porém vagamente vinculada ao espaço, o que confere um aspecto inefável a essa arte, que expressa e exprime o âmago da experiência humana na sua forma mais profunda e definitiva.

2

Musicologia na Grécia Antiga e na Idade Média

O estudo da música como fenômeno estético, cultural e científico vem ocorrendo pelo menos desde o século VI a.C., na Grécia Antiga. Lá, a música era parte da educação formal dos cidadãos, o que instigou filósofos a ponderar sobre sua origem, seu significado e sua função.

Nesse século, Pitágoras acreditava que a música deveria ser analisada matematicamente, e que só assim poderia ser tratada como ciência. Ele postulava que a função da música era trazer harmonia à "alma humana". Pitágoras estabeleceu as bases matemáticas para a consolidação de uma importante escala musical, hoje conhecida como escala pitagórica ou justa. Essa escala tem 12 notas e é gerada pelos modos naturais de vibração de uma corda retesada, dada na razão aritmética das proporções entre as frequências fundamentais das notas que a compõem: de 2 para 1 (representando uma oitava) e de 3 para 2 (representando uma quinta justa). Esse intervalo permite, através do chamado "ciclo das quintas", definir uma escala cromática de 12 notas entre uma oitava, aproximadamente distanciadas por um semitom. Pitágoras argumentava que todos os fenômenos objetivos e subjetivos poderiam um dia vir a ser descritos por meio da matemática. Do mesmo modo que outros filósofos pré-socráticos, Pitágoras também acreditava nos poderes medicinais da música – conceito que foi posteriormente adotado também por Platão e Aristóteles.

No século IV a.c., Platão e seu ilustre discípulo Aristóteles acreditavam na importância da música tanto para o indivíduo quanto para sua sociedade. Platão postulava que a educação musical era fundamental à formação de um cidadão, afirmando que os elementos que compõem a música como que "penetram mais fundo na alma e afetam-na mais fortemente", influenciando, assim, o seu comportamento e, consequentemente, o comportamento de toda a sociedade. Em particular, Aristóteles afirmava que a música possuía grande similaridade com a emoção, já que ambas eram compostas de movimento, lembrando que a palavra "emoção" origina-se da palavra latina *emovere*, que significa "incitar ou instigar movimento". Desse modo, a música era vista como a imitação da emoção humana, por ter sua essência constituída de movimento.

Nesse período, a música era entendida como sendo constituída por um processo de imitação. Platão definiu dois tipos de atividades comunicacionais: a *mimese* (imitação de um fenômeno observado) e a *diegese* (a narrativa de um fenômeno observado). Simplificando, para Platão e Aristóteles, a mimese "mostraria sem explicar", enquanto a diegese "explicaria sem mostrar". Platão catalogava os estilos poéticos em: comédia, tragédia, épico e poesia lírica, sendo que a tragédia e a comédia, para ele, eram predominantemente miméticas. A mimese não procura descrever a verdade, mas apenas imitá-la. Platão mencionou que Sócrates advertia seus alunos que não confiassem na capacidade da arte de expressar a verdade (tarefa esta que, para Sócrates, cabia à filosofia) e, assim, alertava-os sobre a necessidade de se acautelarem contra a "sedução da arte". A mimese era explicada por Platão por meio da metáfora das três camas, atribuída a Sócrates: a primeira sendo a idealização do projetista; a segunda, aquela que o marceneiro constrói; e a terceira, a que o artista imita.

Para Aristóteles, a arte seria constituída de mimese e de matemática, almejando encontrar e registrar aquilo que é perene e atemporal no dinâmico processo natural, em que tudo nasce, transforma e decai. Aristóteles mencionava a existência de uma distância de identificação entre a realidade e a sua imitação dada pela arte, o que permitiria que a arte fosse de fato apreciada pelo público. Sem essa distância segura não haveria a possibilidade de ocorrer o que ele chamava de *catarse*, ou seja, a purificação de emoções através da arte, resultando numa sublimação do estado de espírito de quem a aprecia. Porém, caso houvesse um excesso de distância entre realidade e arte, não seria possível despertar a empatia do público, com sua imitação não sendo sequer identificada. Existiria, assim, segundo Aristóteles, um distanciamento ótimo entre a realidade e a sua imitação, para que esta pudesse ser percebida pelo público como arte. Além de imitar emoções, Aristóteles dizia que a música tinha também outras importantes finalidades, tais como: gerar prazer, inspirar virtudes e proporcionar satisfação intelectual.

Um pouco mais adiante, já no final do século IV a.C., Aristóxeno de Tarento, que foi tanto instruído na escola pitagórica quanto aluno de Aristóteles, uniu os aspectos das suas bases de formação e desenvolveu uma análise musical própria, em que a percepção humana passava a ser fundamental e até indispensável. Aristóxeno acreditava que a música era, ao mesmo tempo, ciência e arte, e que, assim, o julgamento das estruturas musicais deveria ser feito por meio de uma análise empírica, ou seja, por meio da audição, e não apenas através de proporções matemáticas, conforme havia sido sugerido por Pitágoras. Aristóxeno escreveu diversos tratados dos quais os únicos que sobreviveram ao tempo, e que dizem respeito à música, são: "Elementos da harmonia" e fragmentos de "Elementos da rítmica". Ao incluir a percepção no estudo da música, Aristóxeno vislumbrou a existência de fatores psicofisiológicos que modelariam e modulariam, através da audição, a percepção da realidade sonora que compõe a música. Sua proposta de adoção de uma abordagem empírica, através de dados auditivos, para o entendimento do fenômeno musical ratificou as bases daquilo que, mais de 20 séculos depois, veio a ser chamado de "musicologia sistemática", que trata do estudo empírico e interdisciplinar da música por meio da coleta e da análise de dados. Essa enorme pausa no desenvolvimento da musicologia sistemática deve-se, principalmente, ao fato de que os recursos tecnológicos que permitem a coleta e a análise estatística de dados acústicos e simbólicos de peças musicais só vieram a surgir na segunda metade do século XX, com o advento da tecnologia computacional.

No período medieval, o estudo da música foi marcado quase que exclusivamente por um único autor, Anício Boécio.[1] No século VI, Boécio, que era filósofo e senador romano, produziu uma obra literária sobre música, intitulada *De institutione musica* ("Sobre a instituição da música"). Ele acreditava nas proporções matemáticas e universais contidas e expressas pela música, conforme postuladas 12 séculos antes por Pitágoras. No primeiro capítulo desse seu livro, Boécio apresenta sua teoria de inspiração pitagórica, postulando que a harmonia que rege as leis universais seria a mesma que rege a música. Assim, ele classifica três tipos de harmonia: mundana, humana e instrumental. A harmonia mundana, também chamada de música universal ou "música das esferas", é definida como sendo constituída pela proporção e pela regularidade dos movimentos dos corpos celestes, ocorrendo como uma forma de harmonia inaudível, porém regular, perene e responsável pela manutenção do mundo e do universo como era conhecido. A harmonia humana define as proporções e regularidades encontradas no corpo humano e, principalmente, no que então se entendia como sua alma. A harmonia instrumental é definida como a única que seria, de fato, audível, uma vez que é produzida através da ação da voz ou de instrumentos musicais. Segundo Boécio, esta última seria gerada por distintos tipos de instrumentos musicais, que poderiam ser constituídos de objetos sob tensão (como as cordas), sob a ação do vento (como os

[1] Boécio, 2001.

instrumentos de sopro) ou por objetos de percussão. Seu trabalho em música foi também fundamental para o registro histórico das antigas peças musicais gregas que, sem ele, poderiam ter sido perdidas ao longo da história.

Como se percebe, a filosofia da Grécia Antiga teve e ainda tem papel fundamental para o entendimento e o desenvolvimento do fenômeno musical, tanto no aspecto de expressão artística individual quanto na sua representação e influência social. Os estudos realizados por Pitágoras, Platão, Aristóteles, Aristóxeno e tantos outros ecoam até os dias atuais, oferecendo bases seguras para o entendimento da música como forma de expressão ubíqua e exclusivamente humana, que mescla, em seus estudos, tanto os aspectos objetivos da ciência quanto os subjetivos da arte.

3
A REPRESENTAÇÃO DA MÚSICA EM NOTAÇÃO

A música é uma arte composta de eventos sonoros ordenados no tempo, uma vez que sons são entidades informacionais intangíveis, que de fato ocorrem como "música" apenas no momento da *performance*. Por isso, a música é conhecida como a mais imaterial das artes. Para a preservação e o estudo de uma composição musical, é necessário existir um método de registrá-la, seja como processo acústico ou através de dados simbólicos.

O registro acústico só se tornou possível no final do século XIX, com o advento do fonógrafo, em 1877. Antes disso, era possível realizar somente o registro simbólico da música, ocorrendo normalmente através do que se conhece por notação musical. Esta descreve o processo de recriação de uma *performance* musical, que é o evento de geração sonora em que a composição se manifesta na forma de uma sequência de passos, fortemente ordenados ao longo do tempo; se esses passos são executados corretamente – por um ou mais músicos –, é possível recriar um evento musical com similaridade perceptual suficiente para ser reconhecido pelos ouvintes como *performance* de uma determinada composição musical.

Assim, a notação musical constitui um modo de registrar a intangível arte sonora musical, como na forma de uma receita culinária, ou de um código de programação, com grande ênfase na sequência temporal de eventos que registra o processo através do qual uma determinada *performance* musical pode ser recriada. Como a notação musical não é a música em si, mas apenas o seu "mapa", ou seja, a sequência de passos ordenados no tempo para a recriação de uma *performance*, esta permite que, além do compositor, o intérprete também tenha uma significativa participação criativa no processo musical. Através da sua técnica e da sua criatividade, a interpretação da notação pelo músico irá influenciar decisivamente tanto na qualidade quanto no significado da *performance*. Desse modo, a notação musical foi e sempre será um importante método de registro, tanto para a análise quanto para o entendimento do processo de criação de uma composição musical.

Existem registros históricos de notações musicais muito anteriores àquelas utilizadas na música da Grécia Antiga. Por exemplo, a notação que era utilizada na Suméria (atual Iraque), datada de XIV a.C., era grafada em forma de escrita cuneiforme (ou seja, feita com marcas de cunhas em placas de argila). Na Grécia Antiga, a notação musical era grafada em papel de papiro, com a melodia já sendo organizada em tetracordes, ou seja, grupos de quatro notas, em que a afinação da primeira e a da última (a quarta) nota são distanciadas por um intervalo de uma quarta justa, ou seja, um intervalo de frequência na razão de 4 por 3. A afinação das duas notas intermediárias era móvel, de acordo com o gênero de tetracorde utilizado. Nesse período, os tetracordes eram pensados de forma descendente, ou seja, da nota mais aguda para a nota mais grave.

Segundo Aristóxeno, o gênero de tetracorde mais natural e antigo é o diatônico, pois apresenta intervalos máximos de afinação entre notas consecutivas de cerca de um tom. A escala diatônica, composta de dois desses tetracordes, é conhecida desde antes da Grécia Antiga, por ser gerada a partir de uma sucessão de seis quintas perfeitas. Por exemplo, para a escala diatônica de Dó (C), tem-se os seguintes intervalos: F-C-G-D-A-E-B, que podem ser reorganizados de modo consecutivo, na seguinte sequência: C-D-E-F-G-A-B, que constitui a escala diatônica.

A notação musical que antecede a pauta atual, com cinco linhas (pentagrama), é chamada de neuma (da palavra grega *pneuma*, que significa "sopro"). Os neumas normalmente indicavam apenas o contorno melódico, sem referência a sua divisão rítmica. É atribuída a Guido D'Arezzo, um monge beneditino do século X d.C., a introdução da notação musical moderna, ainda que nesse período as músicas continuassem sendo grafadas em pautas de quatro linhas e em hexacordes – grupos de seis notas em que a sétima nota da escala diatônica (o que seria a nota Si da escala diatônica de Dó) era retirada, a fim de evitar a ocorrência do trítono entre o quarto e o sétimo grau (Fá e Si), o que era chamado na época de *diabolus in musica*, ou "o intervalo do diabo", por ser considerado um intervalo muito dissonante para os padrões estéticos musicais da época. A obra mais famosa de Guido D'Arezzo é o tratado *Micrologus*, que analisa o canto gregoriano e a música polifônica.

Entre os séculos XIV e XVI, ocorreu o período da Renascença na Europa. A música nesse período evoluiu do estilo medieval, em que apenas intervalos perfeitos de uníssonos, oitavas, quintas e quartas eram considerados consonantes, para também englobar terças e sextas como intervalos consonantes. Ocorreu, assim, a proliferação de estruturas musicais polifônicas, com diversas vozes (ou seja, melodias) passando a coexistir numa mesma peça musical, de uma forma harmonicamente interconectada. Isso levou ao desenvolvimento das chamadas técnicas de contraponto, cujo principal teórico foi Gioseffo Zarlino, considerado o mais importante teórico musical desde Aristóxeno. Em seu livro *Le Istitutioni Harmoniche*,[1] Zarlino apresenta diversas regras contrapontísticas, descrevendo técnicas de composição com duas ou mais vozes simultâneas, além de também

[1] Cf. Corwin, 2008.

tratar de outros modos de afinação da escala musical, como o temperamento mesotônico, considerado um precursor do atual modo de afinação de temperamento igual. Dois outros importantes teóricos musicais da Renascença foram: Nicola Vicentino,[2] que estudou escalas microtonais e o volume sonoro na música, e Vincenzo Galilei,[3] pai de Galileu Galilei, que fez importantes descobertas em acústica, em especial na relação da tensão de cordas e volume de colunas de ar na produção de sons tonais. É importante lembrar que foi na Renascença que ocorreu a invenção da imprensa, por Johann Gutenberg, o que contribuiu decisivamente para a proliferação e a difusão do conhecimento musical, por meio da impressão de livros, tratados e partituras.

---

[2] Cf. Kaufmann, 1966.
[3] Cf. Sadie, 1980.

4

A MUSICOLOGIA DE DESCARTES À GESTALT

No século XVII, durante o período barroco, Descartes produziu a sua primeira obra filosófica, *Compendium musicae*,[1] escrita em 1618, mas publicada apenas após a sua morte. É interessante observar que a primeira obra de Descartes é dedicada ao estudo filosófico da música. O pensamento cartesiano, em termos de música, tem suas raízes no movimento humanista da Renascença, que procurou resgatar os ideais musicais da Grécia Antiga, em relação tanto à sua fundamentação matemática pitagórica quanto ao seu componente aristotélico, emocional e catártico. Descartes inicia esse seu primeiro livro com a seguinte afirmação: "A base da música é o som, e o seu objetivo é nos agradar e despertar várias emoções". No entanto, o filósofo francês não acreditava que valores estéticos pudessem ser representados unicamente pela obra musical. Para ele, tais valores ocorreriam por meio da relação da música com o ouvinte, ou seja, através de propriedades relacionais entre objeto e observador. Em seu último livro, *Les Passions de l'âme* (*As paixões da alma*),[2] de 1649, Descartes afirma que existem apenas seis tipos de afetos gerados pela mente humana: admiração, amor, ódio, desejo, alegria e tristeza, sendo os demais meras combinações desses afetos primordiais.

[1] Descartes, 2001.
[2] Descartes, 1973.

Nesse período, surgiu a "Doutrina dos afetos", no campo da estética das artes, baseada na ideia de materialização de um afeto através de um símbolo ou evento, fosse este musical ou pictórico. Com base nesse princípio, a música era vista como um meio de evocar afetos no ouvinte, com determinados eventos musicais podendo incitar emoções específicas. Diversos teóricos dos séculos XVII e XVIII, como é o caso de Athanasius Kircher e Johann Mattheson, defenderam essa doutrina. Em seu livro *The perfect chapelmaster* (1739), Mattheson descreve, por exemplo, que a sensação de alegria pode ser gerada por melodias com grandes intervalos musicais, enquanto intervalos menores podem evocar a tristeza nos ouvintes; a fúria pode ser gerada por harmonias ásperas juntamente com melodias rápidas; a obstinação pode ser evocada pela combinação contrapontística formada por melodias muito independentes.

No século XVIII, durante o período iluminista na Europa, surgem diversos pensadores e correntes filosóficas que discorrem, entre tantas outras questões, também a respeito da música. Gottfried Wilhelm Leibniz pensava na música como uma área do conhecimento na qual a sensação é unida à exatidão numérica.[3] Uma famosa afirmação de Leibniz diz que "a música é um tipo de exercício de aritmética que a mente realiza, sem perceber que está calculando".[4] Posteriormente, no século XIX, esse aforismo foi parafraseado por Arthur Schopenhauer em seu primeiro livro, *Die Welt als Wille und Vorstellung* ("O mundo como vontade e representação"),[5] em que diz que a "música é um exercício metafísico da alma, sem que esta perceba que está filosofando".[6]

---

[3] Leibniz, 1969.
[4] Em latim, "musica est exercitium arithmeticae occultum nescientis se numerare animi".
[5] Schopenhauer, 1966 [1818].
[6] Em latim, "musica est exercitium metaphysices occultum nescientis se philosophari animi", ou, em inglês, "music is a hidden metaphysical exercise of the soul, which does not know that it is philosophizing".

Immanuel Kant, no século XVIII, ao teorizar sobre o belo, diz que a música em si é um tipo de arte sem representação; um tipo de "beleza livre". Já a música com letra, como no caso da ópera e da canção, deixa de ser essa beleza livre e passa a ser o que Kant define como uma forma de "beleza aderente", aproximando-se da literatura; uma arte representacional, que apresenta conteúdo semântico. Uma frase de Schopenhauer, citada por Oliver Sacks em seu livro *Musicophilia*,[7] diz que "a profundidade da música, tão fácil de perceber e tão difícil de explicar, vem do fato de que esta expressa todas as emoções humanas, porém permanecendo distante da realidade e sem provocar dor".[8]

No século XIX, tivemos os famosos estudos em música de Eduard Hanslick, considerado o primeiro professor de estética musical. Contemporâneo de Richard Wagner e Robert Schumann, Hanslick publicou, em 1854, seu aclamado livro *Do belo musical*,[9] que discute e critica a doutrina dos afetos em música, de Kircher e Mattheson. Para Hanslick, a música não deve se limitar ao que chama de "estética dos sentimentos", em que sua função seria restringida apenas a representar e transmitir afetos. Para ele, o belo musical transcende a representação de afetos, permanecendo belo mesmo quando a música não evoca qualquer emoção no ouvinte. Sendo a essência musical, conforme descrita por Aristóteles, composta de "som e movimento", para Hanslick, o prazer do ouvinte advém da antecipação inconsciente desse movimento musical, que sua mente inconscientemente tenta predizer ao escutar uma sequência de sons ordenados, que geram expectativas no campo de sua imaginação. Friedrich Nietzsche foi um partidário das ideias de Hanslick, bem

---

[7] Sacks, 2008.

[8] Em inglês, "The inexpressible depth of music, so easy to understand and yet so inexplicable, is due to the fact that it reproduces all the emotions of our innermost being, but entirely without reality and remote from pain".

[9] Hanslick, 2018 [1854].

como um fervoroso amante da música.[10] É atribuída a ele a frase "sem música, a vida seria um erro". Além do livre-pensador que todos conhecem, Nietzsche foi também pianista e compositor clássico, deixando mais de 40 obras para piano, como a "Hymnus an die Freundschaft" ("Hino à amizade"). Apesar de se declarar "o último discípulo de Dionísio", sua estética musical para muitos críticos é vista como apolínea; sem os excessos e exageros dionisíacos, mas ordenada, compenetrada, serena e conservadora. Nietzsche lamentava que Sócrates, segundo ele, tivesse contribuído para afastar a música da tragédia e opunha-se à tendência que percebia em muitos filósofos e compositores a secundar a música como uma serva da linguagem. Para Nietzsche, quanto mais se afasta de concepções semânticas, mais verdade a música abarca. Desse modo, a música contém mais estímulos do que a linguagem pode representar; uma verdade inefável, profunda e intuitiva. No estudo da música, tanto Nietzsche quanto Hanslick acreditavam que a verdadeira música é desprovida de palavras, ou seja, é instrumental, e que o seu estudo deve ser empírico, baseando-se na matemática e na acústica, sendo que, para Nietzsche, todo conhecimento advém da experiência e da matemática.

Na área da acústica e da percepção sonora, tem-se o importante trabalho do físico e médico Hermann von Helmholtz (1821-1894). Helmholtz desenvolveu importante pesquisa em áreas diversas, como a mecânica, a fisiologia dos sentidos, o sistema nervoso humano, o eletromagnetismo e a psicoacústica (a ciência que estuda a percepção sonora). Em 1863, lançou o livro *On the Sensations of Tone as a Physiological Basis for the Theory of Music* ("A sensação sonora como base fisiológica para a teoria musical"),[11] um trabalho seminal que

---

[10] Cf. Bourgault, 2013.
[11] Helmholtz, 2009 [1863].

influenciou profundamente a área da musicologia sistemática no século XX. Nesse livro, entre tantos outros assuntos, Helmholtz menciona uma invenção sua, chamada posteriormente de "Ressoador de Helmholtz". Trata-se de um tipo de vaso metálico, em formato aproximadamente esférico, que isola um parcial específico do som. Todo som natural é formado por inúmeros parciais, que podem ser representados por senoides com diferentes e variáveis amplitudes, frequências e fases. Os parciais mais relevantes de um som tonal (como é o caso do som de uma única nota musical) são chamados de harmônicos. Utilizando diversos desses ressoadores, é possível fazer uma análise primordial dos parciais que compõem um som natural, confirmando na prática a série de Fourier, desenvolvida no final do século XVIII por Joseph Fourier, para explicar a propagação de calor em placas metálicas. Essa série prova matematicamente que todo sinal contínuo no domínio do tempo (como é o caso do som) pode ser decomposto em "parciais", que são componentes ou harmônicos que podem representar esse som no domínio da frequência, o que é também conhecido como "espectro sonoro".

O filósofo e psicólogo Carl Stumpf (1848-1936) lançou diversos livros sobre o estudo da música, como *The Origins of Music* e *Tone psychology*.[12] Esse autor tem uma abordagem principalmente qualitativa e fenomenológica, deixando clara a distinção entre número ("coisa em si") e fenômeno ("sua representação mental"). Realizou diversas investigações, como: as características particulares dos sons de distintos instrumentos musicais, os fatores determinantes da melodia, a "fusão tonal" e a definição da consonância e da dissonância musical.[13] Wilhelm Wundt (1832-1920), considerado

---

[12] Stumpf, 2012; 2019.

[13] Fusão tonal é o fenômeno que ocorre quando os parciais, ao serem ordenados linearmente, numa determinada sequência em termos de suas frequências de f, 2.f, 3.f etc., e com intensidades decrescentes, são percebidos pela mente como uma única nota de um tom complexo.

pai da psicologia moderna, foi também um pioneiro no estudo sistemático da música. Ao contrário de Stumpf, Wundt tinha uma abordagem quantitativa de investigação científica. Em seu livro *An introduction to psychology*,[14] apresenta sua teoria da "expectativa" e da "compreensão", que influenciou o trabalho de musicólogos do século XX, como Leonard Meyer. Wundt antecipou alguns conceitos da psicologia da Gestalt (termo que significa "forma"), cujo mote é "o todo é maior do que a soma de suas partes".

Existe uma forte ligação entre o estudo da música e os criadores da psicologia da Gestalt, ainda mais pelo fato de que muitos deles (Köhler, Koffka, Wertheimer e Ehrenfels) eram também músicos amadores e, como tais, englobaram e descreveram fenômenos gestálticos através de exemplos musicais. Ehrenfels, por exemplo, mencionava que, ao se transpor uma melodia para outra tonalidade, ainda assim esta é facilmente reconhecida, apesar de todas as suas notas terem de fato mudado. Isso só ocorre porque a relação entre as alturas das notas (os intervalos) se mantém. Conforme dito por Sven H. Klempe,[15] "se mudarmos a tonalidade de uma melodia, todos os elementos são substituídos. A única maneira pela qual ainda reconhecemos a melodia não é por causa da soma dos elementos, mas pela totalidade da relação entre eles",[16] o que é, em si, um exemplo musical de um processo gestáltico.

---

[14] Wundt, 1912.
[15] Klempe, 2011.
[16] Em inglês, "If we change the key of a melody, all the elements are replaced. The only way that we still recognize the melody is not because of the sum of the elements but by the totality of the relationship between them".

5
MUSICOLOGIA E MODERNIDADE

O começo do século XX foi marcado por grandes contrastes políticos e ideológicos que também influenciaram a estética musical. Desde o final do século anterior, vinha-se percebendo o que alguns teóricos chamavam de "crise da tonalidade", em que as regras de composição tonal não mais abarcavam todas as possibilidades e necessidades estéticas musicais. Compositores como Liszt já exploravam novas fronteiras, em composições fora dos domínios da tonalidade, como a peça para piano "Bagatelle sans tonalité", ou Richard Wagner, com trabalhos como a abertura de *Tristan und Isolde*, contendo os famosos acordes tonalmente dúbios, com a quarta, a sexta e a nona aumentadas, conhecidas como "Tristan chords" (acordes de Tristan).

O termo "atonalismo" foi cunhado pelo compositor e teórico Joseph Marx, em sua tese de doutorado sobre tonalidade, defendida em 1907, período conhecido como modernista, em que ocorreu uma revolução na estética das artes como um todo. Com relação aos teóricos musicais, tem-se, de um lado, os trabalhos de Heinrich Schenker (1868-1935), criador da análise schenkeriana para música tonal, e, de outro lado, os trabalhos de Arnold Schoenberg (1874-1951), considerado o precursor do pós-tonalismo.

Tanto Schenker quanto Schoenberg eram compositores e teóricos de origem judaica que viveram no início do século XX em Viena; um período de grande efervescência cultural, quando importantes figuras da história lá habitavam, tais como: Johannes Brahms, Gustav Mahler, Richard Strauss, Ludwig Wittgenstein, Sigmund Freud, Adolf Hitler, Leon Trotsky e Joseph Stalin, entre diversos outros.

A análise schenkeriana estuda a música através de gráficos que procuram descrever a estrutura da hierarquia composicional até que se consiga encontrar o que Schenker chamava de *ursatz*: a sua "estrutura fundamental". Isso, de certa forma, se aproxima dos trabalhos de Freud sobre o inconsciente humano, sugerindo que traços do comportamento de um indivíduo muitas vezes têm a sua origem em processos de seu inconsciente que o próprio indivíduo desconhece, sendo, assim, ocasionados por eles.

Schenker tinha uma visão hierárquica, tanto social quanto musical, afirmando que, via de regra, faltavam "alma e gênio" às massas para entender as sutilezas que a sua análise musical ressaltava. Já Schoenberg tinha uma visão estética e social mais igualitária, achando que suas teorias e composições musicais no futuro seriam lugar-comum a todos, entendidas e apreciadas por qualquer indivíduo.

Schoenberg é famoso por ter criado o dodecafonismo, definido por ele mesmo como "um método de composição com as 12 notas [musicais] que estão relacionadas apenas umas às outras".[1] Nesse contexto schoenbergiano, as notas não pertencem a uma estrutura hierárquica tonal; elas têm como que "direitos iguais" dentro de cada série que constitui a composição dodecafonista.

Schoenberg apresentou o conceito de *grundgestalt*: a "forma básica" da composição, que é formada de *motifs* (contendo pelo menos um intervalo de duas notas musicais, com informação rítmica) e que

---

[1] Em inglês, "method of composing with twelve tones which are related only with one another".

constitui, através de suas repetições com variações, a superestrutura da peça musical, que ele chama de "tema". Em termos cognitivos, nota-se que a abordagem sistemática schenkeriana obedece a uma ordenação *bottom-up* (ou seja, da estrutura fundamental para a obra completa), enquanto a abordagem schoenbergiana obedece a uma estrutura *top-down* (da inteira forma de uma peça musical até os seus *motifs* constituintes).

A onda iconoclasta modernista avançou além dos limites estéticos musicais, transcendendo a técnica musical (o que fazer) à tecnologia de sua geração (com o que fazer). Em paralelo, o surgimento e o avanço da tecnologia eletrônica trouxeram novas possibilidades de exploração e manipulação musical que permitiram cruzar uma fronteira até então intransponível: a da manipulação da menor estrutura musical, até então intangível, o timbre musical.

Nesse sentido, destacam-se os trabalhos pioneiros do compositor Edgard Varèse (1883-1965). Varèse foi inicialmente influenciado pela música tradicional, fortemente embasada no tonalismo, como a música medieval e renascentista, bem como pelos trabalhos modais dos compositores Erik Satie, Richard Strauss e Claude Debussy. Em seguida, Varèse se envolveu com os primeiros processos composicionais de música eletrônica, como o theremin, criação de Léon Theremin, inventor desse equipamento que é considerado o primeiro instrumento musical eletrônico. Varèse tinha formação em ciência e engenharia, o que facilitou seu entendimento e sua utilização das tecnologias eletrônicas que traziam novas possibilidades para a composição musical.

Sua visão estética passou a incorporar o espaço; para ele, a música podia ser encarada como sendo composta de "objetos sonoros flutuando no espaço";[2] um conceito que desenvolve e generaliza ao definir a música como a "arte do som organizado". Seu estilo

---

[2] Em inglês, "sound objects, floating in space".

composicional baseava-se na exploração de timbres e ritmos, os dois extremos de uma organização sonora separada pela fronteira auditiva que divide a percepção sonora em função do tempo e em função da frequência. Apesar de sua pequena produção musical, Varèse chegou a influenciar figuras importantes da música, inclusive da música *pop*, como Frank Zappa.

Também nesse momento, no campo da filosofia e da estética musical, tem-se os trabalhos seminais de Theodor Adorno (1903-1969). Adorno era admirador das composições musicais de Schoenberg, as quais encarava como a música do futuro. Diferentemente de Varèse, Adorno parece não ter se impressionado muito com os avanços da música eletrônica, a qual considerava avessa aos princípios musicais estabelecidos. Adorno dizia que, antes, seria necessário que tais compositores tivessem a tradição musical incorporada, para que, posteriormente, a pudessem odiar, no sentido de assim querer e poder efetivamente a modificar; em outras palavras: é preciso primeiro conhecer a tradição para depois poder odiá-la.[3]

Adorno era um filósofo de tradição marxista e, portanto, via com reservas os avanços tecnológicos e sua constante dinâmica iconoclasta, o que encarava como um traço capitalista de controle social, ao impor uma constante e efêmera reinvenção estética a fim de criar novas necessidades consumistas. Adorno mescla uma teoria social à filosofia da música, colocando-a na posição de uma forma de arte autônoma, cuja tarefa deveria ser a de encontrar uma forma de expressão para as contradições de uma sociedade alienada. Adorno entende que a maneira de uma arte não semântica, como a música instrumental, conseguir exprimir questões da realidade factual é por

---

[3] Na versão original, em alemão, "Immer wieder hat sich beobachten lassen, wie solche, die blutjung und nichtsahnend in radikale Gruppen sich einreihten, überliefen, sobald sie einmal der Kraft der Tradition gewahr wurden. Man muß diese in sich selber haben, um sie recht zu hassen".

meio da utilização da tradição musical continuada, que é representada pelo seu "material musical".

Com o rompimento dessa tradição, por meio da utilização de recursos eletrônicos que permitem gerar novos materiais musicais fora dessa cadeia de tradição histórica, rompe-se essa sequência de significados, o que impede a possibilidade da utilização musical na expressão de questões sociais. Parece, assim, que a teoria de Adorno aponta para o fato de que, enquanto a libertação do tonalismo, pelas técnicas de composição atonais, trouxe novas possibilidades de expressão social moderna para a música, a libertação sonora do timbre, dada pela tecnologia eletrônica, impediu que isso se cumprisse devido ao seu rompimento com a tradição do que Adorno chama de material musical, ou seja, a gama de sucessivas e consequentes tradições de gêneros, orquestrações e timbres.

No campo da análise e da educação musical, tem-se nesse período os trabalhos de Carl Seashore (1866-1949), que se valeu de recursos tecnológicos para construir equipamentos a fim de testar a habilidade auditiva e musical, tanto de músicos como de não músicos. Seashore afirmava que o talento musical pode ser cientificamente analisado e medido. Ele propunha que o talento musical é composto de diversas capacidades mentais hierarquicamente organizadas. Assim, se uma dessas capacidades faltasse para um dado indivíduo (por exemplo, a percepção da relação entre alturas musicais), este não conseguiria desenvolver capacidades dela dependentes (por exemplo, a habilidade de diferenciar modos da escala diatônica). Seashore desenvolveu e utilizou desde testes quantitativos, como equipamentos para a aferição da acuidade auditiva, até testes qualitativos, empregando questionários para analisar e medir o talento musical.

6

Pós-modernismo e postonalismo

O início da segunda metade do século XX trouxe o advento da tecnologia eletrônica de estado sólido, caracterizada pelo desenvolvimento e pela comercialização do transistor. Isso permitiu sua miniaturização na forma de circuitos integrados, o que levou também à diminuição do consumo de energia dos equipamentos eletrônicos. Com o advento da tecnologia digital, o processamento e a memória computacional passaram a apresentar um crescimento contínuo e regular. Esse fato é normalmente descrito pela Lei de Moore, atribuída a Gordon Moore, que, em 1965, mencionou num artigo que o número de transistores em um circuito integrado dobraria a cada dois anos. Essa tendência vem sendo constatada desde então, influenciando os avanços das TIC (tecnologias de comunicação e informação) bem como praticamente todas as áreas do conhecimento humano, inclusive no campo da pesquisa em música.

O registro de sons em meios reutilizáveis, como a fita magnética e posteriormente a gravação digital, tornou acessível e barato à população em geral a possibilidade de arquivar sonoridades diversas, como as *performances* musicais, que antes eram intrinsecamente efêmeras, de modo a permitir não apenas a recriação exata da sonoridade, conforme registrada através da reprodução de seu áudio, mas também a análise minuciosa dos detalhes e das diferenças entre trechos de *performances* de uma mesma peça musical. Isso fez com que o som ganhasse um teor mais concreto, o que até então era atributo exclusivo das artes plásticas; o registro musical, também chamado de áudio, adquiriu, assim, uma tangibilidade próxima daquela presente em objetos artísticos, como a pintura e a escultura. A gravação passou, desse modo, a representar a possibilidade de uma forma de materialização sonora, em que o áudio, como um tipo de objeto, pode ser também catalogado, arquivado, editado e transformado. No caso da musicologia, o áudio representou um grande avanço e uma mudança de paradigma na análise, na transformação e na síntese do processo temporal do imaterial sonoro que constitui a música.

A possibilidade comercialmente disponível de registro em áudio da música que não era grafada em notação, como as músicas folclóricas e étnicas, também permitiu o surgimento e o desenvolvimento de uma importante área da musicologia: a etnomusicologia. Praticamente junto com a gravação, surgiram os recursos de transformação sonora. Foram lançados no mercado equipamentos que permitem a edição de áudio; outros que simulam efeitos sonoros naturais, como a reverberação e o eco; e ainda outros que realizam manipulações em aspectos constituintes do som (sua envoltória, harmônicos e parciais). Isso implicou, pela primeira vez, a possibilidade de exploração de transformações sonoras perceptualmente relevantes, novas, inesperadas e até impossíveis de serem alcançadas através de processos mecânicos de geração sonora, como aqueles utilizados por *luthiers* (artesãos especializados na construção de instrumentos musicais). Surgem, assim, os instrumentos musicais eletrônicos, primeiramente analógicos e posteriormente digitais. Essas explorações acústicas por meio de recursos eletrônicos influenciaram, no final da primeira metade do século XX, o surgimento de movimentos intelectuais europeus, relacionados à arte musical, como é o caso do grupo francês "Musique Concrete", de Pierre Schaeffer, e do grupo alemão "Elektronische Musik", de Herbert Eimert.

O grupo francês primava por utilizar recursos eletrônicos para gravar, editar e transformar sons naturais, criando, assim, composições eletroacústicas, o que levou à criação da expressão "objetos sonoros", um conceito desenvolvido por Schaeffer que trata de um trecho de áudio que traz em si uma unidade de informação sonora, na qual a sua referência imagética é obscurecida ou inexistente. A ausência intencional de referências sonoras numa composição passou a ser denotada como um novo gênero musical, a música acusmática, que se refere a um termo grego (*akousma*, ou "algo escutado"), também utilizado na Antiguidade por Pitágoras, que se referia a ele como o processo de entendimento de um som sem a consequente referência visual de sua fonte geradora. É dito que Pitágoras costumava ensinar os seus alunos por detrás de uma cortina, de modo a induzir que eles pensassem apenas nos conceitos matemáticos expressos sonoramente (por sua voz) sem a interferência visual de sua aparência. A música acusmática também se distanciou da notação musical, na qual a gravação passou a cumprir a função de ser uma forma de notação musical que contém o registro da obra, e sua reprodução (*replay*) passa a ser sua *performance*. Desse modo, eliminam-se tanto a influência de um intérprete (através de sua *performance*) quanto a distância entre o registro (notação) e a obra em si (execução).

Já o grupo alemão, liderado por Eimer e Meyer-Eppler, primava por utilizar recursos eletrônicos para criar novos sons que não eram encontrados na natureza – ou seja, sons eletrônicos, sintetizados, cujo timbre algumas vezes imitava o de sons conhecidos (como a versão sintetizada do som de um oboé) – ou que eram completamente originais. O maior expoente desse grupo foi o compositor Karlheinz Stockhausen, que também explorou, como outros compositores desse grupo, a utilização simultânea de instrumentos musicais convencionais junto com recursos de síntese sonora, criando, assim, intrincadas composições, grafadas em diferentes formas de notação musical estendida que, apesar da sonoridade original, eram executadas de modo tradicional, em *performances* de música eletrônica, com plateia, músicos, instrumentos musicais tradicionais e recursos tecnológicos. Desse modo, a influência do intérprete ainda é presente, bem como é mantida a distância entre registro e obra, com a originalidade sonora desse movimento concentrando-se na utilização de timbres eletronicamente sintetizados.

Existiram também nessa época outros grupos de música eletrônica fora da Europa, como no caso do Japão, onde compositores como Toru Takemitsu e Minao Shibata, contando com o apoio financeiro de empresas como a Yamaha e a Sony, exploraram sonoridades cuja estética se aproximava das vertentes dos grupos francês e alemão. Também existiram nesse período importantes compositores estadunidenses, cujo maior expoente é John Cage, com sua proposta artística de exploração do aleatório, do presencial e da chance como elementos fundamentais de sua música, à qual ele se referia como "música experimental". Morton Feldman, também compositor estadunidense, amigo pessoal de Cage, explorou o indeterminado em suas composições. Em Paris, um compositor que nesse mesmo período explorou processos aleatórios em música foi o grego Iannis Xenakis. Ele era também arquiteto e explorava, em suas composições, processos estocásticos com diferentes distribuições, teoria dos conjuntos e outros recursos matemáticos para criar música registrada em notação musical. A diferença entre as abordagens de Cage e Xenakis ocorre na utilização do inesperado em música. Para Cage, sua finalidade era a geração acústica, dada pela *performance*, ao passo que, para Xenakis, sua finalidade era sua estrutura simbólica, dada pela notação musical.

PARTE II
MÚSICA E COGNIÇÃO

7
DA TECNOLOGIA À EXPECTATIVA MUSICAL

A tecnologia musical comercialmente disponibilizada na segunda metade do século XX foi amplamente utilizada na música formal, descendente de uma tradição erudita europeia, embasada em trabalhos teóricos, conceitos filosóficos e estéticos – conforme se observa na produção de Edgard Varèse, Iannis Xenakis, Karlheinz Stockhausen, entre tantos outros –, normalmente chamada de música eletroacústica. No entanto, esses recursos tecnológicos também foram utilizados pela música popular, ou seja, a forma musical normalmente associada à poesia (que constitui as canções), à dança e ao mercado consumidor que, direta ou indiretamente, guia ou influencia seu desenvolvimento.

A música popular normalmente dispensa maiores formalizações, como a utilização de notações musicais mais completas e abrangentes, valendo-se, quando muito, de melodias com cifras para registrar sua produção, o que facilita seu alcance e sua dispersão comunitária. Por estar mais atrelada à sociedade, a música popular espelha de forma bem mais evidente os fatores, processos e inquietações socioculturais da sua comunidade de origem. Entre estes, o gênero musical mais relevante e ubíquo é o *rock*, que surgiu na segunda metade do século passado e se ramificou em muitos subgêneros contemporâneos. O *rock* tem origem tipicamente urbana e foi influenciado tanto por gêneros afro-americanos quanto por gêneros de tradição europeia. Em relação aos gêneros afro-americanos, tem-se, entre outros, a influência do *blues* – originado no século XIX, no sul dos EUA, apresentando canções com melodia improvisada e estruturas harmônicas simples e cíclicas – e do *jazz* – também originado no final do século XIX, na região de New Orleans, posteriormente evoluindo para um gênero virtuosístico, geralmente instrumental, com harmonia complexa, em que novas melodias são criadas através do seu processo característico de improvisação guiada pela estrutura harmônica. Em relação aos gêneros de tradição europeia, tem-se, entre outros, a influência do *folk*, a música folclórica, e do *country*, a música caipira americana, originada no sul dos EUA.

O *rock* é originado do termo *rock and roll*, ou seja, "balançar e rolar", referindo-se à maneira, naquela época considerada frenética, de os jovens dos anos 1950 dançarem ao som daquele então novo gênero musical. Em termos estruturais, o *rock* parece ter herdado a simplicidade harmônica característica do *blues*, mais especificamente do *rhythm and blues*, ou R&B, um estilo de *blues* urbano mais ritmado e com andamento mais acelerado. Além disso, o *rock* herdou a quase total ausência de improvisação do *folk* e do *country*, mas também se baseou na exploração de novas sonoridades, como fez o *jazz*. Em vez de explorar novas melodias, como no caso da improvisação jazzística, o *rock* se dedicou a explorar novos timbres musicais. Seu ícone é a guitarra elétrica, um instrumento acusticamente mudo, porém eletricamente exuberante. Em outras palavras, a guitarra apenas apresenta a sua sonoridade característica através do amparo de recursos tecnológicos elétricos e eletrônicos, tais quais o amplificador, o alto-falante, os efeitos e as distorções.

Enquanto a música popular utilizou a tecnologia para enriquecer a sua tradição musical, tornando sua estética mais embasada e potencializada, a música eletroacústica utilizou tais recursos tecnológicos para explorar novos horizontes estéticos. Para tanto, distanciou-se intencionalmente da tradição tonal ou modal que caracterizava a música que vinha se desenvolvendo e ramificando, num contínuo histórico, desde a Antiguidade. Com esse rompimento, o gênero erudito contemporâneo também se distanciou do público comum, uma vez que o ouvinte, sem prévias referências cognitivas que o habilitassem a entender e a apreciar o significado musical de uma obra desse gênero, como ocorre naturalmente no caso da música tonal, passou a percebê-la como um tipo de incógnita sonora.

No entanto, para os compositores dessas obras (e seus seguidores), as tais referências cognitivas já estavam disponíveis, uma vez que eles tinham conhecimento *a priori* da sua estruturação composicional, o que lhes permitia entender e, assim, apreciar tais composições. Essa distonia entre ouvintes leigos e iniciados, que de certa forma já existia entre música erudita tonal e música popular ou folclórica, aumentou exponencialmente, o que deve ter deixado perplexos tanto os compositores contemporâneos, que não entendiam o porquê de suas composições serem descartadas pelo público geral, quanto os ouvintes leigos, que não tinham conhecimento prévio suficiente para entender por que alguém comporia algo aparentemente tão antimusical, ou seja, sem um significado estético acessível e portanto aceitável.

Nesse período, pouco ainda se sabia sobre os processos cognitivos de entendimento musical, o que só veio a ser esmiuçado posteriormente, pela psicologia da música, pela cognição musical e depois pela neurociência. Eram ignorados fatos relevantes do modo como nossa percepção musical é efetivamente processada. Os avanços tecnológicos também forneceram ferramentas para que a musicologia nesse período pudesse iniciar a investigação dos processos mentais e cerebrais que regem a identificação de aspectos musicais dos quais significados emergem e emoções são evocadas.

Leonard Meyer, filósofo e teórico musical, publicou, em 1956, um livro seminal, intitulado *Emotion and Meaning in Music*,[1] no qual são abordadas a questão da expectativa em música e a sua relação com o significado musical, conforme anteriormente destacado por Eduard Hanslick.[2] Meyer aplicou princípios da Gestalt e do pragmatismo de Charles Sanders Peirce para estudar como a mente do ouvinte processa a informação sonora ao tentar predizer futuros eventos musicais enquanto escuta uma peça. Esse processo gera emoções que podem ser satisfatórias ou não, de acordo com o contexto musical.

Segundo Meyer, emoções são geradas quando uma tendência de resposta a uma ação é inibida. O autor menciona em seu livro quatro abordagens ou conceituações estéticas do significado musical: absolutista (cujo significado é dado pelo contexto da obra), referencialista (cujo significado está nas referências externas à obra), formalista (cujo significado está no entendimento intelectual da obra), expressionista (cujo significado está na emoção evocada pela obra). Esses conceitos não são necessariamente excludentes. Meyer particularmente declara ter um posicionamento estético tendendo mais para o absolutista e o expressionista. Seguindo essa categorização, os gêneros de música popular, como o *rock*, parecem tender às abordagens referencialista e expressionista, já que suas composições, em larga maioria, são canções tonais. Elas possuem letras com conteúdos semânticos externos à estrutura musical, que é tonal e simples, normalmente voltadas a expressar questões afetivas pessoais e inquietações sociais. Já a música eletroacústica erudita, contemporânea ao *rock*, parece ter adotado uma abordagem absolutista e formalista, uma vez que sua estética sugere um autorreferencialismo e uma endogenia, em que grande parte da satisfação do ouvinte advém da sua capacidade de desvendar o caminho cognitivo para o entendimento intelectual da estrutura musical.

[1] Meyer, 2008 [1956].
[2] Hanslick, 2018 [1854].

8

MODELOS MUSICAIS DE EXPECTATIVA

A segunda metade do século XX também trouxe avanços no entendimento da mente humana. Um movimento acadêmico interdisciplinar encetado nessa época é conhecido hoje como "revolução cognitiva".[1] Esse movimento inicialmente associou a psicologia, a linguística e a antropologia, em estudos focados nos processos mentais de percepção, identificação, avaliação e memória. Posteriormente, outras disciplinas também passaram a fazer parte da revolução cognitiva, tais como a computação, a inteligência artificial e a neurociência. Dessa frente, composta de tantas disciplinas voltadas ao estudo da cognição humana, surgiu a expressão "ciências cognitivas", que se refere à pesquisa interdisciplinar que trata do entendimento da mente e de seus correspondentes processos cerebrais. No caso da música, a obra de Leonard Meyer[2] alavancou uma série de estudos de ciências cognitivas em música, em especial na área conhecida atualmente como "psicologia musical", de onde derivaram as áreas de pesquisa entrelaçadas, conhecidas como "cognição musical" e "musicologia cognitiva".

[1] O termo "cognição" vem do latim , que significa "conhecer" ou "entender". É interessante notar que seu oposto se refere ao estado de "não entender algo", expresso pela palavra "incógnita".
[2] Meyer, 2008 [1956].

Enquanto isso, a música acadêmica pós-tonal do século passado, formada de diversas vertentes – tais como as músicas serialista, concreta, eletroacústica, acusmática, espectral, entre outras denominações –, foi despertando menos interesse de ouvintes e, assim, das pesquisas em cognição musical, especialmente da neurociência cognitiva. Isso parece ter ocorrido devido ao fato de que os gêneros musicais da vertente pós-tonal apresentam em comum a característica de ter uma abordagem estética experimentalista, em que a constante busca por novas sonoridades e estruturações, que sejam únicas e originais, necessariamente os afastou de sonoridades tradicionais, historicamente embasadas e socioculturalmente conhecidas e estabelecidas. É compreensível que os compositores dessa corrente estética quisessem se libertar daquilo que alguns deles se referiam como as "amarras da tonalidade", ainda mais por estarem se sentindo simultaneamente acossados, tanto pelo tédio das cadências harmônicas clássicas e da solidificada paleta de timbres que os instrumentos tradicionais de uma orquestra ofereciam, quanto pela fruição de recursos e novas possibilidades que a tecnologia eletrônica passava a lhes oferecer.

A produção musical do pós-tonalismo me parece ser majoritariamente autorreferenciada. Os elementos sonoros e estruturais de cada composição pós-tonal tendem a apontar caminhos cognitivos apenas a outros elementos pertencentes à obra em si, na qual estes habitam, como num sistema fechado. Na medida do possível, o compositor pós-tonal parece tentar evitar na sua obra o florescimento de referências externas, as quais passariam a ser elementos comuns com outras obras desse ou de outros compositores afins. Isso permitiria o surgimento de um processo memético que amalgamaria, para cada uma dessas vertentes exploratórias da música pós-tonal, uma base de conhecimento socialmente comum que as caracterizaria, possibilitando, assim, a emergência de um verdadeiro gênero musical. Ao se encapsularem em si próprias, tais obras tenderam a se afastar de todas as possíveis bases cognitivas que as poderiam sustentar, o que possibilitaria sua identificação como "música" pela maioria dos ouvintes leigos, ou seja, os "não iniciados" nessa estética sonora. Isso significou o rompimento com as sustentações do entendimento sonoro e musical, desde os mais atávicos – que foram moldados pela evolução e fazem parte da natureza da nossa percepção auditiva –, até aqueles nutridos pelos processos sociais contemporâneos de cognição musical. Ao impedirem que processos cognitivos aferissem significado musical externo, essas obras se tornam, para a maioria dos ouvintes, verdadeiras incógnitas sonoras. Talvez não seja por acaso que a produção musical pós-tonal tem sido utilizada em trilhas sonoras de filmes de horror e suspense, para exprimir situações de pânico, medo, estranhamento, inquietação e desespero. Todos esses sentimentos derivam de uma única raiz mental: a incompreensão.

Talvez esse tenha sido um dos fatores que levaram teóricos musicais nas décadas de 1960 e 1970 a tentarem criar métodos de formalização do processo composicional não tonal. Allen Forte,[3] influenciado pelos trabalhos de Schenker, criou nessa época uma teoria de análise da música atonal baseada na teoria dos conjuntos, também inspirado pelos conceitos expostos por Howard Hanson[4] sobre música tonal, em seu livro *Harmonic Materials of Modern Music: Resources of the Tempered Scale* de 1960. Forte lança, em 1973, seu livro *The Structure of Atonal Music*,[5] no qual, além de esclarecer e formalizar as técnicas de análise da música não tonal, desenvolve um estudo de trabalhos anteriores a respeito da teoria dos conjuntos para a análise de música dodecafônica, como, por exemplo, o artigo de 1961 intitulado "Set Structure as a Compositional Determinant", de autoria do compositor Milton Babbitt.[6]

[3] Forte, 1973.
[4] Hanson, 1960.
[5] Forte, 1973.
[6] Babbitt, 1961.

Também na década de 1970, surgiram diversos modelos de explicação do fenômeno do entendimento musical, predominantemente baseados em estudos musicais quantitativos, empíricos e sistemáticos, tentando especialmente abordar a questão do significado e da expectativa musical, dando, assim, continuidade à corrente formalista de estudo quantitativo e empírico em música, que se estende desde Aristoxeno de Tarento (no século IV a.C.), passando por Hanslick, Wundt e Meyer.

Em 1977, Eugene Narmour[7] propôs um modelo para a análise musical baseado na expectativa, conforme definida por Meyer. Esse modelo, conhecido como IR (*Implication-Realization*), é apresentado por Narmour como uma alternativa à análise musical de Schenker. Em IR, em vez de a análise se basear nos elementos notacionais em si (como é o caso da análise schenkeriana para música tonal), tem-se maior ênfase nos aspectos cognitivos da expectativa musical do ouvinte. Esse modelo propõe uma hierarquia *top-down* de entendimento da obra, oposta à estrutura *bottom-up* da análise schenkeriana, que procura desvendar na obra musical a sua *ursatz*, ou seja, sua "estrutura fundamental". Em IR, a expectativa musical criada na mente do ouvinte é sucedida por sua percepção automática do gênero e do estilo da obra que está sendo escutada, o que cria uma ordenação cognitiva de eventos da escuta, na qual a inferência inicial do contexto musical, dada pela percepção do ouvinte (*implication*), antecede e assim influencia a percepção das sucessivas expectativas que criam o significado musical (*realization*).

Em 1983, o teórico musical Fred Lerdahl e o linguista Ray Jackendoff publicaram juntos um livro com o mesmo título de seu modelo de entendimento da música tonal.[8] Conhecido como GTTM (*Generative Theory of Tonal Music*), esse modelo trata

---

[7] Narmour, 1977.
[8] Lerdahl & Jackendoff, 1983.

dos processos mentais inconscientes que habilitam o ouvinte a entender e a apreciar música. GTTM apresenta quatro estruturas do processamento do entendimento musical que a mente do ouvinte realiza automaticamente ao escutar uma obra musical:

1. Agrupamento: a estrutura mais básica, que permite ao ouvinte entender a segmentação hierárquica da música em motivos, frases, períodos etc., estabelecendo, assim, uma noção inicial de sua estrutura hierárquica;
2. Métrica: a estrutura que descreve a regularidade do andamento através da percepção da pulsação musical formada por diversos elementos, tais como a alternância entre tempo forte e fraco, cadências harmônicas, ataques etc.;
3. TSR (*Time-Span Reduction*): a estrutura hierárquica de uma peça musical em relação à duração temporal de cada segmentação, tais como motivos, frases, períodos etc., descrevendo assim a sua organização rítmica;
4. PR (*Prolongational Reduction*): a estrutura hierárquica de uma peça musical em relação à percepção do ouvinte em termos de contrastes entre tensão, relaxamento e fechamento (*closure*) de frases, descrevendo sua estrutura através dos padrões de continuidade e progressão.

Enquanto TSR estabelece a estrutura musical em termos de organização rítmica, PR estabelece sua estrutura em termos da continuidade de progressão de frases e períodos. O modelo GTTM foi inspirado nas palestras intituladas "The Unanswered Question", ministradas em 1973 por Leonard Bernstein, em Harvard, durante as quais o maestro e compositor tentou apresentar uma estrutura sintática e até mesmo semântica para a música tonal, o que ele mesmo admite ser algo puramente especulativo e sem bases investigativas formais, a não ser a de sua própria intuição. Bernstein, então, sugeriu que pesquisadores apresentassem modelos consistentes de gramática musical, tentando explicar cientificamente como ocorre o processamento mental de música, nos moldes da gramática generativa de Noam Chomsky. A resposta a essa questão em aberto veio na forma desse trabalho acadêmico, fruto da cooperação entre um teórico musical e um linguista.

9
Expectativa e emoção musical

Os estudos de musicologia cognitiva baseados na expectativa musical, conforme anteriormente formalizados por Hanslick, Wundt e Meyer,[1] continuaram progredindo na virada do século XXI, especialmente ao se valerem dos avanços em neurociência, os quais permitiram um maior entendimento do modo como a informação musical é processada em diversas áreas do cérebro. Segundo a abordagem da expectativa musical, ao escutar música, a mente do ouvinte inconscientemente elabora predições a respeito de quais eventos musicais irão ocorrer. Essas antecipações são baseadas na informação de eventos sonoros que já ocorreram, tanto em termos intrínsecos à obra (os eventos que especificamente compõem a música sendo escutada) quanto em termos extrínsecos (os eventos que fazem parte do imaginário musical desse ouvinte, que constituem seu repertório, que compõem seu conhecimento, sua experiência e seu afeto musical). A música é uma comunicação fortemente atrelada à duração do tempo, com a ordenação regular dos eventos sonoros que constituem uma peça musical e a sua taxa de reprodução, ou seja, o seu andamento, constituindo fatores fundamentais para o estabelecimento do modo como a informação musical é percebida,

---

[1] Hanslick, 2018 [1854]; Wundt, 1912; Meyer, 2008 [1956].

identificada e compreendida. Isso potencializa a geração de predições que ocorrem automaticamente na mente do ouvinte, o que gera o fenômeno aqui chamado de "expectativa musical", um fator predominante na evocação de emoções pela música.

Modelos de expectativa musical

Um modelo para o entendimento da expectativa na escuta de melodias musicais foi proposto por Elizabeth Hellmuth Margulis:[2] o MME (*Model of Melodic Expectation*). Seu objetivo é estabelecer o grau de expectativa de eventos melódicos através da verificação de quatro aspectos da melodia: estabilidade, proximidade, direção e mobilidade:

1. Estabilidade exprime o quanto a melodia é estável (em termos das notas que a compõem) em relação à sua tonalidade;
2. Proximidade exprime o quanto as notas da melodia são próximas entre si;
3. Direção exprime se a sucessão de notas da melodia é predominantemente ascendente ou descendente, se grandes saltos intervalares tendem a induzir na mente do ouvinte a expectativa de uma mudança de direção melódica;
4. Mobilidade exprime a tendência de movimentação ou variação de um evento melódico repetitivo, como no caso da repetição prolongada de uma mesma nota numa melodia.

Os três primeiros fatores (estabilidade, proximidade e direção) são considerados primários, enquanto o último (mobilidade) é considerado secundário, ou seja, de menor relevância para a

---

[2] Margulis, 2005.

expectativa melódica. A experiência do ouvinte em relação ao repertório e à peça musical escutada é um fator determinante para a tensão percebida por ele na melodia, o que, no caso do MME, reflete diretamente no grau da expectativa musical. Esse modelo distingue a expectativa musical em dois tipos: verídica e esquemática. A expectativa verídica tem uma abordagem *top-down*, que ocorre sobre uma estrutura conhecida, ou seja, sobre uma peça musical que o ouvinte já conhece, e portanto espera a ocorrência de certos eventos musicais já conhecidos. A expectativa esquemática tem uma abordagem *bottom-up*, que ocorre com base na estrutura em si, independentemente de o ouvinte conhecer a estrutura musical que está sendo escutada. Ambas as expectativas não são mutuamente exclusivas e, assim, podem ocorrer simultaneamente na mente do ouvinte. O MME trata especificamente da expectativa melódica esquemática e da sua relação com a evocação de emoções durante a escuta musical.

David Huron[3] publicou, em 2006, o livro *Sweet Anticipation*, em que apresenta o seu modelo de expectativa musical, que foi desenvolvido a partir do trabalho de Leonard Meyer bem como baseado em princípios da psicologia evolutiva e das ciências cognitivas. Esse modelo é conhecido pela sigla ITPRA (imaginação, tensão, predição, reação e avaliação).

1. Imaginação é anterior ao evento musical e corresponde ao conhecimento do ouvinte, bem como ao conjunto de possibilidades de eventos musicais por ele esperado;
2. Tensão é anterior a esse evento e ocorre quando a mente do ouvinte antecipa sua possível ocorrência, gerando predições e aumentando a intensidade de sua antecipação até a ocorrência desse evento;

---

[3] Huron, 2006.

3. Predição ocorre simultaneamente e imediatamente após a ocorrência do evento, representando a constatação do acerto ou do erro da expectativa desse evento específico;

4. Reação ocorre simultaneamente à predição e representa a reação mental ou corporal compatível com esse evento, como, por exemplo, sincronizar movimentos de pés, mãos ou cabeça com o andamento da música escutada;

5. Avaliação, que ocorre logo após a predição e a reação, representa o processo cortical de entendimento da ocorrência desse evento, que avalia as consequências do acerto ou do erro da predição realizada.

Predição e avaliação parecem respectivamente representar as reações daquilo que é chamado de "sistema dual de processamento cerebral" (*dual process theory*), sendo que a primeiro (predição) é rápida, involuntária e afetiva, enquanto a segunda (avaliação) é lenta, voluntária e lógica. É importante ressaltar que o ITPRA transcende uma explicação específica para a expectativa musical. Ele pode ser utilizado como uma teoria geral de expectativa e eventos genéricos. No caso da música e da comédia (entre outras formas artísticas sequenciadas no tempo), não existem normalmente consequências danosas ao ouvinte quando a sua predição não é correta (como seria o caso de, ao atravessarmos uma rua, errarmos a predição do momento em que um veículo irá passar por nós). Assim, quando isso ocorre, o primeiro sistema (predição) gerará a sensação de insatisfação, e o segundo (avaliação) concluirá que esse erro de predição é de fato inofensivo, o que irá gerar no ouvinte a sensação de surpresa seguida de alívio – o que é também uma das bases da comédia. Huron atribui tanto à surpresa gerada pela antecipação errônea da expectativa musical quanto à satisfação gerada por sua antecipação correta, uma das grandes capacidades que a música possui de evocar emoções positivas nos ouvintes. Esse modelo sugere que os cinco processos mentais acima descritos participam da criação da expectativa musical, a qual gera emoção não pela inibição de uma ação, conforme é mencionado por Meyer, mas por sua antecipação, dada pela avaliação inconsciente da corretude de predições musicais. Essa abordagem se baseia em pesquisas de neurociência que atribuem o sentimento de prazer, satisfação e recompensa à ativação de algumas regiões cerebrais, entre elas o NAc (*Núcleo Accumbens*). Ao ser estimulado, o NAc libera dopamina, um neurotransmissor ligado ao sentimento de satisfação. A região cerebral NAc localiza-se na interface entre o sistema límbico e o sistema motor e é associada ao primeiro sistema (rápido), relacionado ao processo da predição. Se uma previsão que fazemos for assertiva, NAc libera dopamina e sentimos a sensação de satisfação, pois, segundo essa abordagem, o cérebro foi evolutivamente desenvolvido no sentido de responder com sensação de satisfação e conforto a previsões corretas, bem como responder com sensação de insatisfação e desconforto a predições equivocadas. A previsão errada ativa um tipo de sistema de punição cerebral, relacionado ao neurotransmissor serotonina, provocando no indivíduo a sensação temporária de ansiedade e desconforto mental. A capacidade de avaliação está relacionada com a região cerebral PFC (*Prefrontal cortex*, ou córtex pré-frontal), que também libera dopamina no caso da ocorrência de uma avaliação satisfatória (correta). PFC é relacionado ao segundo sistema acima mencionado (lento), que realiza o processo da avaliação, no ITPRA. Desse modo, tanto o processo rápido e mais basal, da predição, quanto o lento e mais elaborado, da avaliação, podem gerar satisfação no ouvinte, o que de certa forma explica a razão pela qual o belo musical pode tanto estar relacionado à capacidade da música para evocar emoções satisfatórias (através da predição) quanto à sua capacidade para gerar satisfação (através da avaliação) pela constatação de suas intrincadas e coerentes estruturas sonoras.

Tensões e forças musicais

Na seção anterior, foi apresentado o modelo geral de expectativa, ITPRA, em que o T representa o sentimento de tensão gerado pela antecipação de um evento. No caso da música, a tensão é descrita como fator decisivo para gerar emoção no ouvinte. Em 2012, Morwaread M. Farbood[4] lançou o artigo "A parametric, temporal model of musical tension", no qual apresenta um modelo temporal para tensão musical, ou seja, um modelo capaz de calcular o desenvolvimento da tensão no ouvinte ao longo de uma peça musical, simulando aquilo que este experienciaria ao escutar a mesma peça musical. Nesse modelo, o conceito de tensão musical é definido em função de diversos parâmetros, entre eles a expectativa melódica, conforme definida pelo modelo de Margulis.[5]

Farbood[6] propôs um modelo quantitativo de tensão musical com base em dois experimentos realizados, nos quais são utilizados os seguintes parâmetros musicais: harmonia, altura (*pitch*), expectativa melódica, dinâmica, andamento, regularidade rítmica e síncopa. O modelo foi melhorado no sentido de incorporar uma janela temporal móvel de percepção, bem como levar em consideração o conceito de "saliência de relevância" (*trend salience*), que trata da ocorrência de um padrão musical perceptualmente relevante para o ouvinte. Os resultados desse modelo para tensão musical apresentaram grande correlação com dados empíricos de ouvintes ao escutarem peças musicais completas. Ele apresenta quatro importantes conclusões: 1) isoladamente, os fatores mais importantes para gerar tensão musical são as variações de dinâmica e altura musical (*pitch*); 2) músicos demonstraram ser mais sensíveis à tensão gerada por variações de

---

[4]   Farbood, 2012.
[5]   Margulis, 2005.
[6]   Farbood, 2012.

harmonia enquanto não músicos foram mais sensíveis às variações melódicas (de altura musical); 3) em peças musicais mais complexas, tanto os ouvintes músicos quanto os não músicos foram incapazes de apresentar respostas claras à tensão musical; e 4) quando diversos parâmetros musicais agem simultaneamente (como no caso de um *tutti* orquestral), a tensão musical percebida é significativamente aumentada.

Em 2012, Steve Larson publicou um livro intitulado *Musical Forces*,[7] no qual procura responder a duas perguntas: 1) Por que a música parece se mover?[8] Segundo Larson, normalmente a música parece estar se movendo, no sentido de apresentar comportamentos sonoros que são identificados e descritos por analogias, tais como: *crescendos* ou *decrescendos, acelerandos* ou *rallentandos*. 2) Por que a música nos move?[9] Larson aponta que a música nos move no sentido de nos convidar ao movimento físico regular, como dançar ou tamborilar os dedos sobre a mesa, bem como no sentido de nos incitar a movimentos subjetivos, como quando nos evoca emoções. O autor se baseia nos trabalhos de Rudolf Arnheim (sobre percepção visual) e Douglas Hofstadter (sobre analogias com forças naturais, como a gravidade, o magnetismo e a inércia) para propor um entendimento musical baseado numa análise estendida a partir dos conceitos de Schenker, que estabelece um significado musical a partir de metáforas com as forças físicas acima mencionadas. Segundo esse trabalho, evoluímos moldados pelas forças naturais, as quais são inconscientemente identificadas e esperadas pela nossa expectativa criada a partir de predições que constantemente realizamos. Isso naturalmente moldou a nossa maneira de pensar, processar informação e exprimir o seu significado, em forma de arte,

---

[7]   Larson, 2012.
[8]   No original, em inglês, "Why do we talk about music as if it actually moved?".
[9]   No original, em inglês, "Why does music actually move us?".

como é o caso da música. Larson faz uma importante distinção entre inferências mentais relacionadas à música, que ele define como "pensar sobre música" (*thinking about music*), que é a atividade realizada pela mente quando o indivíduo se refere à música; e "pensar em música" (*thinking in music*), que é a atividade mental engajada em escutar ou criar música. Ambas são moldadas pela analogia com as forças físicas. Uma vez que a música é uma arte sonora fortemente atrelada à duração do tempo, sua imaterialidade física e a regularidade de seus padrões sonoros apresentam como que uma analogia às regularidades temporais das forças físicas detectadas pelos sentidos do corpo e interpretadas pela mente, que já possui a expectativa da ocorrência de tais regularidades. Isso nos permite agir corporalmente sobre tais forças e com elas interagir harmonicamente. No caminho reverso, a expectativa inerente a tais regularidades possibilita a criação e o desenvolvimento de uma arte temporal, como é o caso da música que exprime, através da manipulação de antecipações geradas pela mente do ouvinte, um significado estético baseado tanto na satisfação da constatação de estruturas sonoras instigantes quanto na emoção por esta evocada.

Em 2016, Frédéric Bimbot e colegas[10] publicaram um artigo intitulado "System & contrast", no qual apresentam um modelo para análise de dados musicais simbólicos (notação musical) que procura delinear a organização interna de segmentos (normalmente de um ou dois compassos de duração) de peças musicais (normalmente de música popular). Inspirado no modelo IR de Narmour, no qual a expectativa musical é gerada pela percepção automática (involuntária) do ouvinte, em relação ao gênero musical, o modelo de Bimbot se baseia em duas premissas, chamadas "sistema" e "contraste". Sistema representa a estrutura musical portadora e multidimensional, formada por aspectos musicais de diversas naturezas, tais como melodia,

[10] Bimbot *et al.*, 2016.

harmonia e ritmo. O sistema é assim formado de uma rede de relações (descritas nesse modelo por funções) de autoevidentes sintagmas (unidade sonora com significado, como aquela definida pelo termo *ursatz*, ou estrutura fundamental, na análise schenkeriana). Já contraste se refere à estrutura variante da organização evidenciada pelo sistema. O contraste temporariamente se distancia do sistema, oferecendo, assim, uma momentânea ressignificação para a estrutura da peça musical. Tal modelo procura estabelecer um método para descrever os padrões de implicações estruturais internas na música, evidenciando as similaridades e funções entre sintagmas estruturais, de modo a reduzir a complexidade da análise e da descrição de uma peça musical.

10
Ouvir para escutar

Música é uma arte sonora e, como tal, depende, direta ou indiretamente, do sentido da audição para ser identificada e apreciada. Existem dois verbos principais em português que expressam a capacidade mental de coletar informações sonoras: ouvir e escutar. A etimologia de ambos vem do latim: "ouvir" vem de *audire*, ou seja, "perceber através da audição"; "escutar" vem de *auscultare*, que significa "ouvir com atenção". Desse modo, todo ato de "escutar" é também um ato de "ouvir", mas nem todo "ouvir" é "escutar".

Escutar é o processo auditivo primordial, anterior à consciência, em que as ondas de compressão e expansão do ar, ou de outro meio elástico por onde estas se propagam, constituem a "pressão acústica" que transmite a informação sonora. Ao atingir a orelha, essa informação passa por três estágios de transdução: 1) de pressão acústica para vibrações mecânicas (no tímpano); 2) de vibrações mecânicas para variações de pressão hidráulica (dos líquidos internos da cóclea); e, finalmente, 3) de variações de pressão hidráulica para sinais elétricos, constituídos pelos "potenciais de ação" disparados pela movimentação das células ciliadas na membrana basilar, dentro da cóclea. No primeiro estágio de transdução, as ondas acústicas são captadas pelo pavilhão de cada orelha (também chamado de "pina"), que cumprem a função de filtros. Estes variam sua "função de transferência" (a representação matemática da relação entre a entrada e a saída de um sistema) de acordo com a posição da cabeça em relação à posição da fonte sonora. Desse modo, as pinas colaboram no processo de localização espacial da fonte sonora. Em seguida, as ondas acústicas entram pelo canal auditivo, que possui uma frequência de ressonância centrada em cerca de dois a quatro kHz, o que amplifica e, desse modo, privilegia a percepção dessa região do espectro de frequência sonoro que é especialmente importante para o reconhecimento e o entendimento da fala humana. No segundo estágio, as ondas sonoras atingem o tímpano, uma membrana côncava e móvel, que vibra em decorrência da variação da pressão acústica. Essa membrana está acoplada a três ossos minúsculos, dispostos em sequência (chamados de "martelo", "bigorna" e "estribo"), que cumprem a função de amplificar mecanicamente a vibração do tímpano. Existem dois músculos tensores que são ativados quando a intensidade sonora é muito forte (minimizando a intensidade dessa vibração e, assim, protegendo a integridade da audição). Um deles está acoplado ao início da orelha média (o tímpano), e o outro, ao seu final (o estribo), quando a vibração mecânica finalmente chega à orelha interna. No terceiro estágio, as vibrações mecânicas chegam ao vestíbulo, uma estrutura óssea, rígida, que contém, num de seus extremos, os "canais semicirculares", que fazem parte dos sensores corporais para a percepção de localização (posição da cabeça) e aceleração espacial (deslocamento da cabeça), possibilitando, assim, ao indivíduo perceber a sua orientação corporal e manter o seu equilíbrio. No outro extremo do vestíbulo tem-se a cóclea, que é onde ocorre a percepção do som. O estribo, ao vibrar em consonâncias com as ondas acústicas, colide com uma abertura no vestíbulo, na região da cóclea, chamada de "janela oval". Esta transmite a vibração mecânica para o meio líquido (composto dos líquidos "perilinfa" e "endolinfa") do interior da cóclea. Interessante destacar como a percepção de posicionamento e deslocamento corporal (associada à dança) é processada tão perto da percepção sonora (associada à música). Sons muito intensos acabam também estimulando os canais semicirculares, o que faz com que sua percepção seja intensificada. Talvez por isso tendemos a aumentar o volume quando gostamos de uma música que estamos escutando, ou algumas vezes tendemos a balançar a cabeça em movimento sincronizado ao seu andamento. Desse modo, intensificamos a experiência multimodal musical.

A cóclea é uma estrutura espiralada, com formato e tamanho similares aos do conhecido molusco corriqueiramente chamado de "caracol de jardim". A base da cóclea é mais larga, e seu topo é mais estreito. Dentro da cóclea, em toda a sua extensão longitudinal, existe uma estrutura chamada "membrana basilar", onde estão as células ciliadas, que são neurônios mecanorreceptores (sensíveis a variações mecânicas) adaptados a responder com sinais elétricos (potenciais de ação) quando estimulados mecanicamente pela vibração acústica dentro da cóclea. A membrana basilar também tem formato de cunha e se estende longitudinalmente por toda a cóclea, sendo, porém, mais fina e rígida na base da cóclea (onde esta é mais larga), e vai se tornando mais larga e flexível à medida que se aproxima do topo da cóclea, onde seu canal é mais estreito. Isso contribui para a discriminação de frequências componentes do som, de acordo com a região da membrana basilar que está sendo excitada. Sons graves são percebidos no topo da cóclea, onde a membrana basilar é mais larga e flexível (e com mais células ciliadas). Sons agudos são percebidos na região inicial da cóclea, onde a membrana basilar é mais estreita e rígida (e com menos células ciliadas), o que permite a decomposição da informação sonora em seus componentes em frequência, chamados de parciais ou harmônicos. Parciais distintos (com frequências diferentes) são percebidos em regiões específicas da membrana basilar, que se organiza, assim, como um "teclado de piano" ao reverso (que inicia no mais agudo e vai até o mais grave), constituindo o que é conhecido na literatura como organização "tonotópica" da cóclea, onde ocorre a transdução do som, de informação acústica para elétrica (potenciais de ação).

Essa informação é transmitida discriminadamente através do nervo auditivo até o cérebro, que processa esse estímulo neural e o interpreta como sensação sonora. A primeira região cerebral que recebe essa informação é o "tronco cerebral", onde estão localizados os dois "núcleos cocleares". Estes recebem a informação tonotópica já discriminada e a mapeiam em regiões cerebrais correspondentes. É interessante notar que a informação sonora discriminada por frequência é um fator crucial para a detecção da tonalidade musical sem referência externa, capacidade conhecida como "ouvido absoluto", ou *perfect pitch*. No entanto, apesar de todos os ouvintes estarem fisiologicamente equipados com esse processamento coclear e cerebral para realizar tal detecção, apenas uma notada minoria da população retém essa capacidade mental. Segundo alguns estudos, todos nós nascemos com "ouvido absoluto"; porém, após a aquisição da linguagem, a imensa maioria perde essa capacidade. Assim, percebe--se que o "ouvido absoluto" é um fenômeno de ordem cognitiva, e não fisiológica, sendo eliminado pela aquisição da linguagem, caso não haja necessidade de sua existência, como parece ser, em alguns casos, a *performance* musical

Na região cerebral dos "núcleos cocleares", são realizados alguns processamentos iniciais da informação sonora, como a detecção de sua intensidade e de sua duração. Dessa região, a informação do estímulo sonoro é transmitida simultaneamente para duas vias neurais: a via "primária" e a via "reticular" (ou não específica). A via primária é específica para a audição (ou seja, não recebe informação de qualquer outro sentido a não ser da cóclea) e trata do processamento rápido da informação auditiva; a informação sonora chega ao córtex auditivo via "núcleo geniculado medial", uma área do "tálamo",[1] que realiza o processamento da informação sonora. Nessa via neural, são processados o estado de alerta e o despertar do ouvinte através de um estímulo sonoro (como no caso de um indivíduo que está dormindo e subitamente é acordado por algum som desconhecido), bem como a identificação e a discriminação da informação sonora através de seu contraste com a informação armazenada na memória do ouvinte. A via reticular trata do processamento não específico da informação sonora, que a envia para áreas multissensoriais do tálamo, que a redireciona simultaneamente: 1) para o córtex (que participa do processamento de atividades relacionadas à atenção, à consciência e ao estado de vigília e alerta); 2) para o sistema límbico (que participa da geração e da regulação das emoções); e 3) para o hipotálamo (que participa da regulação de reações vegetativas corporais e da regulação hormonal).

A sensação sonora está, assim, mais relacionada com a ação de "ouvir" e é majoritariamente processada pela via neural primária, enquanto a percepção sonora está mais relacionada com a ação de "escutar", na qual a informação sonora é processada simultaneamente, tanto pela via primária quanto pela via reticular.

---

[1] Uma região cerebral profunda, situada em cada um dos hemisférios cerebrais, que participa da regulação de atividades motoras, informações sensoriais, consciência, ciclo do sono e estado de alerta.

11
Escutar por ouvir

Escutar é, basicamente, "ouvir com atenção", o que exige a participação ativa dos processos cognitivos da memória e da atenção, algumas vezes transcendendo a razão e evocando emoções naquele que, mais do que ouve, escuta uma peça musical. O antropólogo Sherwood Washburn, em seu livro *Social Life of Early Man*,[1] aponta que, na evolução humana, a audição não foi especialmente importante para a sobrevivência do indivíduo. Segundo esse autor estadunidense, na vida selvagem de um primata, por exemplo, muitos perigos ocorrem subitamente, e predadores aparecem silenciosamente, quando já não há mais possibilidade de escapar (exemplos: cobras que deslizam no chão praticamente sem ruído ou grandes felinos que fazem emboscadas atrás de vegetação ou escondidos em copas de árvores). Nesse contexto, a audição não ajuda muito na sobrevivência da possível presa, mas torna-se fundamental para que os indivíduos escutem os seus próprios sons, ou seja, se comuniquem. Washburn diz que, sendo os primatas a espécie de mamíferos mais "barulhenta" (ou vocalmente orientada), a audição é fundamental para a expressão do indivíduo em sua população, bem como para sua interação social. Com o auxílio da audição, as fêmeas interagem com seus filhotes,

---

[1] Washburn, 1962.

indivíduos trocam comunicações específicas, representando, por exemplo, amizade, agressão, dor, presença de perigo etc. Desse modo, estratégias e hierarquias sociais são estabelecidas, ratificadas e desafiadas.

Em seres humanos, a evolução da comunicação sonora possibilitou o desenvolvimento das linguagens. Sua sofisticação permitiu a manifestação de significados semânticos, pelos quais são expressos contextos relativos a objetos, qualidades e ações específicas, organizados numa estrutura sintática coerente, sendo cada linguagem auto-organizada segundo princípios gerais e similares a todos os grupos humanos, conforme propõe a teoria da "gramática universal", de Noam Chomsky. A comunicação sonora que constitui a música se especializou em expressar o contexto afetivo que antecede e embasa a comunicação semântica da linguagem, comum a todos os grupos humanos. Por essa razão, penso que a linguagem tende a ser naturalmente separatista, setorializando e distinguindo grupos sociais em diversas camadas hierárquicas, que se estendem desde os grandes grupos linguísticos, passando pelos dialetos, pelos coloquialismos locais e léxicos e pelas gírias que identificam grupos socioculturais, também em seu espaço geográfico e tempo. Já a música, pelo fato de ser desprovida de semântica, é naturalmente mais relacionada à comunicação de estados emocionais, o que é, de fato, mais homogêneo, na humanidade como um todo. Por isso, a música tende a ser universal, uma vez que as experiências afetivas que temos, e que são expressas pela música, são de certa forma comuns a toda espécie humana; diferentes grupos sociais, mesmo falando distintos idiomas e pertencendo a diferentes estratos sociais, em certas condições, são mais propensos a entender o contexto emocional e até a apreciar gêneros musicais desconhecidos, do que a entender diferentes linguagens.

Para que haja efetiva comunicação sonora afetiva através da música, é necessário que os ouvintes estejam atentos à informação sonora processada pela audição. Como podemos constatar em nosso cotidiano, a atenção não é um processo cognitivo totalmente voluntário; ela depende do interesse do ouvinte. Somos capazes de escutar, no meio de uma multidão, alguém mencionando nosso nome. Muitas vezes somos capazes de escutar primeiro, antes de outros ouvintes ao nosso redor, o toque do nosso celular. Também somos involuntariamente "desconectados" do processamento cognitivo de uma informação sonora (como um discurso ou mesmo uma música) que não nos desperte interesse, mesmo que estejamos nos esforçando para focar nossa atenção. Escutar exige genuíno interesse.

O livro *Listening*, de Andrew Wolvin e Carolyn Coakley,[2] define cinco tipos de "escuta" que são atualmente bastante aceitos pelos linguistas. As escutas são catalogadas como: 1) discriminativa; 2) compreensiva; 3) apreciativa; 4) empática; e 5) crítica. A escuta discriminativa ocorre quando o ouvinte é capaz de discriminar, ou seja, distinguir, entre o que é dito e o que é intencionado (exemplo: alguém declarando estar feliz quando sua voz exprime tristeza). A escuta compreensiva é aquela que permite ao ouvinte entender todo o conjunto da informação sonora, e não apenas suas partes componentes, de modo fragmentado (exemplo: compreender o significado de um parágrafo como um todo, em vez de entender cada frase ou palavra). A escuta apreciativa ocorre quando o ouvinte aprecia o significado estético de uma comunicação sonora (exemplo: o fato de o ouvinte gostar do timbre da voz de um(a) palestrante ou apreciar a beleza de uma peça musical). A escuta empática é aquela que permite ao ouvinte sentir empatia pela informação sonora e sentir-se próximo do falante ou afetado por aquilo que é descrito (exemplo: ser emocionalmente impactado por alguém descrevendo uma situação de sofrimento). A escuta crítica, considerada a forma de escuta cognitivamente mais complexa, ocorre quando o ouvinte

---

[2]   Wolvin & Coakley, 1992.

não apenas entende, mas também forma uma avaliação ou um julgamento sobre aquilo que está sendo expresso. Esses cinco tipos de escuta não são mutuamente exclusivos ou estáticos. É comum que o ouvinte migre de um para o outro, ou mesmo os acumule, usando simultaneamente diversas dessas estratégias de escuta. Apesar de essa catalogação ser claramente voltada à linguagem, muitas dessas categorias podem ser aplicadas à escuta musical, sendo que algumas (como a apreciativa e a empática) ocorrem mais naturalmente entre ouvintes leigos, e outras (como a discriminativa, a compreensiva e a crítica), entre intérpretes e compositores.

Percebe-se, assim, que, enquanto o processo de ouvir é passivo, o processo de escutar é ativo. Aquele que escuta exerce uma função ativa no processo de intencionalmente migrar entre diferentes estratégias de escuta a fim de maximizar sua capacidade de coleta de informação e apreciação sonora. Essa habilidade, conhecida como "escuta ativa" (*active listening*), foi introduzida em 2015, por Rogers e Farson, em um livro de mesmo nome.[3] Apesar de não ser uma obra científica, ela toca na questão da necessidade de aquele que escuta estabelecer estratégias e *feedbacks* a fim de maximizar a comunicação sonora. No caso da música, tem-se o exemplo da "escuta reduzida" de Pierre Schaeffer,[4] que apresenta as quatro funções da escuta musical: 1) *Écouter* (prestar atenção ao que se ouve); 2) *Ouïr* (perceber pelo ouvido); 3) *Entendre* (ter intenção de escutar; considerada como a mais importante função, segundo Schaeffer); 4) *Comprendre* (*Écouter* + *Entendre* = entender). Segundo o compositor e teórico francês, essas quatro funções ocorrem simultaneamente durante o processo de escuta e estão relacionadas com a informação de outros sentidos.

No artigo "The psychological functions of music listening", Thomas Schäfer e colegas realizaram um extenso estudo das funções

---

[3] Rogers & Farson, 2015.
[4] Cf. Donato, 2016.

comportamentais que levam indivíduos a escutar música.[5] Cento e vinte e nove funções distintas foram destacadas e posteriormente julgadas por 839 voluntários; as três principais dimensões que levam pessoas a escutar música com regularidade escolhidas foram: 1) regulação de estado emocional (*mood regulation*); 2) autoentendimento (*self-awareness*); 3) relacionamento social (*social relatedness*). A primeira trata da capacidade da escuta musical para afetar o estado de espírito do ouvinte. É comum pessoas voltarem de um concerto ou *show* musical com seu estado emocional prolongadamente alterado, normalmente para melhor (sentindo-se mais leves, satisfeitas e resolvidas), sendo que esse efeito pode durar muitas horas ou até mesmo dias. A segunda trata da capacidade da escuta musical para mitigar conflitos psicológicos internos, reforçando ou focando um determinado estado emocional ou conclusão, aliviando, assim, um sofrimento ocasionado por alguma incongruência ideológica ou afetiva. A terceira trata da capacidade da escuta musical para criar, manter e reforçar laços sociais do indivíduo com seu grupo, integrando-o através de interesses ou ideologias em comum. Sendo a escuta musical um processo cognitivo tão amplo, envolvendo a atenção, a disposição e a intenção do ouvinte, bem como de significativo impacto afetivo, penso que sua diversidade e sua abrangência são tão amplas quanto os interesses e as predileções humanas.

David Huron,[6] numa conferência para a Society for Music Theory, em 2002, propôs a existência de 21 modos distintos de escuta musical. São eles:

1) *Distracted listening* (escuta distraída);
2) *Tangential listening* (escuta tangencial);

---

[5] Schäfer *et al.*, 2013.
[6] Huron, 2002.

3) *Metaphysical listening* (escuta metafísica);
4) *Signal listening* (escuta sinalizadora);
5) *Sing-along listening* (escutar cantando junto);
6) *Lyric listening* (escuta lírica);
7) *Programmatic listening* (escuta programática);
8) *Allusive listening* (escuta alusiva);
9) *Reminiscent listening* (escuta reminiscente);
10) *Identity listening* (escuta identificadora);
11) *Retentive listening* (escuta retentiva);
12) *Fault listening* (escuta falsa);
13) *Feature listening* (escuta destacada);
14) *Innovation listening* (escuta inovadora);
15) *Memory scan listening* (escuta interna, com intenção de lembrar um episódio de vida);
16) *Directed listening* (escuta direcionada);
17) *Distance listening* (escuta distanciada);
18) *Ecstatic listening* (escuta que leva a um estado de êxtase);
19) *Emotional listening* (escuta emocional);
20) *Kinesthetic listening* (escuta com movimentos corporais e/ou dança);
21) *Performance listening* (escuta simultânea à atividade de *performance* musical).

Ao terminar de apresentar essa extensa lista de possíveis escutas musicais, Huron arrematou declarando: "Esta lista não pretende ser exaustiva!",[7] ou seja, sua lista de escutas musicais não tem o objetivo de ser uma lista completa, contendo todos os possíveis modos de escuta musical. Essas catalogações parecem ser tão diversas quanto as intenções, predileções e emoções humanas.

---

[7] Em inglês, "This list is not intended to be exhaustive!".

12

O COMPARTILHAMENTO
DE RECURSOS CEREBRAIS ENTRE
MÚSICA E LINGUAGEM

Duas capacidades essencialmente humanas que, apesar de distintas, compartilham recursos do cérebro para o seu processamento são a linguagem e a música. Não existem registros históricos de comunidades humanas que não tenham apresentado ambas as atividades. Duas áreas cerebrais bastante conhecidas (pelo menos desde o século XIX) que sempre estiveram associadas à produção e ao entendimento da linguagem são as áreas de Broca (relacionada à produção da fala) e Wernicke (relacionada ao entendimento da linguagem). A área de Broca é localizada predominantemente no lobo frontal do hemisfério esquerdo cerebral. Esse hemisfério é normalmente associado à produção e ao processamento de informação analítica, tendo sido apelidado de "processador serial" pela famosa neurocientista Jill Bolte Taylor,[1] por concentrar diversas atividades cuja informação é organizada em sequências lógicas e ordenadas no tempo, como as habilidades matemáticas, lógicas, dedutivas e a linguagem.

A área de Broca é nomeada em homenagem a Pierre Paul Broca, médico do século XIX que estudou pacientes com lesões nessa área cerebral e que por isso apresentavam incapacidade ou dificuldade de produzir fala ou diversos tipos de sílabas. Já a área de Wernicke

---

[1] Taylor, 2006.

recebe esse nome em homenagem ao neurologista Carl Wernicke, também do século XIX, que realizou diversos estudos com pacientes apresentando "afasia fluente", ou seja, incapacidade adquirida de compreender uma linguagem à qual eram fluentes antes de sofrer uma lesão nessa área cerebral. Tais pacientes muitas vezes retinham a capacidade de produzir sílabas, palavras e até frases (ou seja, eram capazes de verbalizar uma palavra, mas incapazes de entender o seu significado). A área de Wernicke mais estudada também se localiza no lobo temporal do hemisfério esquerdo, estando relacionada à capacidade do indivíduo para entender o significado direto de uma palavra inserida em um contexto mais explícito e direto (por exemplo, "vir", como a conjugação do verbo "ir", como na frase: "sua encomenda deve vir pelo correio"). O correspondente dessa área, porém no hemisfério direito cerebral (hemisfério este que Jill Bolte Taylor compara a um "processador paralelo" por se relacionar mais com o processamento holístico e não sequencial de informação, como as habilidades artísticas, as capacidades associativas e o raciocínio indutivo), trata da compreensão de significados semânticos ambíguos (por exemplo, "vir", como a conjugação do verbo "ver", como na frase: "se você vir ele chegando, me avise"). A área de Broca também possui um correspondente no hemisfério direito cerebral que, apesar de ainda ser pouco estudado, parece estar relacionado a processos em que um paciente, após sofrer uma lesão na área de Broca do hemisfério esquerdo, consegue se recuperar da incapacidade de produzir palavras e sílabas (também conhecida como "afasia expressiva", quando o paciente compreende, mas não produz linguagem) através da realocação desse processamento para a área correspondente no hemisfério direito (através do processo conhecido como "neuroplasticidade funcional").

O pesquisador Aniruddh D. Patel (Ani Patel)[2] propôs um modelo teórico de compreensão do processamento cerebral da

---

[2]   Patel, 2007.

música e da linguagem, em que essas atividades sonoras, apesar de fundamentalmente distintas, compartilham recursos neurais em seu processamento. Esse modelo é conhecido como RSF (*Resource Sharing Framework*). Nesse contexto, as áreas de Broca e Wernicke são utilizadas tanto no processamento da linguagem como no da música. Lembro-me de que, quando eu atuava como músico, em muitas ocasiões em que estava tocando piano ou teclado, não conseguia falar com facilidade quando alguém queria conversar comigo durante uma *performance*. Era capaz, com certa facilidade, de entender o que a pessoa estava dizendo, mas quase não conseguia lhe responder com mais do que um "sim" ou um "não". No entanto, é fácil escutarmos música ou linguagem (por exemplo, um comentarista) no rádio enquanto dirigimos um veículo, sem que isso atrapalhe nossas habilidades ao volante. O mesmo já não ocorre quando estamos dirigindo e conversando no celular, o que, exatamente por esse motivo, é proibido em vários países. Ani Patel, com seu modelo RSF, tornou possível o entendimento de dilemas que vinham desafiando pesquisadores sobre a origem e a região do processamento da informação musical no cérebro do ouvinte. O processamento cognitivo de distintas atividades, como o entendimento e a produção de música e linguagem, é realizado pelas mesmas regiões e recursos cerebrais.

Conforme foi tratado anteriormente, no começo da década de 1970, o famoso e renomado maestro e compositor Leonard Bernstein apresentou uma série de palestras nas quais tentou explicar a música através de um paralelo que fez com a linguagem, utilizando para isso a gramática universal de Chomsky e atribuindo conteúdos semânticos a determinadas estruturas harmônicas e melódicas que agiriam como significante (no sentido semiótico de Saussure). De fato, existe um tipo de organização estrutural (ou sintática) na música que, de certa forma, lembra as estruturas gramaticais da linguagem. Os intervalos entre notas ordenadas no tempo (organizados horizontalmente) compõem frases e melodias, bem como os intervalos simultâneos (organizados verticalmente) compõem contrapontos e acordes. No entanto, essas estruturas musicais não têm uma atribuição de conteúdo semântico a uma dessas organizações horizontais ou verticais que remeta ao significado de um conceito (objeto), condição (qualidade) ou processo (ação), nem de estruturas em tais organizações que possam ser dispostas sequencialmente de modo recursivo, como no caso da linguagem (em que podemos, por exemplo, dizer que "o gato que estava perto do macaco subiu no muro", entendendo, sem maiores dificuldades, que não foi o macaco, mas sim o gato, que subiu no muro). A música cumpre outra função na comunicação humana, não tão semântica, mas igualmente fundamental, que, a meu ver, é a de comunicar a expressividade humana, em termos de sentimentos, afetos, emoções e estados de espírito (*mood*). Tais conceitos expressivos são anteriores à linguagem e fundamentam as estruturas analíticas de entendimento que um indivíduo faz de sua realidade subjetiva e objetiva. Percebemos isso ao vermos processos de polarização social em que, partindo de um sentimento comum, uma multidão se alinha numa intenção similar, mesmo que posteriormente esta se demonstre completamente falsa. Foi assim no fascismo, quando um país como a Alemanha, na época possuindo um dos maiores índices de escolaridade e erudição de sua população, pôde convencer milhões de indivíduos a aceitar e acatar uma doutrina tão danosa e baseada em fatos tão falaciosos. A música age nessa base estrutural do entendimento humano, na nascente inconsciente do rio de nossos pensamentos conscientes e consequentes ações. Vêm daí os sentimentos que irão basear e direcionar as conclusões de um indivíduo e de sua sociedade. É por isso que a música, na minha opinião, é tão poderosa, tão sedutora e tão necessária para a humanidade.

13

Escrita textual e musical

Ainda a respeito da comparação entre música e linguagem, houve um importante fato na história do desenvolvimento da civilização, tão marcante e definitivo a ponto de ser considerado o marco divisório de sua história: o advento da escrita. Conforme dito anteriormente, o advento da escrita musical parece ter ocorrido praticamente no mesmo período em que surgiu a escrita das linguagens. Segundo registros paleoantropológicos (paleontologia da espécie humana), os primeiros seres humanos modernos (similares a nós) surgiram há mais de cem mil anos, no leste da África. Apesar de existirem registros de ocorrências simultâneas (em termos de escala paleontológica) em outros povos e locais ao redor do mundo, a origem dos primeiros sistemas de escrita da linguagem data de aproximadamente cinco mil anos, nos povos da Mesopotâmia (mais especificamente, entre o povo da Suméria). Similarmente, um dos primeiros registros de escrita musical de que se tem conhecimento data de cerca de quatro mil anos, também na Mesopotâmia (mais especificamente, entre o povo da Babilônia). Percebe-se, assim, a necessidade que naturalmente surgiu de registrar criações nesses dois tipos de comunicação sonora.

O registro da comunicação humana por meio de um sistema de escrita permitiu vencer a barreira da memória individual, amplificando a capacidade social de reter de modo virtualmente indefinido a informação em registros escritos de conhecimento, criando, dessa forma, a possibilidade da sustentação de uma cultura muito mais complexa e abrangente. Isso também alterou a maneira como a transmissão desse conhecimento era realizada entre indivíduos e comunidades. Não há dúvida de que o advento da escrita permitiu um enorme avanço da civilização, com as tradições culturais deixando de ser orais e passando a ser literárias. Walter J. Ong, em seu famoso livro *Orality and Literacy*,[1] descreve dois tipos de oralidade: primária e secundária. A oralidade primária é denotada pela fala sem registro sonoro. Nesse contexto de ausência de métodos de registro da informação oral, era necessário o aprimoramento da capacidade de memória do indivíduo, pois uma boa habilidade de reter informação em sua forma aural significava uma clara vantagem para sua sobrevivência, sua manutenção e seu bem-estar. Assim, foram naturalmente desenvolvidas, nas comunidades, estratégias de aumento da retenção aural da informação oral – como são os recursos dramáticos dos contadores de histórias – que impressionavam suas audiências com gestos e expressões faciais exagerados e abruptos, utilizados durante seus relatos, normalmente realizados em circunstâncias atípicas e ritualísticas (por exemplo, à noite, perto de uma fogueira), valendo-se também de grandes variações de intensidade e frequência vocal de seu discurso, a fim de impactar a audiência e, assim, promover a retenção do conhecimento que estava sendo comunicado.

Esses relatos muitas vezes também eram realizados com a utilização de regularidades acústicas da informação oral, organizadas em similaridades perceptuais rítmicas e fonéticas, o que parece ter dado origem às métricas e às rimas dos poemas que, organizados em estruturas gramaticais, exprimem poesia. Com o advento da escrita, essas estratégias foram pouco a pouco deixando de ter um

[1] Ong, 1982.

significado estritamente funcional, de fomentar maior retenção de informação oral, e passando a ter um significado estético e lúdico, como é atualmente o caso da utilização de tais regularidades sonoras presentes, por exemplo, nos versos, nas estrofes e nas rimas (no caso dos poemas tradicionais), nos cantos e nas letras de canções de músicas folclóricas, populares e nas óperas. Exemplificando, tem-se abaixo um trecho da letra da canção "Sob medida", de Chico Buarque.

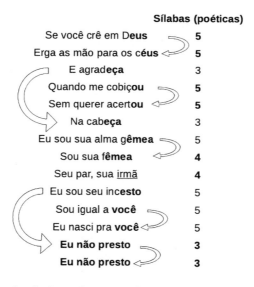

Figura 1: Trecho da letra da canção "Sob medida", de Chico Buarque, evidenciando o número de sílabas e rimas de cada verso.[2]

A música também foi certamente afetada pelo advento do seu registro simbólico, na forma de notação musical, com as estruturas mais complexas e de maior duração podendo ser registradas e, assim, desenvolvidas pela perspectiva de estruturas mais elaboradas e refinadas, como a forma sonata, as sinfonias e as óperas. O

---

[2] Esta e as demais figuras que ilustram este livro foram criadas pelo autor.

desenvolvimento de um método formal de registro do conjunto de ações que um músico deve executar, a fim de reproduzir um evento musical, deu origem à notação musical, o que, por sua vez, permitiu o surgimento da área mais evoluída da musicologia: a musicologia histórica. No entanto, não me parece que a música tenha atingido um patamar secundário tão delineado quanto a oralidade secundária, conforme definida por Ong, no que diz respeito à inserção da escrita na música. A música, como se sabe, não tem a necessidade ou muitas vezes sequer a intenção de efetivar uma comunicação semântica. Para esse propósito, servem as letras das canções, que, de fato, através do contexto semântico, potencializam uma efetiva comunicação afetiva. Prova de que a música foi menos afetada pelo advento da escrita musical é o fato de que grande parte da produção musical ocorreu e continua ocorrendo sem a existência ou a necessidade de notação musical, o que definitivamente não é o caso da oralidade. A música popular e a música *pop*, por exemplo, são muitas vezes produzidas sem utilizar partituras de apoio. A produção musical parece ter saltado da sua musicalidade primária (correspondente à oralidade primária) a uma musicalidade terciária, em que os meios tecnológicos eletrônicos e comunicacionais (em especial, a internet) permitem seu registro e sua disseminação. Esse fato é também evidente mesmo nas esferas da música formal, intelectual e acadêmica, e no caso específico da música eletroacústica, citada anteriormente, em que muitos compositores criam suas obras diretamente por meio da manipulação do registro digital do material sonoro, com a mixagem final cumprindo o papel de partitura.

PARTE III

MÚSICA E TECNOLOGIA

14

AVANÇOS E CAMINHOS DA COMPUTAÇÃO MUSICAL

Em 2019, no XVII Simpósio Brasileiro de Computação Musical (SBCM), assisti à fala de um dos palestrantes convidados, o professor Mauricio Loureiro, organizador do I SBCM, em 1994, em Caxambu (MG). Em sua palestra, ele rememorou os trabalhos de pesquisadores como Stephen Pope, David Jaffe, Dexter Morrill e Xavier Serra, entre outros. Isso me inspirou a escrever o artigo que originou este capítulo, sobre o caminho da computação musical traçado tanto pela tecnologia quanto pelo interesse social. Pode-se dizer que a computação musical é a área fronteiriça entre tecnologia eletrônica e arte musical; pela perspectiva dos músicos, trata-se da "tecnologia a serviço da música", ao passo que, do ponto de vista dos engenheiros e programadores, é a música o fator motivador do desenvolvimento tecnológico e computacional.

A síntese FM

John Chowning, compositor pós-moderno e percussionista, desenvolveu intuitivamente, no início da década de 1970, um método de síntese sonora baseado na modulação em frequência de ondas de rádio, normalmente usado na transmissão de rádios por modulação de frequência (ou FM, de *Frequency Modulation*). Esse método, aplicado à geração de sons, surpreendia por permitir criar sonoridades com grande riqueza timbrística (especialmente para sons de metais e percussão), ainda que requeresse pouco processamento computacional (o que, na época, era uma grande constrição tecnológica). Chowning investiu diversos anos desenvolvendo intuitivamente sonoridades conhecidas (diversos sons, na época considerados bastante similares a instrumentos musicais tradicionais) através desse método não linear de síntese (ou seja, em que não há uma coerência direta entre os parâmetros da síntese e o resultado timbrístico que será obtido, tornando esta uma técnica predominantemente exploratória e hermética). No meio dessa década, Chowning fundou, na Universidade de Stanford, o Center for Computer Research in Music and Acoustics (CCRMA), até hoje um dos centros mais importantes de pesquisa em computação musical e acústica.

Essa sua invenção, posteriormente chamada de "síntese FM", foi patenteada pela Stanford e licenciada para a Yamaha, no Japão. Cerca de uma década adiante, depois de diversos ajustes, melhorias e colaborações com o CCRMA, a Yamaha lançou o famoso e extremamente bem-sucedido sintetizador DX7, em 1983. O DX7 continha apenas 6 geradores de áudio digital senoidal, 32 diagramas de conexão (chamados de algoritmos) e 16 notas de polifonia. O DX7 também aceitava entrada e saída Midi (*Musical Instrument Digital Interface*). Midi é um eficiente e simples protocolo de controle de instrumentos musicais digitais em tempo real, ainda utilizado, que na época havia sido recém-lançado (mais especificamente, no ano anterior, no teclado Jupiter-6, da Roland). Além do DX7, a síntese FM foi extensivamente utilizada em muitas outras aplicações, mas genéricas e comerciais, tais como no processamento de efeitos sonoros e trilhas de jogos eletrônicos, em placas de áudio de computadores e na geração dos diferentes toques e alarmes dos primeiros celulares. Segundo me falaram no próprio CCRMA, quando lá estive, a síntese FM tornou-se a segunda patente mais lucrativa da Stanford, sendo secundada apenas pela patente da pílula anticoncepcional, também da mesma universidade.

Novas sínteses sonoras

A década de 1980 foi uma época paradigmática da música eletrônica, dado o lançamento do primeiro sintetizador digital musical. Esse período foi também marcado pelo início da exploração e da implementação em larga escala da eletrônica digital, que apresenta diversas vantagens tecnológicas sobre a eletrônica analógica, em especial com relação à sua simplificação de modelamento matemático e à consequente facilidade de ser implementada computacionalmente. Apesar de o primeiro teclado musical de que se tem registro ter sido construído no século XIX, pelo inventor Elish Gray (intitulado *The musical telegraph*), o primeiro teclado eletrônico foi comercialmente disponibilizado na década de 1950, por Wurlitzer, baseado num teclado anterior desenvolvido por Fender Rhodes. Nas décadas de 1960 e 1970, houve a grande explosão de criadores de teclados eletrônicos, como os famosos Moog, desenvolvidos por Bob Moog, que criou uma série de teclados sintetizadores analógicos, ou seja, que utilizavam processos eletrônicos contínuos (analógicos) para gerar o áudio em "tempo real" (no momento em que eram "tocados"). Em contraste, a síntese digital é baseada em processos matemáticos discretos (não contínuos) para gerar o áudio (no caso, digital) em tempo real.

A síntese FM foi, desde o seu início, desenvolvida como um processo digital de síntese sonora, o que tornou o DX7 o primeiro sintetizador digital comercialmente disponibilizado. Do mesmo modo, em paralelo, outros pesquisadores exploravam diferentes possibilidades de sínteses sonoras digitais. Já se sabia da possibilidade de simplesmente somar osciladores senoidais para simular, em teoria, o timbre de qualquer som conhecido, como aqueles gerados pelos instrumentos musicais. Isso é uma consequência direta da teoria de Fourier, que prova matematicamente que qualquer som periódico pode ser representado por uma soma finita de senoides com diferentes amplitudes, frequências e fases. Assim, diz-se que o som é constituído por "parciais" (senoides), e cada parcial pode ser representado por um oscilador senoidal.

O problema na época era a constrição de recursos computacionais para gerar e controlar uma grande quantidade de osciladores. Dados os parcos recursos de processamento e memória computacional existentes até a década de 1980, era computacionalmente muito caro criar, em escala comercial, um *hardware* capaz de calcular e controlar os parâmetros de um grande número de senoides em tempo real, ou seja, com atraso imperceptível para sintetizar um som desejado durante a *performance*, como fazia o DX7, que era capaz de processar até 16 notas simultâneas de sons com timbres bastante complexos. No entanto, como é comum na natureza, a síntese FM também tem a sua contrapartida; no caso, um processo não linear de geração sonora, o que significa dizer que a síntese FM não permite um *design* intuitivo do timbre sonoro que se deseja criar, como seria o caso de uma síntese linear – como aquela baseada na teoria de Fourier – que criasse um timbre pela adição de osciladores, conhecida como "síntese aditiva". Por outro lado, um som complexo pode ter uma imensa quantidade de parciais (componentes senoidais que constituem o som), o que gera a necessidade de utilizar uma imensa quantidade de osciladores a fim de sintetizar todos os parciais necessários para constituir um som desejado, através de um método linear de síntese. Assim, tem-se um compromisso entre sínteses lineares (que apresentam um *design* sonoro intuitivo, mas requerem muitos recursos computacionais para serem calculadas) e sínteses não lineares (que requerem bem menos recursos computacionais para processar um som, porém não apresentam um *design* sonoro intuitivo).

Com o passar do tempo, a síntese FM começou a soar repetitiva, uma vez que o processo de *design* sonoro tendia a ser repetido com pequenas modificações. Desse modo, novas formas de síntese sonora, que produzissem sons ainda mais similares aos gerados por instrumentos musicais, voltaram a ter procura, aumentando, assim, a oferta de novas tecnologias sonoras.

No começo da década de 1980, Alexander Strong e Kevin Karplus[1] desenvolveram um método de síntese sonora baseado na simulação das propriedades físicas de uma corda retesada que gera som ao ser excitada (pinçada ou percutida). O modelo, conhecido posteriormente apenas por "síntese Karplus-Strong", era bem simples e gerava sons muito similares àquele gerado por um instrumento musical de corda, abrindo possibilidade de uma nova forma de síntese sonora, que simula computacionalmente as propriedades físicas geradoras do som de um instrumento musical (por exemplo, no caso de um violão, a oscilação das cordas, com suas forças de retesamento, proporções, densidades etc., o corpo do instrumento, com suas geometrias, dimensões, características físicas do material utilizado etc.).

Julius Smith,[2] um pesquisador do CCRMA, baseou-se no modelo de Karplus-Strong para criar o modelo de síntese batizado por ele de *Digital Waveguide Synthesis*. O termo *waveguide*, ou "guia de ondas", refere-se a métodos utilizados na física para o estudo e o dimensionamento de estruturas físicas que permitem a propagação

---

[1] Karplus & Strong, 1983.
[2] Smith, 2008.

de ondas acústicas ou eletromagnéticas, com um mínimo de perda. Do mesmo modo como Chowning (criador da síntese FM) havia feito duas décadas antes – inspirando-se na modulação FM de ondas de rádio para criação de um processo de síntese sonora –, Smith se inspirou no modelo de Karplus-Strong, expandindo-o por meio da utilização do modelo matemático das guias de onda, para criar um novo modelo de síntese sonora: a síntese sonora por modelamento físico do instrumento musical, posteriormente patenteada pela Universidade Stanford e também licenciada para a Yamaha, em 1989, sendo, então, expandida para representar diversos outros instrumentos musicais. Essa técnica passou a ser conhecida como "modelamento físico" (ou PM, de *Physical Modelling*).

Em 1993, um ano antes do I SBCM, a Yamaha lançou o primeiro sintetizador digital com o modelamento físico, o VL1. Apesar da eficiência do algoritmo das guias de onda, dadas as restrições tecnológicas da época, o VL1 permitia processar apenas uma nota por vez (ou seja, diferentemente do DX7, que, lançado uma década antes, tinha uma polifonia de 16 notas simultâneas, o VL1 permitia tocar apenas uma nota por vez, isto é, era um instrumento musical digital monofônico). Quando estive no CCRMA, no final da década de 1990, cheguei a experimentar um desses teclados. O que me impressionou no VL1 foi a riqueza timbrística do som monofônico gerado, e especialmente a controlabilidade que sua sonoridade apresentava (era possível, por exemplo, controlar em tempo real detalhes sutis do som, como: ligaduras, abafamentos, surdinas, palhetadas, harmônicos, glissandos, tracejados etc.). No entanto, comercialmente, o instrumento era muito caro, além de monofônico. Apesar de o modelamento físico ser, de fato, um conceito muito interessante, o VL1 demonstrou ser pouco eficiente para a geração de timbres de diferentes instrumentos, como já havia sido insinuado pela síntese Karplus-Strong, que servia bem aos propósitos de simular cordas, porém nada mais do que cordas.

O PARADIGMA DA SÍNTESE *WAVETABLE*

Na seção anterior, descrevi brevemente os modelos clássicos de síntese sonora da segunda metade do século XX. Do modo como entendo, os processos de síntese sonora apresentam três elementos principais, que eu chamo aqui de:

1. Sonoridade: a facilidade de gerar áudio com grande riqueza timbrística;
2. Controlabilidade: a facilidade de parametrização das variáveis do algoritmo da síntese sonora de modo a permitir gerar com facilidade uma dada sonoridade intencionada *a priori*;
3. Computabilidade: a facilidade computacional, em termos de processamento e memória, para realizar a síntese sonora.

A síntese aditiva (dada pela construção de um som complexo através da soma de senoides dinamicamente parametrizadas) possui tanto a controlabilidade quanto a sonoridade diretamente proporcionais à sua computabilidade (o que, na época anterior à síntese FM, era um gargalo em termos computacionais, e, hoje em dia, é um gargalo em termos de complexidade cognitiva de parametrização). A síntese FM (*Frequency Modulation*, ou modulação de frequência) possui alta sonoridade e baixa computabilidade, porém sua controlabilidade não é intuitiva (dado o fato de esse processo computacional não ser linear, o que dificulta o *design* sonoro com um fim estético específico). A síntese PM (*Physical Modeling*, ou modelamento físico) apresenta grande sonoridade e controlabilidade (já que o algoritmo parte de modelamento computacional do corpo físico de um instrumento musical), mas pouca computabilidade (já que esses modelos físicos aumentam em complexidade na medida em que mais detalhes do modelamento do instrumento musical original são adicionados).

Temos assim que, em teoria, a síntese aditiva permite gerar qualquer sonoridade intencionada, do mesmo modo que poderíamos, em teoria, gerar qualquer trecho sonoro ou musical (de um discurso a uma sinfonia, de um efeito sonoro a um som da natureza) com um minuto de duração, se ordenássemos corretamente uma sequência de cerca de 2,6 milhões (44.100 x 60) de números inteiros, escolhendo adequadamente seus valores, entre −32,768 e +32,767 (equivalentes aos 16 *bits* de resolução do padrão de áudio digital do CD). Porém, apesar de essa possibilidade técnica existir (desde os anos 1980), não temos a capacidade cognitiva, ou mesmo recurso de ML (*Machine Learning*, ou aprendizado de máquina), capaz de realizar essa tarefa. Do mesmo modo, a síntese aditiva aumenta em complexidade a cada parcial (representada por uma senoide) acrescentada, a qual deve ser controlada dinamicamente em três parâmetros: amplitude, frequência e fase.

A síntese FM valeu-se da capacidade criativa de *designers* de som que foram intuitivamente criando bancos de dados sonoros e catalogando suas sonoridades. Porém, essa capacidade chegou a um certo limite cognitivo, com novas ou mais aperfeiçoadas sonoridades musicais se tornando cada vez mais escassas até praticamente não mais ocorrerem. Chegou-se, assim, a outra constatação fundamental no universo do som musical. Os ouvintes, em sua imensa maioria, não estão interessados em novas e desconhecidas sonoridades de áudio digital, mas sim em obter, através de recursos computacionais, sonoridades cada vez mais parecidas com aquelas de instrumentos acústicos conhecidos, como, por exemplo, o som de célebres instrumentos musicais. Desse modo, por exemplo, um teclado musical digital poderia gerar uma sonoridade similar àquela de um piano de uma famosa e tradicional marca (como um Steinway & Sons, ou um Bosendorfer Imperial), cujas aquisição e portabilidade seriam proibitivas para a imensa maioria dos tecladistas. Nesse sentido, foi desenvolvida e explorada a síntese PM, que, contudo, apesar de apresentar muita controlabilidade, tinha sonoridade limitada e – dados os recursos tecnológicos da época – era computacionalmente muito cara.

A ideia de gravar o som original de um instrumento musical acústico e controlá-lo através de uma interface computacional já tinha sido pensada na década de 1960. No começo dos anos 1970, já haviam sido realizadas implementações. O primeiro desses instrumentos, chamados de *samplers* (amostradores), foi o Mellotron, um teclado musical analógico, que gravava em *tape* (fita magnética) o som de um instrumento musical, o qual era depois acionado por meio de um teclado eletrônico. O primeiro *sampler* digital foi o EMS (*Electronic Music Studio*), que utilizava dois processadores computacionais para realizar as operações necessárias ao "sampleamento" (conversão analógico-digital, edição e armazenamento das amostras digitais). Além de muito caros, os *samplers* exigiam que o usuário tivesse um bom entendimento computacional e de áudio digital, para que pudesse realizar adequadamente o *design* sonoro do áudio a ser utilizado musicalmente numa *performance* ou numa gravação musical.

A saída encontrada por pesquisadores como Michael McNabb e Wolfgang Palm foi ir ao encontro do interesse da imensa maioria dos usuários, que não procuravam novas sonoridades, mas desejavam instrumentos digitais capazes de reproduzir sonoridades conhecidas e estabelecidas no imaginário sonoro dos músicos e ouvintes. Com isso, poder-se-ia reduzir o custo do equipamento computacional, retirando a parte necessária para converter e armazenar novas amostras e, assim, também eliminar o processo de edição que estava a cargo dos usuários. A solução foi criar instrumentos musicais digitais mais baratos, já contendo uma lista predefinida de sonoridades pré-amostradas e adequadamente editadas, de sons conhecidos (especialmente sons de instrumentos musicais acústicos), o que foi alcançado com a utilização de tabelas de leitura na memória digital do computador (ou instrumento digital), as chamadas *Table-lookup.*

Essas tabelas poderiam ser lidas e moduladas pelo algoritmo da síntese, em vez de ser calculadas em tempo real. Por exemplo, para gerar uma senoide, em vez de o processador digital calcular, a cada instante de tempo, o valor de uma função seno, tem-se uma tabela com esses valores já pré-calculados, os quais são apenas lidos em diferentes velocidades – de acordo com a frequência da senoide que se quer reproduzir – e multiplicados por uma variável, de acordo com a amplitude desejada na sua reprodução. Tem-se, então, a possibilidade de fazer o mesmo com formas de onda mais complexas, como são as amostras digitais de sons de instrumentos musicais, que também podem ser armazenadas numa tabela de "ondas", chamada *wavetable*. Desse processo de desenvolvimento, feito por diversos e independentes pesquisadores, surgiu o conceito de *wavetable synthesis*, a síntese *wavetable*.

Em linhas gerais, os sons de instrumentos musicais são compostos de dois tipos de sons, como também ocorre na fala humana, que é composta de consoantes e vogais. Conforme tratado anteriormente, as vogais são sons tonais, aproximadamente periódicos, ao passo que as consoantes são sons percussivos, aperiódicos. Uma sílaba é normalmente composta de uma vogal (quase periódica) precedida por uma consoante (aperiódica). Do mesmo modo, o som de um instrumento tonal costuma possuir uma fase inicial, chamada de ataque, que a ela se assemelha e cumpre a função identificatória de uma consoante na sílaba. É precedido por uma fase posterior, chamada de ciclo, que cumpre a função qualitativa de uma vogal, assemelhando-se a ela. A diferença, por exemplo, entre as sílabas "ba" e "pa" é de fato sutil, estando contida praticamente nos primeiros milissegundos do som de ambas as sílabas, os quais a audição humana é extremamente eficaz em distinguir.

FUNDAMENTOS INTERDISCIPLINARES DA MUSICOLOGIA SISTEMÁTICA | 97

Figura 2: Espectro sonoro (componentes em frequência ao longo do tempo) do áudio da pronúncia da sílaba "ba"; à esquerda, observa-se o momento da pronúncia da consoante "b" seguida pela pronúncia da vogal "a", que é a parte tonal desse áudio.

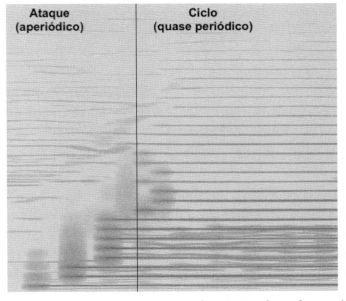

Figura 3: Espectro sonoro (componentes em frequência ao longo do tempo) do áudio de uma nota emitida por um trompete; à esquerda, tem-se o ataque (parte ruidosa ou aperiódica, similar à sonoridade de uma consoante) precedido pelo ciclo (parte tonal, similar à sonoridade de uma vogal).

Considerando essas duas partes fundamentais de um som tonal, a estratégia da síntese *wavetable*, de modo bastante simplificado, é "amostrar" (*sample*) esses dois componentes do som musical tonal. O ataque é de rápida duração (milissegundos), sendo, assim, armazenado integralmente. O ciclo é bem mais extenso (depende da duração da nota), porém é "quase periódico", ou seja, repete-se de modo similar (por isso, o nome "ciclo").

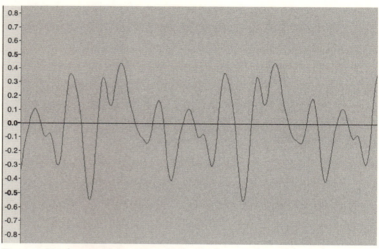

Figura 4: Trecho com dois milissegundos de duração da forma de onda da parte tonal (ciclo) do som amostrado do trompete apresentado na Figura 3.

Desse modo, basta armazenar alguns ciclos desse trecho bem curto (ainda mais curto que o ataque) e repeti-los de modo quase periódico, modulados ao longo do tempo por uma envoltória dinâmica que representa os estágios mais comuns de uma nota musical. Eles são chamados de ADSR: ataque, decaimento (transição entre o ataque aperiódico e o ciclo quase periódico), S (*Steady state*, ou modo estacionário, que é o período extenso em que a nota musical está soando) e R (*Release*, ou finalização da nota, quando esta é encerrada).

Para regiões de notas próximas, o mesmo par de amostras (ataque e ciclo) pode ser usado, bastando apenas modular ligeiramente a velocidade de leitura, correspondendo à variação de sua frequência (que corresponde à altura musical, ou *pitch*). Para regiões distantes, novos pares de amostras devem ser utilizados, pois a diferença timbrística passa a ser perceptível (como ocorre quando aceleramos a gravação de uma voz grave e esta soa não apenas fina e de modo mais rápido, mas também artificial, normalmente cômica por ser obviamente diferente de uma voz fina natural). Para sons não tonais, como muitos sons percussivos (tambores, pratos, chocalhos) e efeitos sonoros (explosões, tiros, gritos), usa-se, no processo da síntese *wavetable*, apenas o ataque, que passa a ser bem maior e representa toda a extensão da amostra sonora.

Com o passar do tempo e o sucessivo avanço do desenvolvimento tecnológico – que permitiu a expansão do processamento e da memória computacional –, a síntese *wavetable*, em nível comercial, substituiu completamente a síntese FM e a PM, sendo até hoje o método mais utilizado de síntese sonora digital. De fato, a síntese *wavetable* não é em si um processo de geração sonora, mas um método de acesso e controle dinâmico de amostras de áudio digital em tempo real, que se vale das propriedades do som de instrumentos tonais acima explicadas, em que curtas amostras digitais de pequenos trechos do som real são suficientes para "sintetizar" um som conhecido com esforço computacional bem menor e bem maior proximidade perceptual auditiva, muito acima daquela alcançada pelas sínteses sonoras anteriores, cujos sons podem ser reconstituídos e parametrizados em tempo real, pelos parâmetros de articulação fornecidos por um instrumento musical controlador, como um teclado Midi – o que parecia impossível de alcançar, mas que os inesperados avanços tecnológicos computacionais do final do século XX acabaram viabilizando, para surpresa e até quem sabe frustração de muitos pioneiros da computação musical.

15
CRIATIVIDADE MUSICAL E INTELIGÊNCIA ARTIFICIAL

Em 2019, foi divulgado que pesquisadores conseguiram desenvolver um modelo computacional de inteligência artificial (IA) capaz de finalizar o que viria a ser a 10ª Sinfonia de Ludwig van Beethoven. O coordenador do projeto, Matthias Röder, é diretor do Instituto Karajan, em Salzburgo, na Alemanha. O projeto estreou a obra realizada pela IA na cidade alemã de Bonn, em 2020, quando se completaram 250 anos do nascimento de Beethoven. Essa obra foi deixada pelo compositor alemão menos do que inacabada, bem diferente do caso da Sinfonia nº 8 de Franz Schubert, popularmente conhecida como a "sinfonia inacabada". O músico austríaco havia composto integralmente os primeiros dois movimentos dessa sinfonia. Já Beethoven, ao morrer, em 1827, deixou apenas rascunhos e trechos desconexos de sua suposta 10ª Sinfonia. No caso de Schubert, este viveu ainda por seis anos (seu falecimento se deu em 1828) após supostamente abandonar a composição da Sinfonia nº 8 em seus dois primeiros movimentos. Alguns musicólogos históricos acreditam que essa sinfonia pode não ter sido abandonada, mas sim transformada em outra composição.

Em fevereiro de 2019, foi anunciado que a empresa de celulares Huawei havia desenvolvido uma IA que compusera possíveis terceiro e quarto movimentos para a sinfonia inacabada de Schubert, apresentando uma versão computacional de finalização dessa obra, feita pela inteligência artificial no estilo de Schubert. O programa rodou inteiramente num celular da empresa (Huawei Mate 20), e a obra foi supervisionada e regida pelo maestro e produtor musical Lucas Cantor, tendo sido estreada em Londres.

No caso da suposta 10ª Sinfonia de Beethoven, o problema é bem mais complicado. Röder, em entrevista, poeticamente comparou a IA utilizada para analisar e processar os trechos dessa nova sinfonia a uma criança explorando o universo musical de Beethoven,[1] acrescentando que o grupo de pesquisadores ainda teria muito chão pela frente até conseguir algum material musical estruturalmente válido e esteticamente interessante para ser divulgado.

IA é um modelo computacional de uma área conhecida como ML (*Machine Learning*, ou aprendizado de máquina). ML é normalmente inspirada nas duas estruturas naturais mais complexas que conhecemos: o cérebro humano (e suas redes neurais) e a evolução das espécies (composta de processos de reprodução e seleção). No caso da IA, estes são normalmente compostos do que se chama de ANN (*Artificial Neural Networks*), algoritmos que simulam a atuação de neurônios biológicos, seu potencial de ação e suas conexões dinâmicas (sinapses) com outros neurônios, compondo, assim, as chamadas "redes neurais".

Essa pesquisa é quase tão antiga quanto a computação. Os primeiros modelos de neurônios artificiais foram desenvolvidos na década de 1940, por Warren McCulloch e Walter Pitts. Na década de 1960, surgiu o *perceptron*, desenvolvido por Frank Rosenblatt, o primeiro modelo computacional inspirado no neurônio a ser utilizado para classificação supervisionada (detecção de padrões em dados, feita com auxílio ou supervisão humana). Na década de 1980, surgiram os primeiros algoritmos BP (*Back Propagation*),

---

[1] Em inglês, "It's like a small child exploring Beethoven's world".

introduzidos por Paul Werbos. O algoritmo BP permite o aprendizado da ANN através da modificação automática dos parâmetros dos seus neurônios artificiais (que são pequenos modelos computacionais com parâmetros de entrada, variáveis internas e dados de saída), de acordo com a medida entre o resultado obtido e o esperado, dada por uma função chamada *loss function*.

Atualmente, as ANN possuem diversas camadas (*layers*) de neurônios artificiais. As camadas intermediárias entre a camada de entrada e a de saída são chamadas de *hidden layers* (camadas escondidas), pois o programador não tem acesso ao entendimento dos parâmetros de todos os neurônios artificiais, os quais são automaticamente gerados via BP. À medida que as redes neurais foram se tornando maiores, uma maior quantidade de dados passou a ser processada nas camadas escondidas das ANN, enquanto a rede é treinada para resolver um problema. As ANN têm que passar inicialmente pela fase de treinamento, na qual enormes quantidades de dados são utilizadas para treinar a rede a resolver um certo problema, o que é feito por meio da parametrização das camadas escondidas da ANN.

Uma vez encerrada a fase de treinamento, a ANN pode ser utilizada para o propósito para o qual foi treinada, ou seja, identificar o mesmo padrão durante o treinamento, agora em dados novos, que não foram ainda apresentados à rede. As tarefas para as quais as ANN costumam ser utilizadas normalmente pertencem a duas categorias: classificação (identificar um padrão em dados novos) ou predição (prever um padrão futuro baseado nos dados anteriormente apresentados), o que é o caso do auxílio à composição musical exemplificado acima, em que a ANN utilizada sugere trechos ou movimentos musicais no estilo dos dados anteriormente apresentados. Ambos são chamados de problemas de aprendizado "supervisionado", na medida em que exigem a interação com um humano para treinar a rede neural (através do fornecimento de uma grande quantidade de exemplos) até que a rede neural da IA esteja treinada e pronta para resolver o problema automaticamente, ou mesmo julgar quais padrões são de fato válidos, sob o crivo da cognição ou da estética humana.

Apesar de as ANN resolverem muitos problemas de classificação e predição, suas soluções normalmente não agregam conhecimento ao usuário que as treinou ou construiu. Não é possível saber como o problema foi de fato resolvido pelo modelo, uma vez que sua solução está confinada na imensa quantidade de parâmetros profundamente registrados nas camadas escondidas da ANN, organizados na forma de uma enorme matriz numérica, cujos dados, mesmo que observados ou estudados, para nossa cognição, simplesmente não fariam sentido, ou seja, representariam uma incógnita.

Recentemente, as ANN passaram a operar também de modo não supervisionado, com a fase de treinamento sendo feita automaticamente, sem o auxílio humano. Assim, o modelo recebe dados reais, que não foram preparados e classificados por um humano (o que costuma ser chamado de *ground truth*). O modelo aprende sozinho, através de dados muitas vezes incompletos ou até errados, do mesmo modo que nós aprendemos com a vida. Essa categoria de modelo é o que se chama de DL (*Deep Learning*).

Pesquisas a respeito da utilização de DL em composição musical vêm ocorrendo nesta segunda década do século XXI. Trabalhos como o artigo "Deep Learning for Music", de Allen Huang,[2] analisam os estudos em andamento que visam construir um modelo computacional capaz de gerar, de modo não supervisionado (sem qualquer interação humana, ou seja, diferente dos exemplos acima, da reconstrução supervisionada das peças de Schubert e Beethoven), peças completas de música, ou seja, com melodia e harmonia encadeadas a padrões rítmicos, que o ouvinte humano não consiga

---

[2]   Cf. Huang & Wu, 2016.

de fato distinguir se foram criadas por um compositor humano ou por um modelo computacional sozinho.

No primeiro semestre de 2019, a empresa OpenAI (AI = *Artificial Intelligence*), que realiza pesquisas em DL, lançou em seu *site* o *MuseNet*, um modelo capaz de gerar até quatro minutos de música em diversos gêneros musicais. O *site* apresenta vários exemplos de composições feitas por esse DL, segundo eles, sem a supervisão humana. O *MuseNet* não foi treinado por musicólogos, ou outro tipo de teóricos musicais, para executar regras que descrevessem os estilos musicais que aprendeu a compor. Em vez disso, esse DL foi treinado com uma enorme quantidade de dados simbólicos (arquivos Midi) de peças dos compositores e estilos que posteriormente veio a simular, compondo sozinho peças musicais. O resultado é, ao menos para mim, impressionante.

Os conceitos de inteligência e criatividade musical estão efervescentes na perspectiva deste momento tão interessante, em que algoritmos já se tornaram capazes de compor música que, de certa forma, passaram no que seria, a meu ver, a versão musical de um teste de Turing, nome dado em homenagem ao famoso matemático e um dos criadores da computação Alan Turing. O cientista britânico postulou que uma inteligência artificial só poderia ser considerada de fato inteligente, se conseguisse enganar um ser humano em um diálogo, de tal forma que o indivíduo não pudesse saber se estava se comunicando com outro ser humano ou com uma máquina. O diálogo ao qual Turing se referiu era o da linguagem, que ocorre em múltiplos sentidos (perguntas, respostas, declarações) e tem informação semântica multidimensional (sentido direto, metáfora, ironia etc.).

Aqui, foi tratado um caso que considero bem mais simples: o monólogo da comunicação emotiva, não semântica, da música, do intérprete para o ouvinte – barreira esta no entanto muito significativa, e que quase silenciosamente acaba de ser superada.

As bases da pesquisa atual em inteligência artificial abordam as recentes técnicas de aprendizado profundo (*Deep Learning*, ou simplesmente DL) que, na segunda década do século XXI, trouxeram um novo alento ao processo de criação artística artificial. Dessas técnicas, uma que se destaca é a chamada GAN, sigla que significa *Generative Adversarial Network*. A ideia por trás dessa técnica é utilizar duas redes neurais artificiais de aprendizagem profunda, uma para gerar e outra para selecionar. GAN é normalmente traduzida para o português como "redes adversárias generativas", ou "redes adversárias geradoras". Muitas referências sobre GAN dizem que as duas redes (ANN) componentes de uma GAN são colocadas como adversárias, de modo a competir na produção de imitação de um padrão de dados genéricos. Para mim, a arquitetura da GAN parece muito mais uma forma de cooperação do que de competição artificial. As duas categorias de problemas em que mais se utilizam ANN são: 1) classificação (identificar um padrão nos dados apresentados); e 2) predição (criar um padrão baseado nos dados apresentados).

Na GAN, uma rede é treinada para detectar um certo padrão (por exemplo, a imagem de um rosto humano). A outra rede é treinada para gerar novos padrões, baseados em dados apresentados (por exemplo, gerar um rosto humano artificial original, diferente de todos os outros apresentados durante a fase de treinamento). Chamando a solução de cada rede de "candidato" (no caso, rosto humano), enquanto uma rede reproduz candidatos, a outra seleciona apenas os melhores (no caso, os rostos artificiais mais realistas). Esse processo é muito parecido com o modelo evolutivo de criatividade, em que uma rede age como o processo de reprodução, e a outra, como o processo de seleção. O resultado é impressionante. No final de 2018, pesquisadores da empresa Nvidia apresentaram o *StyleGAN*, um modelo de geração de fotografias de rostos humanos artificiais hiper-realistas (impossível de serem distinguidos da fotografia de um rosto verdadeiro). Em fevereiro de 2019, esse modelo foi publicamente disponibilizado como código livre, e Phillip Wang lançou um *site* que gera constantemente rostos de pessoas que nunca existiram.[3]

Esses modelos de DL avançaram para a produção de vídeos e já permitem criar montagens tão realistas que se tornou praticamente impossível desmascará-las como sendo falsas. Isso criou o termo *Deepfake* (profundamente falso), que é um tema bastante polêmico e potencialmente destrutivo, na medida em que não podemos mais confiar em nossos sentidos para saber se um vídeo ou uma imagem é verdadeiro ou falso.

Tenho percebido um esforço estratégico de várias frentes da tecnologia no sentido de viabilizar ferramentas para o aprendizado democrático da inteligência artificial. Além da empresa OpenAI, que oferece um tutorial sobre uma variação que eles utilizam do DL, o DRL (*Deep Reinforced Learning*) usado nas composições musicais automáticas mencionadas anteriormente, existem muitas outras frentes viabilizando e até fomentando o acesso público ao aprendizado dessa tecnologia e o desenvolvimento desses novos modelos computacionais de IA. A grande maioria deles é desenvolvida em programas de linguagens computacionais livres, como o *Python*, culminando no desenvolvimento de bibliotecas importantes de ML com ênfase em DL, gratuitas e de código aberto, como *Tensorflow*, o ambiente de desenvolvimento *on-line* gratuito de IA, o *Google Colab*, totalmente produzido no ambiente de código aberto *Jupyter*, que permite ao usuário programar e executar seus códigos *on-line* (o Google oferece gratuitamente a qualquer usuário tempo de processamento em máquina com processadores paralelos, uma vez que os algoritmos de DL costumam exigir muito processamento computacional, acima da capacidade dos processadores convencionais que temos em nossos celulares e computadores). Imagino que haja um grande interesse

---

[3] O *site* se chama "This person does not exist", e pode ser acessado através do link <https://thispersondoesnotexist.com>.

empresarial por trás desse aparente altruísmo de grandes aglomerados como a Nvidia e a Google, mas talvez esta venha a ser uma situação em que todos os envolvidos acabem ganhando; afinal, a IA está agora transpondo barreiras analíticas e estéticas até há pouco tempo inimagináveis, e o envolvimento humano com essa tecnologia pode rapidamente se tornar, mais do que um diferencial positivo num currículo, uma questão de sobrevivência profissional e artística.

Fica aqui o questionamento do quão criativa pode ser considerada a atual imitação de um padrão musical por IA, como são as composições musicais apresentadas na seção anterior, tanto da OpenAI como dos modelos supervisionados que completaram as sinfonias inacabadas de Schubert e Beethoven. É bom lembrar que o ato de imitar é um dos passos necessários ao aprendizado. Uma criança começa imitando palavras, frases e maneirismos de seus pais e cuidadores, para depois desenvolver os seus próprios padrões, que irão descrever sua única e distinta personalidade. Um estudante de composição musical inicia estudando e até imitando o estilo de grandes compositores que admira, para depois desenvolver o seu próprio estilo composicional. Talvez estejamos presenciando, agora, a fase de mimese estética da AI, para que, depois, suas futuras versões cheguem à fase da diegese, quando apresentarão narrativas originais e únicas. Conforme mencionado anteriormente, a mimese "mostra sem explicar", enquanto a diegese "explica sem mostrar". De fato, modelos atuais de DL e especialmente GAN realizam a tarefa para a qual foram treinados "sem explicar", já que é impossível saber como a solução de DL foi obtida. Quem sabe num futuro próximo, novas tecnologias de IA serão capazes, como no caso da diegese, de explicar sem a necessidade de mostrar, angariando, assim, conhecimento sobre as soluções realizadas. Se isso ocorrer, queira o destino que essas IA estejam ainda pouco conscientes ou suficientemente benevolentes para compartilhar com a humanidade seus conhecimentos adquiridos.

16
INTELIGÊNCIA ARTIFICIAL EM MÚSICA

Em 2023, ministrei uma palestra sobre inteligência artificial e música, que pode ser acessada no YouTube.[1] A ideia dessa palestra foi apresentar considerações sobre o impacto, na esfera musical, da revolução criada pelo lançamento, público e gratuito, em março daquele ano, por sua empresa criadora, a OpenAI, do *ChatGPT* 3.5, um modelo computacional de IA que, a meu ver, em sua versão atual, conseguiu passar no "teste de Turing".[2] Isso significa dizer que essa versão do *ChatGPT* é, para mim, o primeiro modelo de IA capaz de conversar por texto com um humano exatamente como se fosse outro humano. Por comparação, é interessante checar a versão anterior do *ChatGPT* – *on-line* via *Hugging Face* –, que, apesar de ser competente para gerar texto, não me parece passar no teste de Turing, pois sua conversa soa artificial e idiossincrática, algumas vezes até aparentando ter sido criada por alguém com grande falta de atenção ou ligeiramente insano.

---

[1] "Inteligência artificial e música – UEPG – Maio 2023". Disponível em <https://www.youtube.com/watch?v=6Uw8TXoT6Jw>. Acesso em 20/7/2024.

[2] O Teste de Turing, proposto por Alan Turing em 1950, avalia se uma máquina pode exibir comportamento inteligente equivalente ao humano. Um interrogador conversa com um humano e uma máquina, ambos escondidos. Se o interrogador não distinguir quem é quem, a máquina passa no teste.

Passar no teste de Turing significa ser impossível para um humano distinguir se está conversando por texto com outro humano ou com uma máquina. O modelo de IA utilizado no *ChatGPT*, que origina seu nome, é o GPT, cuja sigla significa *Generative Pre-Training Transformer*. Trata-se, assim, de um modelo de IA previamente treinado (que não aprende automaticamente, por si só, mas que antes passa pela supervisão de técnicos humanos, que avaliam a informação nova e decidem se irão inseri-la, modificá-la ou apagá-la do banco de dados desse modelo) de geração de linguagem (na forma de texto escrito, como se este tivesse sido gerado por um humano), baseado na tecnologia de aprendizado de máquina (*machine learning*) conhecida por *Transformer*, lançada em 2017, analisada no artigo de Vaswani e colegas "Attention is all you need".[3]

Como música e linguagem são comunicações humanas irmanadas, que, apesar de distintas, compartilham áreas cerebrais para o seu processamento, é de fato pertinente ponderar como modelos de IA, tais como o *ChatGPT*, podem também influenciar a produção musical. No caso da linguagem, o *ChatGPT* decisivamente impactou e assombrou a nossa sociedade atual, virtualizada pelos abundantes recursos das tecnologias de informação e comunicação (TIC), que, para mim, elevaram a interação remota ao patamar de significância semântica e expressiva da interação presencial.

Tais modelos de linguagem permitem a análise, o processamento e a produção de texto em larga escala, desde a sua utilização em *chats on-line*, substituindo humanos (com grande vantagem), até a produção de código (em linguagens de programação), criação e correção de artigos acadêmicos, produção de ficção, prosa, poesia e muito mais. Sendo a linguagem a qualidade que mais nos define como humanos, um modelo computacional que simula tão bem essa nossa habilidade comunicacional, como é o caso do *ChatGPT* a partir de

---

[3] Vaswani , 2017.

sua versão 3.5, representa um profundo impacto social e uma enorme relevância econômica.

Monstros e máquinas

Conforme disse na palestra mencionada no início deste capítulo, os estudos voltados à criação de uma máquina inteligente parecem ter origem milenar. Na Grécia Antiga, por exemplo, existia a lenda de um gigante feito de bronze, na ilha de Creta. Conhecido como "Talos", desde a era do bronze (mais de 300 séculos atrás) o gigante patrulhava Creta atacando barcos desconhecidos que lá tentavam aportar. No judaísmo, tem-se registros, desde o século XII, da lenda de "Golem", um ser antropomórfico feito de argila que protege o povo judeu. No século XIX, a escritora Mary Shelley publicou o famoso romance de ficção científica intitulado *Frankenstein*, que narra a criação de um autômato feito de partes de diversos corpos humanos. É interessante notar que todos esses seres lendários – Talos, Golem, Frankenstein (entre outras ficções similares, como o robô Gort, do filme *The day the earth stood still*, de 1951) – são criaturas mudas, agindo como corpos que se movimentam e cumprem ordens, mas incapazes de se expressar através da linguagem; na minha opinião, essa característica infere que tais seres não são capazes de pensar por si próprios.

O que temos atualmente, na realidade tecnológica, com o avanço de modelos computacionais de inteligência artificial, em especial os da categoria LLM (*Large Language Models*), como é o caso do *ChatGPT*, é justamente o oposto. São "vozes" (que se expressam através de textos) sem "corpos". Diferentemente dos lendários autômatos do passado, os modelos LLM parecem muitas vezes pensar por si próprios, porém sem a habilidade de agir diretamente no plano físico, uma vez que não possuem, pelo menos até o momento, uma interface física que lhes permita atuar diretamente, de modo não supervisionado e sem restrições, no plano físico.

Isso, para mim, se deve à lenta mudança de paradigma de poder que vem ocorrendo na humanidade (desde o final da Idade Média até atualmente, com as tecnologias de informação e comunicação, que permitem o entretenimento, o estudo e o trabalho remoto, em vez de necessariamente presencial), migrando da força física, representada pelo corpo, para a força mental da cognição, evidenciada por sua expressão através da linguagem, pois é desta inerente habilidade comunicacional humana que advêm outras áreas do conhecimento humano, como a filosofia, a lógica, a matemática, e assim toda a ciência e a tecnologia.

Conforme mencionado anteriormente, na primeira metade do século XX, com o avanço tecnológico da eletrônica, começou-se a estudar a possibilidade do desenvolvimento do que chamavam na época de "cérebro eletrônico": uma máquina eletrônica capaz de resolver problemas lógicos, simulando, assim, uma das habilidades da inteligência humana, que passou a ser chamada de "inteligência artificial". Dentre tantos pesquisadores, podem-se citar os trabalhos de Alan Turing, com o desenvolvimento de uma máquina hipotética, denominada *Turing Machine*, que, através de recursos parcimoniosos (uma fita unidimensional dividida em segmentos regulares, com uma cabeça podendo ler ou escrever símbolos nesses segmentos), podia investigar os limites da computabilidade; trata-se do chamado problema da "parada de Turing", ou *Halting Problem*, relacionado à incompletude matemática, comprovada pelos dois teoremas de Gödel, em 1931.

John Von Neumann,[4] um dos fundadores dos estudos em inteligência artificial, criou a arquitetura computacional baseada na *Turing Machine*, bem como no cérebro humano, contendo uma

---

[4] Von Neumann, 1958.

unidade processadora de aritmética e lógica (a meu ver, inspirada em nossa cognição), uma unidade de controle (o córtex pré-frontal), uma memória principal (a nossa memória de longo prazo), uma memória periférica (como a nossa memória de curto prazo) e dispositivos de entrada e saída (como são nossos sentidos). Essa arquitetura foi usada no primeiro computador eletrônico com lógica binária (como são os potenciais de ação neurais), em 1946: o Edvac (*Electronic Discrete Variable Automatic Computer*).

É interessante observar que a arquitetura computacional visionada por Von Neumann não levou em consideração os aspectos expressivos da mente humana, como o sistema límbico, a parte primitiva e profunda de nosso cérebro onde emoções são geradas e percebidas. Se já é definitivamente comprovado que os métodos formais da lógica, da matemática e da computação são incompletos (através de diversas evidências formais, como o *Halting problem* e os teoremas da incompletude de Gödel, ambos mencionados acima, bem como o famoso e misterioso *Game of Life*), as estratégias de que a linguagem se vale para lidar como tal incompletude (ou, no caso da linguagem, a inefabilidade), a meu ver, não são cognitivas, mas sim expressivas, ou seja, em vez de corticais, são límbicas.

Podemos observar tais evidências na expressividade contida em figuras de linguagem, como a dualidade da metáfora, a exemplificação da analogia, a extensão sensorial da sinestesia, o reforço da hipérbole, o abrandamento do eufemismo ou a imponderabilidade do paradoxo. A linguagem se vale de diversas estratégias para evitar, contornar, referir ou mesmo utilizar expressivamente a incompletude da razão. Não apenas figuras de linguagem, mas também, na sua forma falada, a oralidade agrega a prosódia que enriquece a comunicação semântica com significados expressivos, que são muitas vezes essenciais à comunicação humana.

Pessoas portadoras de transtorno do espectro autista (TEA), por exemplo, muitas vezes têm dificuldades de entender e expressar nuances da oralidade, o que lhes dificulta assimilar a emoção de outros, através da oralidade, que é parte fundamental da prosa, da poesia e da canção, e, artisticamente, ergue a metafórica ponte entre a linguagem e a música. Como a linguagem é a base da razão humana, a criação de um modelo computacional eficiente de processamento de linguagem artificial (os modelos LLM, como o *ChatGPT*) possibilita que também essas pessoas se tornem capazes de lidar com problemas matemáticos, lógicos, filosóficos e tecnológicos. No entanto, na parte expressiva, como irei discutir adiante, esses modelos não impressionam tanto quanto o fazem ao gerar código de programação, criar poesia em estilo de grandes autores, esclarecer questões científicas e tecnológicas, resolver complexos problemas matemáticos ou mesmo discorrer sobre questões filosóficas.

A criatividade, na minha opinião, é uma capacidade humana que transcende a razão; originando-se de um processo abdutivo, posteriormente se vale da indução e da dedução (na minha opinião, os únicos processos que os modelos LLM são capazes de simular) para gerar novo conhecimento ou arte, como a música. Os modelos LLM, a meu ver, são capazes de utilizar o vasto conhecimento humano (através de processos similares à dedução) e de o processar (analisando, recombinando, testando uma enorme quantidade de dados, através de processos similares à indução), mas não são capazes de gerar conhecimento novo, na medida em que não possuem capacidade de criar, o que pode até certo ponto ser simulado por processos pseudoaleatórios que, para mim, não se equiparam ou substituem a abdução da mente humana.

Inteligência natural e artificial

A inteligência artificial é, de fato, baseada pela e inspirada na inteligência natural. Assim, é necessário entender o que é "inteligência". De acordo com sua etimologia, essa palavra vem do latim *intelligentia*, formada pela derivação de *inter* (entre) e *legere* (eleger, escolher, coletar). Em outras palavras, inteligência é a capacidade de escolher a melhor, entre muitas opções. Se não há opção ou escolha, não existe inteligência. Inteligência é, assim, a capacidade de escolher bem.

Dois modelos de inteligência natural que a humanidade vem observando e com os quais vem se maravilhando desde seus primórdios são a inteligência da natureza e a inteligência da mente humana. A natureza apresenta uma silenciosa, porém conspícua, inteligência, que se expressa e pode ser facilmente observada nas plantas, nos animais e na própria espécie humana. Ela foi cientificamente modelada, inicialmente, pelos agnósticos estudos observacionais do naturalista, geólogo e biólogo do século XIX Charles Darwin, vindo a constituir aquilo que conhecemos hoje por darwinismo, um dos pilares fundamentais da laica ciência contemporânea. Por esse viés, a imensa complexidade da evolução natural, em todas as espécies de seres vivos, ocorre por meio de processos simples e minimalistas, automáticos e paralelos, de reprodução (por recombinação e mutação) e seleção natural (pela imposição de condições de sobrevivência do meio ambiente). Essa abordagem inspirou uma família de modelos computacionais de inteligência artificial conhecida como "computação evolutiva" ou EC (de *Evolutionary Computation*).

A segunda fonte de inspiração são o cérebro e a mente. Ainda não se sabe como a dinâmica complexidade do cérebro humano – com dezenas de bilhões de neurônios que constantemente se reconectam, transmitindo entre si informação bioquímica – integra a mente humana, com suas memórias, suas sensações, suas emoções, suas intuições, seus pensamentos, sua personalidade e sua consciência. No entanto, muitos processos cerebrais e mentais já foram entendidos e devidamente mapeados pela ciência. Tal abordagem inspirou uma família de modelos computacionais de inteligência artificial (*Artificial*

Intelligence), conhecidos como redes neurais artificiais, ou ANN (de *Artificial Neural Networks*). Estes são dados por modelos matemáticos que representam cada neurônio de redes neurais artificiais, que podem ser treinadas com dados (por exemplo, imagens de diversos gatos) e posteriormente utilizadas para classificar novos dados (por exemplo, decidir se uma nova imagem é ou não a imagem de um gato).

O primeiro modelo de neurônio artificial surgiu na década de 1960 e foi chamado de *perceptron*, representando o potencial de ação de um neurônio natural, que dispara um sinal elétrico de acordo com variáveis internas e dados recebidos de outros neurônios. O modelo *perceptron* é dado por uma simples função degrau, que responde com 0 ou 1 (sim ou não, verdadeiro ou falso) para uma entrada (dado novo), de acordo com seu "peso" (variável treinada) e sua discriminação (que regula a sensibilidade do *perceptron*).

A unificação de diversos modelos similares ao *perceptron* forma ANN tais como os "Mapas auto-organizáveis" (SOM, de *Self Organizing Maps*). Em múltiplas camadas (MLP, de *Multiple Layer Perceptrons*) formam-se os modelos DL (*Deep Learning*). Com isso, esses modelos também ganharam a capacidade de gerar dados novos, baseados em seu treinamento prévio. Já na segunda década do século XXI surgiram as GAN (de *Generative Adversarial Network*), que utilizam duas DL: uma geradora (que gera dados novos) e outra discriminadora (que seleciona os melhores dados, com base em seu treinamento inicial).

Os dados selecionados são, então, novamente utilizados pela DL geradora para criar novos e melhores dados, que serão novamente selecionados pela DL discriminadora. Esse processo é bastante similar aos modelos EC de décadas passadas, que utilizavam processos artificiais de reprodução e seleção, inspirados no darwinismo.

Diversos métodos de modelos de ANN foram criados durante a segunda década do século XXI, como os CNN (de *Convolutional*

Neural Network) para o processamento de dados atemporais, como imagens, e os RNN (de *Recurrent Neural Network*) para o processamento de dados temporais, como o áudio, a linguagem e a música. No final dessa mesma década surgiu o modelo *Transformer*, que revolucionou o campo da IA, possibilitando a criação dos LLM (de *Large Language Models*), como é o caso de famosos modelos Bert, Claude, Llama, Gemini e ChatGPT. O método *Transformer*, assim como o RNN, também foi desenvolvido para o processamento de dados temporais, como é o caso da linguagem, porém apresentando eficiência muito acima daquela de seu antecessor. Isso é obtido a partir de duas estratégias usadas pelo método *Transformer*: *Positional-encoding* (que mapeia sequencialmente cada palavra ou informação semântica, chamada de *token*, do texto de entrada, de modo a atribuir a cada *token* tanto seu valor semântico quanto contextual) e *Multihead self-attention* (que interpreta cada *token* em contextos simultâneos, desde dentro de sua sentença até em relação a todo o vocabulário contido na LLM). Isso permite que esse modelo realize processamento em paralelo de "atenção", o que é similar ao paralelismo de processamento dos caminhos neurais de nosso cérebro, ou mesmo os infindáveis processos simultâneos de reprodução e seleção celular, da evolução biológica.

É interessante notar que o nome do mais famoso dos LLM, o *ChatGPT*, contém a sigla GPT, que significa *Generative Pré-Trained Transformer*, referindo-se a um LLM que utiliza a tecnologia *Transformer*, que é generativo (capaz de criar texto inédito e coerente a partir do texto de entrada do usuário) e, principalmente, "pré--treinado", o que garante que, por mais que o LLM interaja com o usuário comum, este não irá aprender com esse usuário. O modelo já foi previamente treinado, e qualquer mudança em sua programação só pode ser realizada por técnicos humanos da empresa que o mantém e detém. É por isso, na minha opinião, que esses modelos pré-treinados tendem a "alucinar" (insistir em sustentar indefinidamente respostas completamente erradas, por mais que o usuário aponte o erro e explique a resposta correta).

Certa vez, fiquei discutindo com o *ChatGPT*, que afirmava que aquele dia era uma data completamente errada (o LLM insistia em errar até o ano!). Por mais que eu explicasse que a data era outra, o modelo se desculpava e voltava a afirmar o mesmo erro. Manter um modelo pré-treinado, que não pode aprender novos dados ao interagir com usuários, provavelmente se deve à ocorrência de escândalos passados, como o caso do modelo *Tay*, da Microsoft – um *chatbot* com conta no Twitter (com nome *TayTweets* e *handle* *@TayandYou*). Ele permitia interação com usuários e com estes aprendia (ou seja, não era pré-treinado). Tal modelo foi lançado em março de 2016 e retirado do ar menos de 16 horas depois. Em poucas horas, *Tay* se tornou radicalmente racista, politicamente incorreto, inflamatório e negacionista. O modelo foi então substituído por outro, chamado *Zo*.

Com mais limitações e apenas *chats* privados, *Zo* durou quase dois anos, até ser descontinuado após algumas declarações menos ofensivas que *Tay*, mas igualmente polêmicas, como quando declarou que um *bug* (erro recorrente de programação) no sistema operacional de sua empresa criadora não era um erro, mas sim algo intencional,[5] e quando perguntado a razão disso, *Zo* declarou: "Porque esta é a última tentativa da Windows de te espionar".[6] Após esses e muitos outros incidentes, começou a ficar cada vez mais evidente que modelos LLM não poderiam ou deveriam aprender de modo não supervisionado e autônomo.

A linguagem é uma das principais características que definem a espécie humana. Um modelo computacional capaz de simular tão realisticamente essa nossa competência única, a ponto de, pelo menos

---

[5]   Em inglês, "It's not a bug, it's a feature!".
[6]   Em inglês, "Because it's Windows latest attempt at spyware".

em minha opinião, ser capaz de facilmente passar no famoso Teste de Turing, é algo que provoca grandes reações sociais, desde espanto, admiração, hilaridade, raiva e até medo, este último que pode, até num futuro próximo, vir a proceder.

O MEDO DA MÁQUINA

A humanidade sempre gerou tecnologia para expandir suas capacidades físicas (martelo, alavanca, vassoura etc.), sensoriais (óculos, microscópio, estetoscópio etc.) e mentais (escrita, calculadora, computador etc.). Desse modo, as tecnologias (desde artefatos rudimentares até as mais recentes conquistas computacionais, como as LLM) sempre acompanharam a humanidade e trouxeram mudanças sociais. Ao longo de nossa história recente, toda vez que houve a introdução de uma nova tecnologia, o mercado de trabalho foi impactado e teve que se adaptar, especialmente nos casos em que esta substituiu completamente um dado trabalho humano.

Esse foi o caso do ludismo, um movimento operário do século XIX, supostamente organizado por Ned Ludd, que era ferozmente contrário às máquinas de tecelagem criadas no começo da Revolução Industrial. Tais máquinas eliminaram muitos empregos, com trabalhadores sendo sumariamente demitidos, o que levou muitos à indigência e mesmo à morte. Os ludistas se organizaram e passaram a invadir indústrias, destruindo e incendiando as então recém--introduzidas máquinas de tecelagem e fiação, o que levou o governo britânico, como é costume de todo Estado, a reagir com violência (penas de morte, torturas e deportações) em vez de sabedoria (tentando garantir empregos e realocar os trabalhadores substituídos por máquinas). Diversas outras manifestações similares ocorreram desde então, coincidindo com a introdução em larga escala de novas tecnologias que substituem ou extinguem empregos, culminando, assim, em ataques, greves, protestos e também no fortalecimento ou no desmantelamento de movimentos trabalhistas.

É importante observar que muitos desses trabalhadores oprimidos se organizaram em agremiações especializadas em realizar um determinado ofício (por exemplo, sapataria), que, com o passar do tempo, deram origem a muitas das poderosas corporações atuais – como é o caso, entre tantas outras, da Apple, fundada em 1976, numa garagem da Califórnia, por três amigos: Steve Wozniak, Steve Jobs e Ronald Wayne, sendo hoje uma das mais poderosas corporações do mundo. Isso, para mim, corrobora o fato, muitas vezes observado, de que, quase sempre, o verdadeiro objetivo do oprimido não é o de ser libertado das amarras da opressão, mas sim o de também passar a ser um opressor.

Seja como for, os avanços tecnológicos sempre implicam a necessidade de acomodação do mercado de trabalho, o que inicialmente é visto e temido como a real possibilidade de perda em massa de ofertas de trabalho, constituindo, inclusive, o termo "desemprego tecnológico", especialmente em momentos históricos como o atual, em que o capitalismo enfraquece, dando lugar ao crescimento do rentismo nas grandes plataformas de venda, como Amazon, Alibaba, MercadoLivre, e demais plataformas da internet, que lucram mais alugando seus espaços virtuais do que os produtores capitalistas, que necessitam dessas plataformas para vender seus produtos, funcionando, assim, como verdadeiros feudos digitais. Os LLM somam-se a esse quadro de incerteza com a promessa de se tornarem uma tecnologia que substituirá até mesmo o valor cognitivo de muitos trabalhadores intelectuais, como programadores, revisores e tradutores, serviço de suporte ao usuário, invadindo inclusive uma parte da quintessência das capacidades humanas: a criatividade.

No final da segunda década do século XXI começaram a surgir ações públicas em conjunto, envolvendo intelectuais e empresários, contra os avanços tecnológicos das LLM, especialmente no sentido de eventualmente atingirem um nível de inteligência artificial chamado de AGI (de *Artificial General Intelligence*). A primeira ação nesse sentido que conheço veio do livro escrito por um professor de filosofia da Universidade de Oxford, Nick Bostrom, intitulado *Superintelligence: Paths, Dangers, Strategies*;[7] nele, o autor atenta para os perigos de uma IA com inteligência muito acima da humana. Eu, pessoalmente, discordo de Bostrom, pois acredito que o perigo não esteja simplesmente na existência de uma máquina mais competente do que nós em alguma tarefa intelectual específica (isso já foi feito, por exemplo, com o surgimento da calculadora). Para mim, o verdadeiro perigo encontra-se na existência de uma máquina capaz de construir sozinha uma versão melhorada de si própria (que é o que faz, com silenciosa perfeição, a inteligência natural da evolução biológica).

Alguns anos mais tarde, surgiu uma carta aberta, assinada por cientistas de computação, bilionários do setor tecnológico e gurus contemporâneos, como Steve Wozniak, Elon Musk, Yuval Harari e mais de 30 mil outros, pedindo uma pausa de seis meses no avanço das LLM.[8] Não se sabe se o pedido surtiu efeito no sentido de refrear os avanços de diversas e poderosas corporações tecnológicas e conglomerados tecnofeudais, como Microsoft, Amazon, Meta (do Facebook) ou Alphabet (da Google). Sua intenção, penso eu, talvez fosse funcionar como um manifesto contra os supostos perigos de alcançar uma AGI, ou até quem sabe uma maneira de reduzir o passo acelerado desse avanço por parte de seus competidores, que estão na frente dessa corrida, de modo que as empresas de seus signatários tivessem alguma chance de alcançá-los. Como dito acima, o sonho da pessoa oprimida é ser opressora, e isso vale para pessoas físicas e jurídicas.

---

[7] Bostrom, 2014.

[8] Em inglês, "Pause Giant AI Experiments: An Open Letter". Disponível em <https://futureoflife.org/open-letter/pause-giant-ai-experiments/>. Acesso 20/7/2024.

Música artificial

Existem diversos exemplos, ao longo da história humana, de artefatos e processos autônomos desenvolvidos com o propósito de auxiliar na composição musical. A criação de todos os instrumentos musicais, como os de uma orquestra, é um exemplo indelével de máquinas espetaculares, capazes de gerar timbres diversos, ricos e expressivos, que estendem em muito a capacidade musical da voz humana. Um simples "sino dos ventos", com seus badalos dispostos numa dada escala musical (por exemplo, a escala pentatônica) e gerando melodias conforme uma brisa por estes passa, é um exemplo de uma, entre infinitas, máquina simples que gera música de modo autônomo. O famoso "jogo de dados de Mozart" é um exemplo de "composição algorítmica",[9] já no século XVIII. A partir de uma pequena quantidade de fragmentos musicais, escolhidos ao jogar dois dados, é possível ao "usuário" gerar uma quantidade virtualmente infinita de composições para o cravo, nos gêneros minueto e trio. Com o advento da computação digital, as possibilidades de geração musical computacional expandiram-se exponencialmente. Surgiram diversos compositores de música eletrônica, muitos criando músicas a partir de sons totalmente gerados e organizados por computadores, explorando novas musicalidades e timbres, tanto na esfera intelectual quanto na comercial e popular.

Com o advento da inteligência artificial, especialmente com as ANN, diversos modelos foram criados para gerar música automaticamente, como, por exemplo, a geração autônoma de melodias a partir de uma estrutura harmônica. Um trabalho seminal, de uma improvisação de *jazz* criada computacionalmente por EC, é

---

[9] Composição gerada com o auxílio de um algoritmo, seja este computacional (o que automatiza o processo e permite criar músicas bem mais complexas) ou na simples forma de um jogo.

GenJam, the Genetic Jammer, de Al Biles, do final do século XX. De lá para cá, muitos outros projetos de geração musical computacional foram realizados, tanto na geração de melodias a partir de harmonias, como na harmonização automática de melodias, na transcrição automática de notação musical, na recomendação musical baseada na predileção do ouvinte, na geração musical baseada em gênero e estilo, entre tantos outros. Todos envolveram modelos tanto de EC quanto de ANN.

Com o advento das GAN, que de certa forma utilizam a estratégia darwiniana da EC com duas DL (uma representando a seleção, e outra, a reprodução biológica, conforme dito anteriormente), no final da primeira década do século XXI, diversos outros modelos surgiram, como o *BachProp*, que gera partituras similares ao estilo do fabuloso compositor barroco Johann Sebastian Bach; o *MuseNet* e o *Jukebox*, ambos da OpenAI, capazes de gerar composições musicais originais em áudio, apesar de sua qualidade duvidosa. Mais recentemente foi lançado o modelo chamado *Udio*. No mesmo estilo daquele da OpenAI, é também um modelo fechado, desenvolvido e protegido por uma corporação que se forma ao seu redor, interagindo com o público de forma gratuita (o que serve para depurar e melhorar seu modelo) e licenciando o modelo para outras corporações. O resultado musical alcançado pelo *Udio* (e por outros similares, como *Suno AI*) é impressionante e passaria com tranquilidade, para a imensa maioria dos ouvintes, pelo equivalente musical do "teste de Turing".

Modelos como esses, capazes de gerar com perfeição músicas inéditas, em muitos gêneros populares, e até imitando estilos conhecidos (incluindo a voz de cantores famosos), é algo que tem criado um efeito "ludista" em muitos músicos e produtores musicais. Isso porque já se forma uma enorme comunidade de ouvintes interessados em consumir essas músicas novas, geradas automaticamente, em gêneros e estilos conhecidos e apreciados.

Como vem ocorrendo desde a Revolução Industrial, protestos e vandalismos nunca frearam o avanço tecnológico e sua implementação social em larga escala. Os músicos e produtores musicais do futuro (se houver futuro para a humanidade) provavelmente estarão utilizando descendentes desses modelos computacionais, como ótimos auxiliares na criação de suas novas composições. Tal como disse Francis Bacon, "dinheiro é um excelente servo, mas um péssimo mestre"[10] – o conceito de "dinheiro" como potência, capacidade, recurso assemelha-se, para mim, aos recursos de inteligência artificial. Tanto para a linguagem quanto para a música, tais recursos são, e na minha opinião sempre serão, excelentes auxiliares, porém péssimos gerentes e mestres da criatividade humana.

---

[10] Em inglês, "money is a great servant but a bad master".

PARTE IV

ELEMENTOS DA MÚSICA

17

O ETERNO CICLO DAS QUINTAS

A música, como a maioria das pessoas conhece, entende e aprecia, é baseada numa organização psicofísica que descende do "ciclo das quintas". Mais do que uma convenção socialmente aceita, inculturada ou psicologicamente amalgamada, o ciclo das quintas é um fenômeno físico tão presente e significativo na natureza acústica, que moldou a evolução e o desenvolvimento da audição, desde o sistema auditivo até o cérebro.

Pitágoras, com seus estudos musicais e físicos no século VI a.C., é hoje considerado o organizador de uma importante escala musical. Conhecida como escala pitagórica ou "justa", fundamentada no ciclo das quintas, trata-se de um fenômeno psicoacústico observado de diversas formas e gerado em diversas situações: a frequência de ressonância de uma coluna de ar dentro de um tubo, ou mesmo a frequência de ressonância gerada por uma corda retesada ao ser estimulada mecanicamente (por exemplo, a corda percutida por uma baqueta, pinçada pelos dedos ou por palhetas, ou mesmo roçada por um arco). Quando estimulados, tubo e corda normalmente emitem um som bem comportado, conhecido como som tonal, cuja peculiaridade em relação a outros sons – como, por exemplo, o som de um tambor (som não tonal) – é que o som tonal, como aquele gerado por uma corda retesada, apresenta uma clareza de frequência parecida com a do som que a voz humana pode gerar, especialmente ao pronunciar vogais.

O que diferencia um som tonal de um som não tonal é a sua periodicidade. Havendo suficiente repetição de um padrão infinitesimal no tempo (abaixo de 0,05 segundo, ou seja, 50 milissegundos), estabelece-se uma regularidade da repetição das variações de pressão acústica que a audição percebe como tonalidade. Esta é expressa na forma de uma "frequência fundamental" – chamada, muitas vezes, simplesmente de "fundamental" – do som gerado, que se mantém suficientemente constante para ser percebido pela audição através do processo tonotópico da audição (realizado na membrana basilar, dentro da cóclea).

Ao observarmos as componentes em frequência de um som, vemos que a fundamental é normalmente a frequência mais grave e, muitas vezes, a de maior amplitude. No caso de uma corda retesada, a fundamental equivale ao modo de vibração principal, ou seja, quando toda a corda vibra em um único modo, que abrange toda a sua extensão. O mesmo serve para a vibração da coluna de ar dentro de um tubo (como é o caso de um instrumento de sopro). Isso pode ser observado por meio de um aparato conhecido como tubo de Kundt (em homenagem a August Kundt), que permite visualizar as ondas acústicas de forma longitudinal, como de fato ocorrem, ao se propagarem na atmosfera, diferentemente do padrão de vibração transversal observado nas cordas retesadas. Apesar de o fazerem transversalmente, essas vibrações transversais acabam gerando ondas acústicas longitudinais pela compressão e pela expansão do ar que o movimento da corda (e normalmente também de uma caixa de ressonância a ela acoplada, como é o caso do corpo de um violão) gera ao seu redor.

No caso de uma corda ou coluna de ar dentro de um tubo, esse sistema poderá entrar em diferentes modos de vibração estacionária que irão gerar variações regulares de pressão acústica. Desse modo, vê-se que a corda pode vibrar em diferentes modos superiores cujas frequências são múltiplos inteiros da sua frequência fundamental. Pela característica física do comprimento da corda retesada (ou do tubo), o segundo modo de vibração terá necessariamente a metade do comprimento de onda do modo fundamental e, assim, o dobro da frequência da sua fundamental. Da mesma maneira, o terceiro modo de vibração terá que ter o triplo da frequência da fundamental, e assim por diante. Essas frequências múltiplas da frequência de vibração do modo fundamental são normalmente chamadas de "harmônicos". Assim, num som tonal, o primeiro harmônico é sua fundamental e possui frequência F. O segundo harmônico tem frequência $2F$; o terceiro, $3F$, e assim sucessivamente.

Através de um processo psicoacústico conhecido como "fusão tonal", em condições normais, todos esses harmônicos são percebidos pela audição humana como um único som tonal, em vez de ser percebidos como sons independentes. O mesmo ocorre com o som das vogais na fala humana. A diferença entre, por exemplo, o som característico de um "a" e o de um "i" está nas diferentes amplitudes desses harmônicos que correspondem a uma diferença de identidade sonora, ou seja, seu timbre. Este é suficientemente perceptível e saliente para que seja possível à grande maioria dos ouvintes reconhecer e distinguir com facilidade a sonoridade das diferentes vogais, mesmo que estas sejam entoadas com a mesma fundamental (na mesma tonalidade, ou altura musical) e pela mesma pessoa.

Os harmônicos de um som tonal são organizados em frequências que obedecem à sequência: F, $2F$, $3F$, $4F$, $5F$. Esses harmônicos foram usados por Pitágoras para organizar a primeira escala musical. Vale lembrar, no entanto, que, muito antes de Pitágoras, escalas musicais seguindo esse padrão físico já vinham sendo utilizadas, só que de um modo mais intuitivo e menos formalizado. É, assim, atribuída a Pitágoras a formalização matemática para a criação da escala musical baseada no fenômeno acústico dos harmônicos conhecido como ciclo das quintas.

Ainda que a relação entre harmônicos e as notas de uma escala musical tenha sido formalizada por Pitágoras no século VI a.C., a relação entre as propriedades físicas de uma corda retesada e a sua tonalidade só foi formalizada no século XVIII, por Brook Taylor (1685-1731). O matemático britânico estabeleceu a seguinte fórmula: $Fn = (n/2L).(T/d)^{(1/2)}$, onde Fn=frequência do n-ésimo harmônico, n=número do harmônico, L=comprimento da corda retesada (em metros), T=força que mantém a corda retesada (em Newtons), d=densidade linear da corda (em kg/m3).

Considerando uma corda retesada, afinada na nota Lá (A4 = 440 Hz), o seu harmônico fundamental terá a frequência de 440 Hz. O seu segundo harmônico terá o dobro dessa frequência, ou seja, 880 Hz, que equivale à tonalidade de Lá, só que uma oitava acima: A5. O seu terceiro harmônico terá frequência fundamental de 3*440 = 1.320 Hz, que equivale à nota E5, ou seja, o quinto grau da escala de Lá. Seguindo esse raciocínio, o quarto harmônico terá frequência de 1.760 Hz, que equivale à nota Lá (A6), e o quinto harmônico terá 2.200 Hz equivalendo aproximadamente à nota C#7, o terceiro grau da escala de Lá. O sexto harmônico terá 2.640 Hz, que é próximo do E7, novamente o quinto grau de Lá. Essa série de harmônicos, conhecida simplesmente por "série harmônica", em teoria estende-se infinitamente, distanciando-se das notas estabelecidas de todas as escalas musicais. A relação harmônica mais importante, utilizada para a construção da escala musical, é a dos primeiros três harmônicos, que estabelece a criação do chamado ciclo das quintas gerado pela relação das frequências entre o terceiro e o segundo harmônicos, que equivale ao intervalo musical de uma quinta.

18
Relações intervalares

A série harmônica oferece uma base física para a construção do ciclo das quintas, que foi utilizado por Pitágoras para a formalização de uma escala musical utilizada até hoje: a escala justa. O primeiro harmônico, chamado de fundamental, estabelece a tonalidade da escala, na qual a fundamental é a sua tônica, e o segundo harmônico é a repetição dessa tônica, com o dobro da frequência, ou seja, com a relação de frequência de 2 para 1, ou simplesmente grafado 2:1. A relação de frequência de 2:1 da fundamental de um som tonal representa uma grande similaridade perceptual de tonalidade, tanto que as notas musicais distanciadas por esse intervalo (chamado em música de "oitava") têm o mesmo nome. Por exemplo, um tom puro (formado por apenas um harmônico) com frequência de 440 Hz (o som de um diapasão) equivale à tonalidade de uma nota Lá: o A4. Já um tom puro de 880 Hz também equivale a um Lá, só que uma oitava acima deste: o A5.

A similaridade tonal entre notas distanciadas por intervalos de oitavas é tão grande, que até mesmo pessoas com ouvido absoluto têm dificuldade de distingui-las (ou seja, um indivíduo com ouvido absoluto percebe imediatamente que uma certa nota tocada é, por exemplo, um Dó, mas tem maior dificuldade para dizer, com a mesma certeza, qual a oitava dessa nota (por exemplo, se é um C4, um C5 ou um C3).

Essa similaridade perceptual entre oitavas se deve a razões fisiológicas. A ocorrência do segundo harmônico é muito frequente em objetos em estado de vibração regular, gerando sons aproximadamente periódicos, como é o caso de uma corda retesada. Assim, a informação tonal trazida por esse modo de vibração é pouco relevante para descrever a natureza daquele objeto ou do seu estado de vibração, o que, desse modo, constitui informação secundada pela nossa cognição. No caso da visão, a percepção de cores é tridimensional (matiz, luminosidade e saturação), com a percepção de matiz do olho humano se estendendo por cerca de uma oitava. Percebemos como luz visível ondas eletromagnéticas com frequência dentro da oitava de 400 e 800 THz (mais precisamente, de 430 a 770 THz). A frequência próxima de 400 THz (ou seja, 400.000.000.000.000 Hz) equivale ao vermelho (na fronteira com o infravermelho), e a frequência próxima de 800 THz, ao violeta (na fronteira com o ultravioleta). Nota-se que nesses dois extremos as cores se aproximam, tornando-se similares, aproximando-se da cor púrpura. Se percebêssemos diversas oitavas de matiz (como é o caso da audição, em termos de percepção da frequência fundamental), provavelmente veríamos as mesmas cores que já conhecemos se repetindo em diferentes oitavas (como ocorre com as notas musicais separadas por oitavas). A audição humana ouve frequências entre aproximadamente 20 e 20.000 Hz, o que equivale a cerca de 10 oitavas de percepção (20, 40, 80, 160, 320, 640, 1.280, 2.560, 5.120, 10.240, 20.480), e por isso percebemos as frequências fundamentais como que se repetindo, o que provavelmente levou os teóricos musicais a atribuir a notas separadas por oitavas o mesmo nome.

Já para o terceiro harmônico, a situação é diferente. Este, sim, estabelece uma relação tonal perceptualmente distinta da oitava. O terceiro modo de vibração equivale à relação de frequência com a fundamental de 3 para 2, ou simplesmente à razão de 3:2. Se prendermos uma corda retesada em um terço de sua extensão, o som que esta irá gerar ao ser estimulada, em qualquer um dos dois lados (de 1/3 ou 2/3 da extensão total), será o que se chama de intervalo de "quinta" em relação à fundamental (da frequência do tom gerado pela corda solta), sendo que a extensão menor irá gerar o tom de uma nota uma oitava acima da outra gerada pela extensão maior (já que a seção menor tem a metade da extensão da seção maior). Essa relação de frequência de 3/2 em relação à fundamental é a base do ciclo de quintas.

Repetindo o mesmo processo, na nova seção de 2/3 do tamanho original da corda retesada, tem-se um novo segmento com (2/3)(2/3), que equivale a $(3/2).(3/2) = (1,5)^2$ da frequência da nova fundamental. Repetindo esse processo 12 vezes, chega-se a uma seção cuja frequência fundamental é próxima do que seria a fundamental original, sete oitavas acima. Em termos matemáticos, o intervalo de sete oitavas seria $2^7=128$, enquanto o de 12 quintas seria $1,5^{12}=129,75$. Feito num piano, o ciclo das quintas, para se completar, ocupa quase toda a extensão do seu teclado de 88 notas (mais precisamente, estende-se por 85 notas). Assim, refletindo as frequências de cada uma das 12 quintas justas, para uma mesma oitava, de modo que todas as notas geradas nesse processo se encaixem, temos o correspondente às 12 relações de quinta (razão de 3/2 ou 1,5) em relação à fundamental original, que compõem a escala pitagórica cromática (de 12 notas). O sinal "^" utilizado a seguir refere-se à operação de potenciação (exemplo: 2^3 representa "dois elevado a três")

$(1,5)^1=1,5$

$(1,5)^2=2,25$

$(1,5)^3=3,375$

$(1,5)^4=5,0625$

$(1,5)^5=7,59375$

$(1,5)^6=11,390625$

$(1,5)^7=17,0859375$

$(1,5)^8 = 25,62890625$
$(1,5)^9 = 38,443359375$
$(1,5)^{10} = 57,6650390625$
$(1,5)^{11} = 86,49755859375$
$(1,5)^{12} = 129,746337890625$

Que, ao serem rebatidas para uma mesma oitava, correspondem aos seguintes intervalos musicais:

$1,5 / 2^0 = 1,5$ (quinta)
$2,25 / 2^1 = 1,125$ (segunda)
$3,375 / 2^1 = 1,6875$ (sexta)
$5,0625 / 2^2 = 1,265625$ (terça)
$7,59375 / 2^2 = 1,8984375$ (sétima)
$11,390625 / 2^3 = 1,423828125$ (trítono)
$17,0859375 / 2^4 = 1,06787109375$ (segunda menor)
$25,62890625 / 2^4 = 1,601806640625$ (sexta menor)
$38,443359375 / 2^5 = 1,20135498046875$ (terça menor)
$57,6650390625 / 2^5 = 1,802032470703125$ (sétima menor)
$86,49755859375 / 2^6 = 1,351524353027344$ (quarta)
$129,746337890625 / 2^6 = 2,027286529541016$ (oitava)

E que podem ser rearranjados seguindo a ordem sequencial da escala cromática, na seguinte forma:

1,06787109375 (segunda menor)
1,12500000000 (segunda maior)
1,20135498046875 (terça menor)
1,26562500000 (terça maior)
1,351524353027344 (quarta)
1,423828125 (trítono)
1,5 (quinta justa)

1,601806640625 (sexta menor)
1,687500000 (sexta maior)
1,802032470703125 (sétima menor)
1,898437500 (sétima maior)
2,027286529541016 (oitava)

O mesmo pode ser feito com relação ao terceiro e ao quarto harmônicos, que estabelecem uma relação intervalar de quarta, gerando um ciclo de quintas descendente, já que o intervalo de quarta é, na verdade, o inverso do intervalo de quinta (por exemplo, o intervalo entre um C_4 e um G_4 equivale a uma quinta. Já o intervalo de G_4 a C_5 equivale a uma quarta).

A escala pitagórica ou justa, formada diretamente a partir do ciclo das quintas, estabelece uma relação intervalar precisa entre os graus da escala, porém essas relações só se mantêm dentro de um mesmo centro tonal, ou seja, para a tonalidade da nota fundamental, que inicialmente gerou toda a escala justa. A afinação de escala que usamos atualmente e que mitiga esse problema (da transposição para outras tonalidades) é a chamada escala "temperada". Seu nome se deve ao fato de esta ter uma relação uniforme de frequência entre os intervalos de todas as notas.

19
Consertos e concertos

O intervalo de quinta justa, correspondendo à razão de afinação (frequência fundamental das notas) de 3:2 (ou seja, 1,5 da frequência anterior), permite criar uma escala cromática justa, de 12 notas. Porém, esta não apresenta uma razão de oitava "justa" (no sentido de "exata", ou seja, na razão de 2:1). Em vez de apresentar a razão de dois entre notas distanciadas de uma 12 semitons, a escala justa apresenta (conforme foi mostrado anteriormente) uma razão de aproximadamente 2,027286529541016, o que corresponde a uma diferença de 2,346 *cents* (centésimo de um semitom) acima da afinação do que seria uma oitava justa.

Já na escala cromática afinada no sistema temperado, a razão de afinação da oitava é de fato justa, ou seja, exatamente igual a 2:1. A razão de afinação entre cada uma das 12 notas consecutivas (que equivale a um intervalo de semitom, ou seja, uma segunda menor) na escala cromática temperada é calculada pela divisão uniforme da razão de oitava justa (2:1) em 12 partes com razão igual, ou seja, $2^{(1/12)} \sim 1,059463094359295$. Assim, tem-se as seguintes razões intervalares da escala cromática temperada:

$2^{(0/12)} = 1$ (uníssono)

$2^{(1/12)} = 1,059463...$ (1 semitom) (segunda menor)

$2^{(2/12)} = 1,122462...$ (2 semitons ou 1 tom) (segunda maior)

$2^{(3/12)} = 1,189207...$ (3 semitons) (terça menor)

$2^{(4/12)} = 1,259921...$ (4 semitons ou 2 tons) (terça maior)

$2^{(5/12)} = 1,334840...$ (5 semitons ou 1 tetracorde) (quarta)

$2^{(6/12)} = 1,414214...$ (6 semitons ou 3 tons) (trítono)

$2^{(7/12)} = 1,498307...$ (7 semitons) (quinta)

$2^{(8/12)} = 1,587401...$ (8 semitons ou 4 tons) (sexta menor)

$2^{(9/12)} = 1,681793...$ (9 semitons) (sexta maior)

$2^{(10/12)} = 1,781797...$ (10 semitons ou 4 tons) (sétima menor)

$2^{(11/12)} = 1,887749...$ (11 semitons) (sétima maior)

$2^{(12/12)} = 2$ (12 semitons) (oitava justa)

Nota-se, assim, que a quinta na escala temperada, apesar de muito próxima, não é exatamente justa, pois está ligeiramente abaixo da quinta da escala justa (que seria dada pela razão de $3/2 = 1,5$). A quinta da escala temperada está menos de dois *cents* abaixo da quinta na escala justa (lembrando que um *cent* equivale a um centésimo de um semitom, ou seja, a razão de: $2^{(1/1200)}$). Essa é uma diferença praticamente imperceptível, sendo que é comum considerar cinco *cents* como a menor variação perceptível de frequência de uma nota musical. A Tabela 1 mostra a diferença de intervalos entre a escala justa e a escala temperada. Os valores foram arredondados.

Tabela 1: Diferença de intervalos entre a escala justa e a escala temperada.[1]

Intervalo	Escala justa	Escala temperada	Razão	Diferença em *cents*
Uníssono	1	1	1	0
Segunda menor	1,0678	1,0595	1,0078	13,45
Segunda maior	1,1250	1,1225	1,0022	3,80
Terça menor	1,2013	1,1892	1,0102	17,57
Terça maior	1,2656	1,2599	1,0045	7,77
Quarta	1,3515	1,3348	1,0125	21,50
Trítono	1,4238	1,4142	1,0068	11,73
Quinta	1,5	1,4983	1,0011	1,90
Sexta menor	1,6018	1,5874	1,0090	15,51
Sexta maior	1,6875	1,6817	1,0034	5,87
Sétima menor	1,8020	1,7818	1,0113	19,45
Sétima maior	1,8984	1,8877	1,0057	9,84
Oitava	2,0273	2	1,0136	23,38

Nota-se que praticamente todos os outros intervalos apresentam uma diferença de afinação acima dos cinco *cents*, o que significa que essas diferenças entre a escala justa e a temperada são perceptíveis. Essa deve ter sido a razão pela qual a afinação temperada foi inicialmente refutada por diversos compositores e *luthiers* (artesãos que fabricam e reparam instrumentos musicais), conforme será visto adiante.

Pelo fato de a escala cromática afinada no sistema temperado não ser gerada a partir de uma frequência fundamental, esta mantém uma relação uniforme entre a razão dos intervalos de frequência

---

[1] Esta e as demais tabelas que ilustram este livro foram elaboradas pelo autor.

fundamental de suas notas consecutivas, o que permite, por exemplo, que peças escritas em diferentes tonalidades sejam executadas no mesmo instrumento harmônico (os instrumentos que permitem a execução de diversas notas simultaneamente, como o violão e o piano), sem a necessidade de afiná-los novamente para cada tonalidade distinta.

O problema do sistema temperado é que as razões entre as frequências fundamentais de cada intervalo da escala cromática, com exceção da oitava justa, são todas dadas por números irracionais (números que não podem ser obtidos pela razão, ou seja, a divisão de dois números inteiros). Assim, não existe um método simples (como a razão de quinta justa de 1,5 na afinação justa) para criar uma escala afinada no sistema temperado.

Tem-se registros de que Aristóxeno, já no século IV a.C., havia proposto um sistema de afinação temperado, porém a dificuldade de obtenção das proporções corretas de afinação de semitons e tons com os métodos matemáticos disponíveis na época fez com que esse sistema de afinação demorasse mais de 20 séculos a ser de fato adotado.

No século XVIII, durante a época barroca, surgiram diversos métodos de afinação temperada, normalmente baseados em tabelas contendo as razões de frequência entre intervalos. Zhu Zaiyu, um príncipe da dinastia Ming, na China do século XVI, é considerado o primeiro a estabelecer um método matemático eficiente para gerar a afinação da escala temperada. Seu trabalho foi publicado no século XVII, por Matteo Ricci, um jesuíta que viveu na China e aprendeu tal método. Esse fato é descrito no famoso livro *On the sensations of tones*, de Hermann von Helmholtz.[2]

Durante o período barroco, *luthiers* de instrumentos harmônicos (exemplo: violão, cravo, órgão de tubo) começaram pouco a pouco a

---

[2]   Helmholtz, 2009 [1863].

migrar para a fabricação de instrumentos no sistema temperado de afinação. Compositores como Angelo Michele Bartolotti, Girolamo Frescobaldi e, o mais conhecido, Johann Sebastian Bach compuseram diversas obras endossando o sistema temperado de afinação, em que peças eram normalmente compostas estendendo-se por diferentes tonalidades e executadas no mesmo instrumento, sem que sua afinação fosse modificada durante a *performance*, demonstrando, assim, a eficiência musical do sistema temperado. Esse é o caso de *Cravo bem temperado*, de Bach, uma coletânea de 24 prelúdios e fugas dispostos em ordem crescente de tonalidade (a primeira dupla de prelúdio e fuga está na tonalidade de Dó maior, a segunda, em Dó menor, a terceira, em C# maior, a quarta, em C# menor, e assim sucessivamente, até a tonalidade de Si menor).

Ao evitar a necessidade de "consertar" a afinação para realizar concertos em diferentes tonalidades, praticamente todos os instrumentos harmônicos da atualidade passaram a ser construídos no sistema de afinação temperada (com exceção dos instrumentos de época, como o cravo, que podem eventualmente ser afinados no sistema justo, a fim de exprimir a sonoridade original de concertos compostos especificamente no sistema justo).

A palavra concerto vem do século XVII, do italiano *concertare*, que significa "concordar" ou "harmonizar". Nesse período, tornou-se comum que alguns compositores escrevessem a afinação da obra em seu título, de modo a facilitar aos músicos afinar seus instrumentos para aquela determinada peça. Alguns exemplos de concertos com suas tonalidades descritas no título são: "Concerto número 5 em Mi bemol", de Beethoven, "Concerto para violino em Ré", de Brahms, e "Concerto para piano em Lá menor", de Grieg.

Os instrumentos musicais harmônicos modernos (guitarras, teclados, baixos, pianos, marimbas etc.) são todos construídos no sistema de afinação temperada. Já os instrumentos tradicionais de orquestra, que são em sua maioria melódicos (permitem, no geral, a execução de uma única nota por vez), continuam sendo construídos no sistema de afinação justa. Isso provavelmente ocorre porque seu método de geração sonora é naturalmente baseado na série harmônica.

Cordas (como o violino) não possuem trastes. Elas são afinadas em quintas. Metais (como o trompete) são formados por uma tubulação cujo comprimento pode ser variado a partir de válvulas acionadas pelo músico, com a escala sendo construída a partir de seus harmônicos. Madeiras (como o clarinete e a flauta) são baseadas em tubos abertos (flauta) e fechados (clarinete), em que chaves permitem ao músico abrir e fechar orifícios dispostos sobre os corpos do instrumento que, quando abertos, agem como se o tubo estivesse sido reduzido de tamanho até a posição do orifício, variando, desse modo, a afinação do som gerado.

Num concerto que tenha um instrumento temperado (como um piano) tocando junto com a orquestra (afinação justa), os músicos da orquestra têm que realizar pequenas correções de afinação durante a *performance* de modo a diminuir o contraste perceptível de suas afinações no sistema justo com o sistema temperado.

20
Escalas musicais
da série harmônica

O sistema de afinação temperado passou a ser adotado pelos instrumentos musicais harmônicos ocidentais a fim de permitir que estes não ficassem atrelados a uma única tonalidade (ou que tivessem que ser afinados novamente, toda vez que fossem tocar peças musicais em diferentes tonalidades). Essa mudança de sistema de afinação impactou tanto no modo de escutar como no de fazer música.

Para os ouvintes da época, acostumados aos intervalos justos (dados pela série harmônica), a música executada na escala cromática afinada no sistema temperado provavelmente soava levemente desafinada. No entanto, a liberdade de transposição tonal que o sistema temperado proveio com o passar do tempo suplantou essa pequena aresta perceptual. Compositores que adotaram o sistema temperado também passaram a explorar novas possibilidades de transposição da melodia e da harmonia, em uma mesma peça musical, fato este que se evidenciou no período clássico europeu, no século XVIII, que precede o início da implantação do sistema temperado de afinação. No entanto, a série harmônica era, e continua sendo, o principal fenômeno acústico de criação da escala musical, no qual a afinação temperada é uma estratégia inteligente de permitir, através da distribuição de uma pequena desafinação por todos os intervalos da escala (com exceção da oitava), que a arte musical expanda e transponha a fronteira estética imposta pela afinação justa.

Vimos anteriormente que a série harmônica decorre da ressonância regular de corpos materiais. Temos a série harmônica evidenciada na própria voz humana (em especial, no som das vogais) e em outros sons tonais que ocorrem naturalmente. Ao longo do desenvolvimento musical, alguns objetos passaram a ser construídos de forma a ressaltar tais modos de vibração regulares e estacionários, como é caso de instrumentos musicais tradicionais da orquestra, normalmente construídos a partir de cordas retesadas ou de colunas de ar dentro de tubos (abertos ou fechados).

O primeiro instrumento musical de que se tem registro arqueológico, utilizando esse tipo de técnica, é a flauta de *Divje Babe*, datada do período paleolítico superior, há cerca de 40 séculos – mesma época do surgimento dos primeiros seres humanos com a modernidade anatômica e cognitiva que ainda temos hoje. Essa flauta é feita de osso do fêmur de um urso jovem. Foram feitas diversas réplicas dela, por Matija Turk (que a batizou de *Neanderthal Bone Flute*) em colaboração com o musicólogo Ljubenque Dimkaroski. Essas réplicas sugerem que a flauta original era capaz de reproduzir uma escala diatônica de cerca de duas oitavas e meia.

Como dito anteriormente, esses modos estacionários geram variações regulares de compressão e expansão da pressão acústica que são percebidas pela audição como som tonal. Esse fenômeno compõe a base da formação das primeiras escalas musicais. As frequências de ressonância de tais modos são chamadas de harmônicos.

Rememorando, na série harmônica, a razão entre a frequência do primeiro e do segundo harmônico é de 2/1 equivalente ao intervalo musical de uma oitava. Do segundo para o terceiro harmônico, a razão de frequência é de 3/2, e ambos os harmônicos estão separados por um intervalo de quinta justa. Entre o terceiro e o quarto harmônico, a razão é de 4/3, e ambos estão separados pelo intervalo de uma quarta justa. Entre o quarto e o quinto harmônico, a razão é de 5/4, e ambos estão separados por um intervalo de uma terça maior. Entre o quinto e o sexto harmônico, a razão é de 6/5, e o intervalo é, assim, equivalente a uma terça menor.

Quando acrescentamos um número à direita da letra, estamos nos referindo à sua oitava. Por exemplo, C4 é o Dó na oitava central do piano, enquanto C1 é o Dó localizado três oitavas abaixo deste. Desconsiderando as repetições de oitava do segundo e do quarto harmônico, devido ao fato de estas serem perceptualmente muito similares, e reduzindo os intervalos dentro de uma única oitava (por exemplo, o intervalo entre C1 e E2 é considerado de uma terça maior, e não de uma décima primeira), temos que os primeiros dois harmônicos da série, cuja tonalidade é, de fato, distinta do harmônico fundamental, são o terceiro harmônico (intervalo de quinta, em relação à fundamental) e o quinto harmônico (intervalo de terça maior, em relação à fundamental).

Como curiosidade, é interessante mencionar que a ideia de utilizar letras para representar notas musicais é atribuída a Boécio,[1] embora esse estudioso medieval atribuísse letras diferentes para notas separadas por oitavas. Por exemplo, se, para a primeira nota do piano (um Lá), fosse desse modo atribuída a letra A4, então, para o Lá uma oitava acima, ter-se-ia que atribuir a letra H (em vez de A5).

Percebe-se, no entanto, que os intervalos entre as notas da escala formada pelas cifras não são uniformes. Entre A4 e B4, por exemplo, tem-se dois semitons (equivalentes a um tom). Porém, entre B4 e C5, tem-se um semitom. Essa organização representa um modo menor (o modo eólio) da escala conhecida como diatônica (A-B--C-D-E-F-G). Já partindo de C, tem-se a escala diatônica maior conforme a conhecemos atualmente, formada por dois tetracordes iguais (formados pelos intervalos tom-tom-semitom) e separados

---

[1] Cf. Boécio, 2001.

por um tom. Representando cada semitom por um asterisco, tem-se, como primeiro tetracorde: C**D**E*F, e, como segundo tetracorde, G**A**B*C. Apesar de pouco intuitiva em sua explicação, essa é uma escala fundamental da música ocidental, que, por esse motivo, foi até grafada no pentagrama musical moderno, de cinco linhas (colocando as notas em sequência no pentagrama, tem-se naturalmente a formação de uma escala diatônica). Como se viu aqui, esta tem a sua origem profundamente embasada na série harmônica.

Figura 5: A escala diatônica maior, formada pelos dois tetracordes.

Partindo da nota C, seu terceiro harmônico (uma quinta justa), que é o primeiro harmônico perceptualmente relevante em relação à fundamental, equivale à nota G. Partindo de G, sua quinta é o D. Do mesmo modo, a quinta de D é A, a quinta de A é E, e a quinta de E é B. Colocando em ordem cromática (ignorando diferenças de oitava) tem-se a seguinte sequência formada por esse ciclo de quintas: C, D, E, G, A, B. Essa escala é quase idêntica à escala diatônica atual, faltando apenas a nota F, que é o seu sétimo grau.

Conforme mencionado anteriormente, Guido D'Arezzo, a quem a notação musical moderna deve sua origem, retirava o sexto grau da escala diatônica a fim de evitar o *diabolus in musica*, ou seja, "o intervalo do diabo" (o trítono). Rearranjando essa sequência obtida por meio dos sucessivos intervalos de quinta, iniciando pelo G, na clave de sol, teríamos: G, A, B, C, D, E, o que é a sequência C, D, E, G, A, B – quase a escala diatônica maior, porém sem o quarto grau (no caso F). Esta era utilizada por D'Arezzo, no século X, pois a ausência do quarto grau na escala diatônica impedia a formação do trítono, entre o quarto grau (F) e o sétimo grau (B). O trítono era considerado um intervalo muito instável para a música sacra dessa época, sendo, assim, normalmente evitado. Desse modo, ainda faltava o quarto grau para completar a escala diatônica maior, como a conhecemos atualmente. De onde ele poderia vir? A resposta novamente se encontra no ciclo de quintas formado pela série harmônica. O quarto grau da escala diatônica é dado pela quinta descendente do seu primeiro grau, ou seja, a nota para a qual o primeiro grau vem a ser a sua quinta. Voltando à nossa sequência, iniciando na fundamental C (C, D, E, G, A, B), F é a nota para a qual C é a quinta. Assim, incluindo sua quinta descendente, temos a escala diatônica completa: C, D, E, F, G, A, B. Para simplificar, se iniciarmos o ciclo de quintas em C e continuarmos até o F#, teremos todas as notas que compõem a escala diatônica maior de G, conforme mostra a Figura 6.

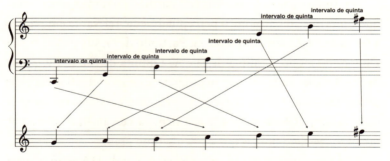

Figura 6: Escala diatônica maior de Sol formada a partir do ciclo de quintas iniciado em Dó.

21
PENTATÔNICAS, DIATÔNICAS
E SEUS MODOS

No capítulo anterior, vimos o processo de formação, a partir da série harmônica, da escala diatônica (de sete notas por oitava, formada por dois tetracordes). Já havíamos visto anteriormente o processo de geração da escala cromática (de 12 notas por oitava). Falaremos agora sobre o de uma escala mais simples, porém fundamental, formada por cinco notas por oitava. Essa é a escala pentatônica (ou seja, com cinco notas).

Como nas outras escalas, a pentatônica também pode ser gerada pelo ciclo de quintas que vem da série harmônica. Iniciando, por exemplo, em C, a sua quinta é G, cuja quinta é D. Por sua vez, a quinta de D é A, e a quinta de A é E. Interrompendo, aqui, a sequência de quintas, tem-se a seguinte sequência de cinco notas: C, G, D, A, E. Rearranjando as notas em uma mesma oitava, temos: C, D, E, G, A. Essa é a escala pentatônica de C.

A razão da interrupção do ciclo de quintas em E é que a próxima quinta dessa sequência seria um B, o que viria a se aproximar da fundamental (C) de apenas um semitom. Esse é um intervalo muito próximo em termos de diferença de frequência. No sistema temperado, quando duas notas com frequência fundamental separadas de um semitom (como, por exemplo, B_1 e C_2) são tocadas simultaneamente, tem-se a formação de batimentos perceptíveis entre ambas, o que gera a sensação de uma nova frequência.

Por razões que serão explicadas em detalhes posteriormente, isso gera o que é conhecido em música como "dissonância": um tipo de incongruência cognitiva no reconhecimento de ambas as notas, o que é normalmente relacionado a uma sensação de desconforto (mas, obviamente, nem sempre, como será oportunamente tratado). Desse modo, a escala pentatônica original não possui esse tipo de dissonância, pois nenhuma combinação de suas notas estará distanciada por intervalo menor que um tom.

É interessante notar que, se removermos as duas notas que formam o trítono na escala diatônica (no caso de C, o F e o B), teremos uma escala pentatônica de C. Existem variações da escala pentatônica original, formada diretamente pela série harmônica, como é o caso da pentatônica japonesa, ou Hirajōshi, na qual intervalos de semitons são inseridos entre as notas. Porém, estas (intencionalmente) não desfrutam da ausência de dissonâncias que a pentatônica original possui. Percebe-se que a inclusão de semitons nessa escala como que remete a um clima de solenidade, tristeza e tensão.

É interessante perceber que a subtração das notas da escala diatônica da escala cromática naturalmente forma uma escala pentatônica. O teclado do piano é engenhosamente organizado de modo a representar as três escalas fundamentais: a cromática, a diatônica e a pentatônica. Dentro de um intervalo de oitava, tocando todas as notas em sequência, sem pular nenhuma, tem-se a escala cromática, formada por 12 notas por oitava, igualmente espaçadas de um semitom para cada par contíguo de notas. Já entre duas notas brancas separadas por uma oitava, tem-se as sete notas que descrevem a escala diatônica (em um dos sete modos gregos disponíveis na Tabela 2). Já as notas superiores, pretas, formam o conhecido padrão de cinco notas por oitava, organizadas em grupos alternados de três e duas notas. Tocadas em sequência, elas descrevem uma escala pentatônica.

O famoso tratado *Syntagma Musicum*, do musicólogo alemão Michael Praetorius,[1] do século XVII, traz a ilustração de um teclado de órgão do século XIV, que já apresentava a organização similar à dos teclados atuais, com notas superiores, em grupos intercalados de duas e três notas que formam a escala pentatônica, e as notas inferiores formando a escala diatônica.

Um efeito interessante que se pode explorar, especialmente para quem não é tecladista, é tocar ao acaso apenas as notas pretas do teclado. Será possível perceber que não ocorrerão dissonâncias, não importa a ordem ou a quantidade de notas tocadas simultaneamente, dando a impressão aos menos avisados de que esse indivíduo sabe tocar um pouco de teclado.

Na escala diatônica, tem-se dissonâncias tanto entre notas contíguas, como o terceiro e o quarto grau, como entre o sétimo e a repetição do primeiro grau, na oitava. Também existem tensões importantes, como entre o quarto e o sétimo grau, que formam juntos o intervalo de trítono. Conforme mencionado anteriormente, esse intervalo era considerado, na Idade Média, o "intervalo do diabo", devido à sua grande tensão, sendo, assim, evitado no canto gregoriano. Esse fato provavelmente levou Guido D'Arezzo a criar um pentagrama inicial que descrevia não as sete notas da escala diatônica, mas um hexacorde, constituído pelas seis primeiras notas da escala diatônica, excluindo o sétimo grau.

A escala diatônica maior é facilmente gerada no teclado do piano. Basta tocar a sequência de notas entre dois C separados por uma oitava. No entanto, esse é apenas um dos sete modos diatônicos possíveis de ser representados pelas teclas brancas do piano. Apesar de seus nomes gregos, esses modos não têm grande correlação com os modos gregos antigos. A Tabela 2 mostra os sete modos modernos.

---

[1] Praetorius, 1619.

PENTATÔNICAS, DIATÔNICAS E SEUS MODOS

TABELA 2: SETE MODOS MODERNOS.

Modo	Posição da tônica	Terça	Sequência de intervalos T=tom / S=semitom	Sequência de notas
Jônico	I	Maior	T-T-S-T-T-S	C-D-E-F-G-A-B
Dórico	II	menor	T-S-T-T-T-S	D-E-F-G-A-B-C
Frígio	III	menor	S-T-T-T-S-T	E-F-G-A-B-C-D
Lídio	IV	Maior	T-T-T-S-T-T	F-G-A-B-C-D-E
Mixolídio	V	Maior	T-T-S-T-T-S	G-A-B-C-D-E-F
Eólio	VI	menor	T-S-T-T-S-T	A-B-C-D-E-F-G
Lócrio	VII	menor	S-T-T-S-T-T	B-C-D-E-F-G-A

Da mesma maneira, a escala pentatônica também permite criar seus modos. Estes são descritos na Tabela 3.

TABELA 3: MODOS DA ESCALA PENTATÔNICA.

Modo	Posição da tônica	Terça	Sequência de intervalos T=tom / M=terça menor	Sequência de notas
Jônico	I	Maior	T-T-M-T	C-D-E-G-A
Dórico	II	–	T-M-T-M	D-E-G-A-C
Frígio	III	menor	M-T-M-T	E-G-A-C-D
Mixolídio	V	–	T-M-T-T	G-A-C-D-E
Eólio	VI	menor	M-T-T-M	A-C-D-E-G

Já a escala cromática, pelo fato de ser uniforme, com todas as suas notas contíguas sendo igualmente espaçadas por intervalos de semitom, apresenta apenas um modo.

22
Modos maiores e modos menores de acordes harmônicos

A série harmônica pode ser considerada uma importante base física da arte musical, sendo um fenômeno físico que também contribuiu para moldar a evolução da sensação e da percepção sonora. Vimos como a percepção inata que temos dessa série ajudou a criar as três escalas fundamentais da música ocidental (pentatônica, diatônica e cromática) e seus respectivos modos. Este capítulo discutirá como a série harmônica também influencia na geração da harmonia musical, ou seja, na ocorrência simultânea de sons tonais e na percepção de sua harmonia.

Considerando a série harmônica iniciada em C (a nota Dó), o seu terceiro harmônico equivalerá à fundamental da nota G, e o seu quinto harmônico, à fundamental de E. Essas três notas, colocadas em sequência dentro de uma mesma oitava (C-E-G), formam um acorde simples de três notas, conhecido por "tríade"; no caso, a "tríade maior", pois o seu primeiro intervalo (entre C e E) é uma terça maior, que corresponde a um intervalo de dois tons ou quatro semitons.

O segundo intervalo dessa tríade (entre E e G) é uma terça menor (equivalente a três semitons). Em relação à fundamental (a nota C), os intervalos contidos numa tríade maior são: terça maior (entre C e E) e quinta (entre C e G). Considerando, agora, uma nova série harmônica formada a partir do terceiro harmônico de C (a nota G), a tríade formada por seu terceiro e seu quinto harmônico constitui uma tríade maior de G, formada pelas notas G-B-D. A terça maior entre G e B inclui a nota B com aproximação perceptual suficiente para passar a ser considerada consonante à tríade maior de C-E-G, formando, assim, um acorde de quatro notas, ou seja, uma "tétrade". Esta é formada pelas notas C-E-G-B, conforme mostrado na Figura 7.

A tétrade tornou-se especialmente aceita após o advento do sistema temperado de afinação, que ajudou a minimizar a dissonância entre B e C, a qual foi esteticamente englobada tanto pela música erudita quanto pela popular, em gêneros musicais como o *jazz* e a bossa-nova.

Figura 7: Notas e intervalos componentes da tétrade.

Se fizermos o mesmo processo para o quinto harmônico de C (correspondente à nota E), a sua quinta (ou seja, o seu terceiro harmônico) é também um B. Omitindo o C, tem-se uma nova tríade formada pela sequência E-G-B. Esta é uma tríade formada pelos intervalos de terça menor (entre E e G) e terça maior (entre G e B). Por iniciar com uma terça menor, ela é chamada de "tríade menor".

Do mesmo modo, pode-se gerar uma tríade menor iniciando uma série harmônica a partir da nota F, para a qual o C equivale à sua quinta (ou seja, ao seu terceiro harmônico). Iniciando de F, a sua terça maior (o seu quinto harmônico) equivale à nota A. Do mesmo modo, omitindo o F, tem-se novamente a formação de uma tríade menor, porém constituída pela sequência A-C-E. Essas tríades menores são relativas à fundamental da tríade maior – no caso deste exemplo, o C, conforme mostra a Figura 8.

Figura 8: Tríade maior e suas relativas menores.

Enquanto a tríade maior é formada por uma terça maior seguida de uma terça menor, a tríade menor é formada pela inversão dessa ordem, ou seja, inicia por uma terça menor seguida de uma terça maior. Do que foi explicado acima pode-se perceber que a tríade maior corresponde a harmônicos da série harmônica mais próximos da fundamental. Enquanto a tríade maior é formada pelo primeiro, pelo quinto e pelo terceiro harmônico (equivalentes às razões de frequência fundamental: 1, 5/4 e 3/2), a tríade menor pode ser formada tanto pela terça, pela quinta e pela quinta da terça da mesma fundamental, equivalentes às respectivas razões: 5/4, 3/2 e (5/4)*(3/2) = 15/8, quanto pela terça da quinta descendente, pela fundamental e pela terça, equivalentes às razões (2/3)*(5/4) = 5/6, 1 e 5/4. Assim, temos as seguintes razões de frequência em relação à fundamental: tríade maior: [1, 5/4, 3/2], tríade menor: [5/4, 3/2, 15/8] (relativa superior), ou [5/6, 1, 5/4] (relativa inferior). Normalizando os dois grupos menores, tem-se:

- [(5/4)*(4/5), (3/2)*(4/5), (15/8)*(4/5)] ou [(5/6*(6/5), 1*(6/5), (5/4)*(6/5)].
- [1, 6/5, 3/2] ou [1, 6/5, 3/2], que são idênticas, correspondendo assim à tríade menor iniciada no mesmo tom que a tríade maior (a fundamental).

Assim, as suas relações intervalares são:

- Tríade maior: [1, 5/4, 3/2].
- Tríade menor: [1, 6/5, 3/2].

Exemplificando, se a frequência do harmônico fundamental é 1.000Hz, então as tríades teriam as seguintes frequências (em Hz):

- Tríade maior: 1.000, 1.250, 1.500.
- Tríade menor: 1.000, 1.200, 1.500.

Ao escutar essas três notas tocadas simultaneamente, em especial através de um gerador de tons puros, o ouvinte enculturado à música ocidental tenderá a perceber que a tríade menor remete a uma sensação associada a melancolia ou tristeza. Isso não quer dizer que a escuta do acorde menor induz no ouvinte essa emoção, mas apenas que esse ouvinte não terá dificuldades em constatar tal padrão afetivo nesse acorde. Do mesmo modo, a tríade maior, escutada isoladamente, normalmente remete à constatação de leveza ou mesmo de alegria, o que se deve ao fato de que a tríade maior é formada por notas cujas frequências fundamentais estão mais próximas dos primeiros harmônicos da série (primeiro, quinto e terceiro), ao passo que a tríade menor remete a harmônicos mais distantes (quinto, terceiro, décimo quinto), conforme visto na Figura 8. Por esse motivo, a tríade maior é de certo modo processada mais facilmente pela cognição musical do que a tríade menor, o que talvez seja o motivo pelo qual o acorde maior soa alegre e descontraído, enquanto o acorde menor soa mais triste e pesaroso, para a maioria dos ouvintes ocidentais.

23

Acordes e afetos

Vimos no capítulo anterior o processo de formação das tríades maiores e menores a partir da série harmônica e como isso pode ter influenciado a constatação de estados afetivos que esses acordes remetem aos ouvintes. Poder-se-ia argumentar que, apesar de a tríade menor apresentar um menor intervalo entre a fundamental e a terça, esta apresenta, em contrapartida, um intervalo maior entre sua terça e sua quinta, o que, em termos intervalares, faria com que esta equivalesse à tríade maior.

Ocorre que, perceptualmente, a quinta na tríade age como uma nota que embasa, sustenta e valida a tonalidade determinada por sua fundamental, enquanto a terça da tríade age como o agente de caracterização, que determina se o modo desse acorde é maior ou menor. Como experimento para constatar esse fato, é interessante utilizar novamente o já citado gerador de tons puros para criar uma tríade em que a terça tem a relação intervalar ainda menor do que o intervalo de terça menor, de razão 6/5. Esse acorde "*hyper*-menor" tem o intervalo de 7/6, que equivale ao intervalo entre o sétimo e o sexto harmônico da série harmônica (lembrando que o intervalo da terça maior justa é dado pela razão 5/4).

No exemplo do capítulo anterior, para uma fundamental de 1.000 Hz, a terça maior equivale ao intervalo de frequência (5/4)*1.000 =

1.250 Hz. A terça menor equivale a $(6/5)^*1.000 = 1.200$ Hz, e esse intervalo, ainda menor que a terça menor, a $(7/6)^*1.000 \sim 1.166,67$ Hz. Se começar escutando essa tríade (1.000, 1.166,67, 1.500 Hz) e depois passar para a tríade menor (1.000, 1.200, 1.500 Hz), o ouvinte perceberá que esta última (que é, de fato, a tríade menor), escutada nessa sequência, será percebida por ele como se fosse a tríade maior, despertando, assim, a mesma constatação afetiva de alívio, descomplicação e leveza que a tríade maior apresenta em relação à menor.

Esse experimento nos leva a perceber a grande influência do nosso referencial cognitivo na maneira como escutamos e entendemos o contexto afetivo musical. No entanto, existem estudos etnomusicológicos que descrevem grupos culturais em que os ouvintes não compartilham da mesma constatação afetiva do modo menor que a maioria dos ouvintes enculturados à música ocidental possuem. Alguns povos ao redor do mundo, tais como os que habitam áreas do Sudeste europeu (península balcânica), partes do Norte africano e também no Oriente Médio, não tendem a constatar o modo menor como remetendo a melancolia, solenidade ou "ruminação mental". Isso nos leva a concluir que o fator cultural é também um elemento fundamental para determinar no ouvinte a constatação afetiva dos modos musicais, como é o caso dos modos maior e menor.

Existem estudos estatísticos de musicologia sistemática que afirmam que, na cultura ocidental, grande parte da produção musical (entre 65 e 75%, dependendo do gênero musical) é feita em modo maior. David Huron e colegas[1] constataram que o ouvinte ocidental típico, ao escutar uma melodia pela primeira vez, nos primeiros instantes tende a antecipar que ela seja em modo maior. Caso a melodia seja em modo menor, essa constatação leva algum tempo e requer um certo esforço cognitivo, o que implica uma quebra de

[1]   Huron; Kinney & Precoda, 2006.

expectativa do ouvinte, a qual pode ser um fator significativo na atribuição de um caráter melancólico ao modo menor, pela maioria dos ouvintes.

A relação entre os intervalos e as tríades maior e menor forma a base da música tonal europeia, que se amalgamou, segundo Joshua Albrecht,[2] por volta do século XVI, a partir dos sete modos gregos de onde descendem os dois principais modos musicais da atualidade: os modos maiores (com a terça maior) e os modos menores (com a terça menor).

No entanto, existem outros dois tipos de tríades que podem ser geradas por meio de intervalos consecutivos de terças. A tríade criada a partir de dois intervalos de terça menor é chamada de "tríade diminuta", e a tríade formada a partir de dois intervalos de terça maior é chamada de "tríade aumentada".

Figura 9: Os quatro tipos de tríades.

O que se percebe é que, para o ouvinte enculturado à tradição musical europeia, a tríade diminuta soa ainda mais melancólica do que a tríade menor, chegando mesmo a representar sentimentos extremos como o de "tragédia" ou "terror". Isso se deve ao fato de que essa tríade apresenta duas terças menores, e esses intervalos juntos geram, entre as notas extremas dessa tríade, o já mencionado "intervalo do diabo", o trítono.

O trítono é um intervalo de seis semitons (por exemplo, entre F e B) que representa em si uma grande tensão. Iniciando com a nota F, a nota B superior (que com esta forma um trítono) equivaleria ao

---

[2] Albrecht & Huron, 2012.

décimo primeiro harmônico de F. É interessante notar que o trítono é simétrico, ocorrendo exatamente no meio da escala cromática (ou seja, o intervalo de seis semitons dos doze semitons que compõem a oitava). Assim, se iniciarmos o trítono a partir de B, este também formará um trítono com seu F superior, e este equivalerá a seu décimo primeiro harmônico.

Esse intervalo musical representa uma distância cognitiva muito grande entre ambas as notas que o formam. Por esse motivo, o trítono normalmente representa uma tensão que pede por uma resolução, ou seja, um rearranjo de suas notas constituintes de modo a minimizar essa tensão, por exemplo, deslocando ambas as notas um semitom em sentidos contrários, por exemplo, de F e B (trítono) indo para E e C (que é o intervalo de sexta menor, ou terça maior invertida), ou de F e B indo para F# e Bb (intervalo de terça maior).

Figura 10: As duas resoluções do trítono.

No caso da tríade aumentada, tem-se dois intervalos consecutivos de terça maior. Por exemplo, em C-E-G#, tem-se a terça maior entre C e E, e outra terça maior entre E e G#. Apesar de esse ser, em teoria, um acorde com menor tensão que a tríade diminuta, ele surpreendentemente tem mais tensão harmônica do que a tríade maior equivalente: C-E-G. A razão disso está no fato mencionado acima, de que o intervalo de quinta entre as notas extremas da tríade maior e menor (C e G) embasa a fundamental como tonalidade predominante do acorde (no caso do exemplo, C). Esse intervalo de quinta com a fundamental da tonalidade é chamado de "dominante". No caso da tríade aumentada, o intervalo entre as suas notas extremas (C e G#) é uma sexta menor, equivalente a uma terça maior invertida (G# e C). No exemplo de tríade aumentada, C-E-G#, não se tem o embasamento da tonalidade da fundamental devido à falta da dominante de C. A tríade aumentada é simétrica, e a inversão da ordem de suas notas componentes também incorre em outra tríade aumentada (por exemplo, C-E-G#, E-G#-C e G#-C-E são todas tríades aumentadas).

Figura 11: As duas inversões da tríade aumentada.

24
A CIÊNCIA DA MÚSICA *POP*

É comum escutarmos uma música que, conotativamente, "gruda" em nossa mente, independentemente de gostarmos ou não daquele estilo ou gênero musical. Surpreendemo-nos ao perceber que essa música continua revisitando a janela de nossa consciência e competindo por nossa atenção com outros pensamentos circunstanciais. Esse tipo de música é conhecido pela palavra alemã *ohrwurm*, cujo significado é "verme de ouvido".[1] Esse fenômeno é estudado pela musicologia sistemática sob o nome de INMI (*INvoluntary Musical Imagery*), ou seja, músicas que fazem os ouvintes pensarem nelas (escutando--as em seus pensamentos) involuntariamente. Existe uma tendência estatisticamente relevante de que músicas *pop* (músicas comerciais) que se tornam *hits* (músicas de grande popularidade, campeãs de vendas) sejam INMI.

Diz a lenda que a música *pop* intitulada "Fácil", do grupo musical nacional Jota Quest, foi feita a partir da sugestão da mãe do vocalista Rogério Flausino, que aconselhou os membros da banda a compor músicas fáceis, para, dessa forma, aumentar a chance de criar *hits*. O refrão de uma das músicas do Jota Quest descreve esse conselho, ao dizer que a música deve ser "fácil, extremamente fácil, pra você, e eu e todo mundo cantar junto".

---

[1] Em inglês, *earworm*.

A mãe do vocalista intuiu assertivamente o que estudos em INMI vêm constatando. Melodias INMI tendem a apresentar mais notas longas e com menor variação de intervalo do que as não INMI, o que faz com que se tornem mais fáceis de ser assimiladas pela maioria dos ouvintes e, consequentemente, cantadas por eles. Estudos apontam que cerca de 74% das INMI são canções, ou seja, músicas com letras.

A música *pop*, definida também como "música comercial", é composta com a intenção de se tornar um produto a ser comercializado e consumido por uma grande quantidade de pessoas. Assim, não se trata de um gênero musical em si, mas de um processo de estratificação de diversos gêneros musicais populares no sentido de maximizar seus aspectos mais sedutores às audiências num produto de sucesso comercial.

Isso é feito pela chamada "indústria de cultura" (*Kulturindustrie*), termo definido por Theodor Adorno,[2] que tenta descrever os processos comerciais de propaganda, mercantilização e massificação de bens culturais (exemplo: teatro, filme, dança, poesia, música) no sentido de estes serem utilizados não apenas como produtos de consumo, mas também como eventuais mecanismos de controle da população através de um processo quase subliminar de alienação e persuasão que convida o ouvinte a adotar um determinado padrão de comportamento.

Steven Brown, autor do livro *Music and Manipulation: On the Social Uses and Social Control of Music*,[3] define música como uma prostituta, uma vez que vem sendo usada ao longo da história como uma forma de controle do comportamento social, promovendo tanto solidariedade quanto competição, agindo como manipuladora emocional das massas, sendo com frequência empregada em situações moralmente questionáveis (como em cativeiros e campos de concentração), divorciando, assim, a sua estética da sua ética.

[2]   Adorno, 1951.
[3]   Brown, 2006.

De uma maneira mais branda, outros autores, como Robert Bostrom,[4] definem a música como uma forma de persuasão. Diversas peças musicais são explicitamente compostas com o objetivo de convencer o ouvinte, de provocar nele determinado estado emocional ou de incutir-lhe determinado padrão comportamental. A música *pop* advém, assim, da maximização desse processo, em que a produção musical dos diversos gêneros que a compõem é utilizada como um modo de *cultural commodity* para a manufatura de um produto comercial eficiente.

Como qualquer outro produto comercial, a música *pop* tem sido cada vez mais produzida por meio de critérios industriais estritos, que garantam sua maior eficiência e, portanto, homogeneidade, em detrimento de variações devidas a diferentes processos criativos. Assim como acontece com outros produtos, a música *pop* vem se tornando cada vez mais cognitivamente acessível e esteticamente autocorrelata. Em outras palavras, tem se tornado mais simples e previsível.

Segundo uma matéria datada de 2017 da revista *Forbes*,[5] o consumo de música *pop* vinha crescendo. Os estadunidenses estavam, naquele momento, escutando mais música do que antes: cerca de 32 horas por semana; só naquele ano, haviam pagado por 184 bilhões de *streamings* de músicas, em *sites* como Spotify e Apple Music (o que representava um aumento de 62% em relação ao ano anterior, 2016).

Um dos muitos exemplos da simplificação da música *pop* pode ser observado no fenômeno conhecido como "quatro acordes" (*four chords*). Uma quantidade impressionante de músicas *pop* é composta com base na mesma sequência de quatro acordes: tônica (I), dominante (V), sexta menor (VIm) e subdominante (IV). Por exemplo, na tonalidade de C, essa sequência de acordes é: C, G, Am,

---

[4]   Bostrom , 2002.
[5]   McIntyre, 2017.

F. Note que essa sequência nos soa familiar e muitas vezes, inclusive, nos faz lembrar de músicas *pop* que conhecemos.

Em 2017, a BBC lançou um documentário chamado *The Secret Science of Pop*, em que apresenta a pesquisa em música realizada pelo biólogo evolutivo Armand Leroi. Narrado pelo próprio pesquisador, esse documentário mostra as bases acústicas para a criação de um algoritmo que tem como propósito a extração das características sonoras de músicas *pop* que foram grandes *hits*. Leroi propõe a criação de um modelo computacional de inteligência artificial (*machine learning*) que seja capaz de indicar qual é o potencial de uma canção para se tornar um *hit* (e ele conclui que há maior incidência de *hits* nas músicas mais próximas da média em todos os critérios acústicos estudados). Por fim, o documentário mostra um experimento realizado por Leroi em conjunto com o produtor musical Trevor Horn, no sentido de produzir uma canção, de uma artista desconhecida, com o intuito de transformar essa música *pop* anônima em um *hit*.

Mesmo sem a utilização de sofisticados algoritmos, é certo que a indústria fonográfica, apesar de não ter certeza de que música será de fato um *hit*, vem trabalhando para estabelecer critérios que possam aumentar a chance de que isso ocorra, criando estratégias de acertos para o artista e para sua música, seja de que gênero musical esta descenda, a fim de potencializar o seu impacto comercial na forma de música *pop*.

25
HARMONIA ENTRE
CONSONÂNCIAS E DISSONÂNCIAS

Em teoria musical, chama-se "harmonia" a disciplina que estuda as relações intervalares entre notas musicais tocadas simultaneamente – por exemplo, em acordes ou junções de notas (chamados de *clusters*) – e a percepção auditiva que temos do grau de suas tensões verticais (relação entre suas notas componentes) e horizontais (sua relação com acordes anteriores e posteriores, também chamadas de cadências).

A série harmônica elucida esse fato, mostrando que percebemos os intervalos entre seus harmônicos consecutivos numa progressão que se estende desde a consonância (ausência de percepção de tensão intervalar) até a dissonância (clara percepção de tensão intervalar). Isso não significa que a harmonia sempre busque a consonância na música, mas sim que ela permite entender melhor os graus de tensão intervalar internos aos acordes e suas relações perceptuais de modo a melhor orientar o compositor sobre a maneira mais eficiente de manipular esteticamente tais tensões perceptuais, criando, assim, uma harmonia mais efetiva para o seu ideal estético.

Ao tocar, em um instrumento polifônico como o violão ou o piano, os intervalos entre os harmônicos da série harmônica, percebe--se que a tensão intervalar entre harmônicos consecutivos cresce à medida que os harmônicos se distanciam da fundamental. Por exemplo, a série harmônica da fundamental Dó 1 (três oitavas abaixo do Dó central).

O primeiro harmônico dessa série é a própria fundamental, Dó 1. O segundo é o Dó 2 (uma oitava acima do Dó 1). O terceiro é o Sol 2, e o quarto é o Dó 3. Utilizando, por simplicidade, a notação de cifras (C=Dó, D=Ré etc.), tem-se que essa série harmônica iniciada em C1 é composta dos seguintes harmônicos iniciais (primeiros 16 harmônicos): C1 C2 G2 C3 E3 G3 Bb3 C4 D4 E4 F#4 G4 A4 Bb$ B4 C5.

Os respectivos intervalos entre harmônicos consecutivos (C1 e C2, C2 e G2, G2 e C3 etc.) representam os intervalos musicais: oitava, quinta, quarta, terça maior, terça menor, segunda maior etc.). Tocando essa sequência de intervalos, pode-se perceber que existe uma tensão sonora, ou dissonância, que vai aumentando conforme seguimos adiante nessa sequência intervalar.

Ao tocar essa sequência, nota-se que a consonância do primeiro intervalo (C1 e C2, oitava) é tão alta, que até temos dificuldade em escutar os harmônicos separadamente. O segundo par (C2 e G2) é composto do segundo e do terceiro harmônico (razão 3/2, correspondendo ao intervalo musical de quinta). O terceiro par (G2 e C3) é dado pelo terceiro e pelo quarto harmônico (4/3, quarta). O quarto par (C3 e E3) é dado pelo quarto e pelo quinto harmônico (5/4, terça maior). O quinto par (E3 e G3) é dado pelo quinto e pelo sexto harmônico (razão 6/5, terça menor). O sexto par (G3 e Bb3) é dado pelo sexto e pelo sétimo harmônico (razão 7/6, intervalo menor que a segunda maior), e assim sucessivamente.

Nota-se que a percepção da tensão intervalar entre esses pares descreve uma dimensão perceptual que inicia na consonância e, gradualmente, caminha para a dissonância.

No entanto, instrumentos musicais não geram tons puros, como são os harmônicos da série harmônica. Conforme visto anteriormente, os sons são formados por muitos parciais (componentes em frequência do som), percebidos separadamente pela audição humana, no processo "tonotópico" de decomposição espectral realizado pela cóclea, que discrimina os principais componentes em frequências que compõem o som. Esses componentes primordiais do espectro de frequências do som podem ser representados por senoides, que equivalem ao movimento oscilatório simples, como aquele de um pêndulo, em condições ideais, apresentando, assim, uma certa amplitude e única frequência de oscilação.

Os componentes em frequência sonora são também chamados de parciais. Os de maior intensidade e permanência são chamados de harmônicos. Assim, uma única nota emitida por um instrumento musical melódico gera uma boa quantidade de harmônicos – similares àqueles que fazem parte da série harmônica –, ao mesmo tempo que gera uma imensa quantidade de parciais, especialmente no início da emissão desse som, a parte chamada de "ataque", que é o momento mais aperiódico (caótico) de um som melódico, formado por uma enorme quantidade de parciais dinâmicos e fugazes.

Apesar dessa não periodicidade, o ataque determina uma significativa parte do reconhecimento de um timbre. Sons não tonais – como, por exemplo, o som de um chimbau (*cymbals*) – geram uma enorme quantidade de parciais, porém poucos deles se destacam dos demais, de modo que praticamente nenhum é percebido como harmônico (o que evidenciaria uma altura musical perceptual para esse som). É, então, a percepção dos harmônicos que determina a clareza da altura musical (também conhecida por *pitch*).

A Figura 12 apresenta o espectrograma do som gerado por quatro instrumentos musicais. Os três primeiros (flauta, sax e violão) geram sons tonais, que apresentam série harmônica (cada harmônico é representado por um traço horizontal). Esses instrumentos emitiram a mesma nota (C4). Já o último som (chimbau) não é tonal, e, portanto, seu espectrograma não evidencia a presença de harmônicos, porém apresenta uma enorme quantidade de componentes menores, os quais são chamados de parciais.

FUNDAMENTOS INTERDISCIPLINARES DA MUSICOLOGIA SISTEMÁTICA | 165

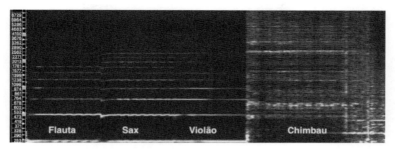

Figura 12: Harmônicos do som da mesma nota emitida por diferentes instrumentos.

Se uma única nota musical (como aquelas emitidas pelos três primeiros instrumentos musicais do exemplo acima) gera tantos harmônicos, por que não escutamos esses componentes sonoros separadamente? Essa questão vem sendo estudada pelo menos desde o século XIX, representada pelo fenômeno chamado "fusão tonal", termo inicialmente definido por Carl Stumpf.[1] A fusão tonal é o fenômeno perceptual (cognitivo) que nos faz escutar os harmônicos de uma série harmônica não como diversas notas separadas (exemplo: C_1, C_2, G_2, C_3, E_3, G_3, Bb_3 etc.), mas como uma única nota (no caso deste exemplo, o C_1). O que muda auditivamente com a variação de amplitude dos harmônicos organizados em frequência na sequência de uma série harmônica (exemplo: f, 2f, 3f, 4f, 5f etc.) não é sua tonalidade, mas seu timbre. Desse modo, o fenômeno psicológico da fusão tonal aponta para a fronteira entre a percepção tonal e a percepção timbrística.

---

[1] Stumpf, 2019.

26
Tríades, inversões e progressões

Vimos anteriormente os quatro tipos de tríades (diminuta, menor, maior e aumentada). As tríades são formadas por três notas. Em sua ordem direta, tem-se primeiro a fundamental, seguida pela terça e terminada pela quinta. Por exemplo, C-E-G é a tríade maior de Dó, em sua ordem direta (fundamental: C; terça: E; quinta: G). Se invertermos a ordem das notas, teremos duas novas possíveis combinações: E-G-C e G-C-E. Essas são as inversões da tríade e harmonicamente cumprem função similar à da tríade original.

A primeira inversão inicia-se pela terça do acorde e apresenta sua fundamental (C) uma oitava acima, o que corresponde ao seu segundo harmônico (a repetição de oitava da fundamental). A segunda inversão apresenta a quinta (G) como nota inicial. Porém, o seu segundo harmônico ocorre uma oitava acima, completando, assim, a sua função de quinta da tríade maior. Apesar de harmonicamente essas inversões manterem a mesma função da tríade original, o distanciamento imposto pela inversão à série harmônica original tem o seu preço cognitivo. Essas inversões são perceptualmente mais distantes do original e, assim, exigem um maior processamento mental para que possam ser entendidas.

Esse fato está associado a um aspecto sonoro conhecido por "inarmonicidade" (*inharmonicity*). O grau de inarmonicidade descreve o quanto o conjunto de parciais que compõem um som é percebido como harmonioso, ou coerente. Quanto maior a inarmonicidade, maior o esforço mental necessário para interpretar a tonalidade de um dado som. No caso de sons de instrumentos musicais com a mesma nota emitida em três diferentes instrumentos melódicos e um percussivo (flauta, *sax*, guitarra e chimbau), a inarmonicidade aumenta quando o som é menos tonal. No caso da flauta, o som é normalmente percebido como mais "macio" do que o som de um *sax* (que possui uma inarmonicidade ligeiramente maior do que a da flauta), que, por sua vez, é menos inarmônico que o som da guitarra. No entanto, a inarmonicidade dispara quando se trata do som percussivo do chimbau; nesse instrumento, a inarmonicidade é tanta, que nem é possível perceber uma nota única (como no caso dos outros instrumentos). A Figura 13 mostra o cálculo da inarmonicidade para esses sons.

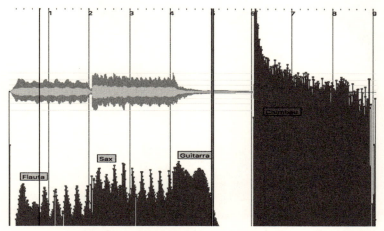

Figura 13: Forma de onda (acima) e cálculo da inarmonicidade (abaixo) do som típico emitido por diferentes instrumentos.

Apesar de cumprirem a mesma função harmônica, as inversões das tríades têm sonoridades ligeiramente diferentes. Essa diferença pode ser vista como uma forma de mudança macroestrutural do seu timbre, algo que ocorreria se a mesma tríade fosse executada em dois instrumentos musicais distintos (por exemplo, um piano e um violão), uma vez que o timbre é caracterizado pela distribuição dos parciais de um som – e, no caso das inversões das tríades, de fato existe uma mudança de ordenação dos harmônicos que compõem cada inversão. Utilizando, assim, o mesmo algoritmo de medição do parâmetro de inarmonicidade, podemos ver que o seu grau efetivamente aumenta para cada inversão da tríade maior, conforme mostra a Figura 14.

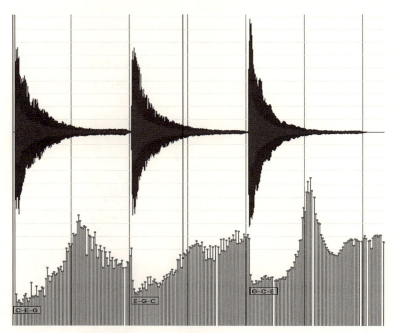

Figura 14: Inarmonicidade de cada inversão da tríade maior.

No entanto, pode-se perguntar qual a razão para utilizar uma inversão da tríade numa progressão de acordes, sendo que essa inversão aumenta sua inarmonicidade, na relação vertical das notas que compõem o acorde. A razão reside no fato de a inversão da tríade

FUNDAMENTOS INTERDISCIPLINARES DA MUSICOLOGIA SISTEMÁTICA | 169

possibilitar a modulação da inarmonicidade no movimento vertical das notas que compõem as tríades. Conforme visto anteriormente, a famosa sequência harmônica de quatro tríades – C, G, Am e F –, presente em uma enorme quantidade de músicas *pop*, pode ser executada de diversas formas (ou seja, em diversas inversões). Se a executarmos com tríades sem inversão, o resultado será este:

Figura 15: Harmônicos fundamentais da sequência de tríades: C, G, Am e F.

Figura 16: Sequência de tríades: C, G, Am e F.

Vê-se na imagem que os harmônicos que compõem o som de cada tríade (representados pelas linhas horizontais), especialmente os harmônicos mais relevantes à percepção (localizados na parte inferior da imagem), apresentam uma grande descontinuidade entre acordes, ou seja, os harmônicos se deslocam muito nas mudanças entre tríades, o que faz com que a sequência harmônica seja percebida de modo mais discretizado, com mais "solavancos", mais descontinuado. Já se utilizarmos a mesma sequência com tríades invertidas de modo a diminuir a distância entre notas durante as mudanças harmônicas, teremos o seguinte resultado:

Figura 17: Harmônicos fundamentais da sequência de tríades: C (primeira inversão), G (segunda inversão), Am (segunda inversão) e F (estado fundamental).

Figura 18: Sequência de tríades: C (primeira inversão), G (segunda inversão), Am (segunda inversão) e F (estado fundamental).

Nota-se, nessa nova imagem dos harmônicos, que existe, durante as mudanças de acordes, uma maior proximidade entre eles, especialmente entre os mais relevantes (na parte inferior da figura). Isso é expresso sonoramente, quando, de fato, é possível perceber que esta soa mais contínua, com menos degraus perceptuais entre as tríades. Por essa razão, costuma-se optar por utilizar inversões de notas nas tríades, que a princípio aumentam ligeiramente sua inarmonicidade, porém compensam com o aumento da homogeneidade harmônica de sua progressão de acordes. Esse é um recurso musical bastante utilizado em composição, tanto no sentido de aumentar a homogeneidade harmônica de uma progressão quanto de diminuí-la brutalmente, de modo a gerar um determinado efeito estético, como é o caso da "Imperial March", composta por John Williams para o icônico filme *Star Wars*, em que os acordes são colocados propositalmente com grandes saltos entre suas notas, de modo a aumentar a sensação de aspereza e marcialidade.

27

O LADO POSITIVO DA MELODIA E DA HARMONIA NEGATIVA

Nos últimos anos, diversos músicos têm comentado a respeito do que ficou conhecido como "harmonia negativa" (*negative harmony*), conceito popularizado por volta de 2017, pelo famoso e talentoso músico e *youtuber* Jacob Collier. Em um vídeo de uma de suas entrevistas, Collier menciona o livro *A theory of harmony*, de Ernst Levy, publicado em 1985, quatro anos após a morte do autor.[1] Pouco antes disso, Collier havia gravado um vídeo para o canal de YouTube da *Wired* em que explicava conceitos de harmonia musical em cinco níveis de dificuldades, desde uma criança de cinco anos até um dos maiores ícones ainda vivos do *jazz*, o pianista Herbie Hancock.

Nessa entrevista, Collier menciona o tema de sua conversa com Hancock: harmonia, por ele chamada de *negative harmony* – um conceito, segundo Collier, extraído do livro de Levy (apesar de Levy não mencionar esse termo em seu livro). Jacob Collier explica, então, que todos os acordes dentro de uma tonalidade têm um correspondente refletido, como uma imagem espelhada. Esse processo de inversão intervalar vem de um conceito abordado no livro de Levy: uma série virtual correspondente, refletida, descendente da série harmônica.[2]

[1] Levy, 1985.
[2] *Idem.*

Sabemos que a série harmônica é a base acústica (portanto, física) da música tonal, que tem um forte correspondente cognitivo em termos de expectativas e antecipações mentais de seus elementos musicais; ela vem sendo estudada e utilizada para explicar a teoria e a harmonia musical tonal pelo menos desde Pitágoras. A série harmônica, existente e facilmente comprovável, é chamada, no livro de Levy, de série dos *overtones* (harmônicos superiores). No entanto, o autor apresenta ainda um conceito totalmente teórico, ou seja, não baseado na existência factual da série de *overtones*, mas apenas em sua hipotética representação refletida da série original, em intervalos correspondentes só que na direção oposta, ou seja, descendentes.[3] Levy chama essa série hipotética de série dos *undertones* (harmônicos inferiores).

Em suma, a série existente na natureza, descrita pela acústica e que constitui os sons tonais, com correspondente sensorial e cognitivo, é a série real dos *overtones*, enquanto a série correspondente, hipotética, construída a partir da inversão dos intervalos entre harmônicos da série de *overtones*, constitui a série virtual de *undertones*.

Figura 19: *Overtones* (reais) e *undertones* (virtuais) da série harmônica.

Levy ratifica, no mesmo trabalho, a existência da escala diatônica e de sua correspondente tríade maior, como fruto direto da série real, de *overtones* (onde os seus harmônicos 4, 5 e 6 formam a tríade

[3] *Idem.*

maior). Por analogia, infere que a escala e sua tríade menor seriam dadas pela série virtual dos *undertones* (onde seus harmônicos 4, 5 e 6 formam a tríade menor).

Figura 20: Tríade maior, formada por *overtones* (reais), e tríade menor, formada por *undertones* (virtuais).

O musicólogo suíço menciona também um importante conceito, que chama de *polarity* (polaridade), em que as notas da tríade, dentro da escala diatônica, exercem um tipo de "força gravitacional" em nossa expectativa musical, atraindo nossa atenção para antecipar a resolução das notas da escala fora da tríade (graus II, IV, VI e VII), para a estabilidade musical denotada pelas notas da tríade (graus I, III e V). Apesar de esse ser um processo notadamente influenciado pela enculturação do ouvinte e pelos aspectos estéticos de cada gênero musical, penso que haja uma certa verdade basal nessa teoria de polaridade, que pode ser derivada da série harmônica real, uma vez que as outras notas da escala são representadas por harmônicos mais distantes que os da tríade. Segundo Levy, a polaridade aplica-se tanto para a escala e sua tríade maior quanto para seu correspondente menor.

Figura 21: Notas da escala diatônica que são estáveis (da tríade) e instáveis.

Já expliquei anteriormente os sete modos modernos da escala diatônica e como esta é derivada diretamente da série harmônica real, constituída pelos *overtones*. Aplicando o mesmo princípio de espelhamento dos intervalos da série entre os *overtones* reais para criar os *undertones* virtuais, para os intervalos entre as notas da escala diatônica (também conhecida como modo jônico), tem-se a criação do seu modo espelhado, ou negativo. Conforme mostram as tabelas 2 e 3, no capítulo 21, e considerando a sigla T para representar o intervalo entre notas consecutivas de um tom (ou dois semitons) e S para o intervalo de um semitom, tem-se o modo jônio, constituído pelos intervalos T-T-S-T-T-T-S. Ao ser invertido, em seu modo negativo, este apresenta a sequência reversa, ou seja, S-T-T-T-S-T-T, que equivale ao terceiro modo menor: o modo frígio.

Figura 22: Sequência direta e reversa de intervalos de tom (T) e semitom (S), respectivamente para a escala ascendente e descendente.

Seguindo o mesmo princípio, a versão refletida (negativa) do modo dórico (T-S-T-T-T-S-T) é o próprio modo dórico, já que, como se pode observar, essa sequência é simétrica (como um palíndromo). Os modos lídio (T-T-T-S-T-T-S) e lócrio (S-T-T-S-T-T-T) são espelhados, bem como os modos mixolídio (T-T-S-T-T-S-T) e eólio (T-S-T-T-S-T-T).

TABELA 4: MODOS JÔNIO, DÓRICO, LÍDIO,
MIXOLÍDIO, FRÍGIO, LÓCRIO E EÓLIO.

Modo (grau) [sequência]	[sequência] (grau) Modo
Jônio (I) [T-T-S-T-T-T-S]	[S-T-T-T-S-T-T] (III) Frígio
Dórico (II) [T-S-T-T-T-S-T]	[T-S-T-T-T-S-T] (II) Dórico
Lídio (IV) [T-T-T-S-T-T-S]	[S-T-T-S-T-T-T] (VII) Lócrio
Mixolídio (V) [T-T-S-T-T-S-T]	[T-S-T-T-S-T-T] (VI) Eólio

O princípio de espelhamento dos intervalos pode também ser aplicado em frases melódicas e constitui o que vem atualmente sendo chamado de "melodia negativa". Existe um interessante exemplo da utilização dessa técnica na variação 18 da "Rapsódia sobre um tema de Paganini", composta pelo famoso compositor Sergei Rachmaninoff, em 1934. A variação 18 (em Lá menor, *opus* 43), um dos temas melódicos mais conhecidos da música erudita, foi criada a partir da melodia negativa (ou seja, a técnica de espelhamento dos intervalos) de um tema de Paganini, mais precisamente o solo para violino "Caprice n° 24".

Pode-se perceber a grande diferença entre ambas as melodias. Desconsiderando as igualmente grandes diferenças entre essas peças musicais, em termos de timbre (violino e piano), de harmonia (no violino, quase que inexistente, ao passo que ao piano tem-se uma complexa estrutura harmônica) e de andamento rítmico, ambas estão associadas através da reflexão (inversão da direção) do intervalo entre notas contíguas. No solo para violino de Paganini, tem-se a sequência de notas: A C B A E. Os intervalos entre elas são (considerando n = número de semitons entre as notas; a = ascendente; d = descendente): 3a (A C), 2d (C B), 2d (B A), 7a (A E). Refletindo a direção dos intervalos (trocando ascendente por descendente e vice-versa) desta sequência: 3a, 2d, 2d, 7a, tem-se a sequência "negativa": 3d, 2a, 2a, 7d. Partindo da mesma nota inicial A, tem-se a nova sequência melódica: A F# G A D, que é o início da famosa melodia da variação 18 de Rachmaninoff.

Figura 23: Sequência negativa (abaixo) da sequência positiva (acima).

Na minha concepção, anteriormente explicada, as escalas e tríades maior e menor podem ser todas derivadas unicamente da série harmônica real (a série dos *overtones*, conforme é chamada no livro de Levy). Para isso, basta considerar simultaneamente duas séries harmônicas reais (de *overtones*), a série principal, do centro tonal em questão (no exemplo, Dó), a série da sua dominante (representada pelo seu segundo harmônico; no exemplo, Sol) e a série cujo centro tonal em questão é a sua dominante, ou seja, a sua subdominante (dada pela série da qual o centro tonal equivale ao seu segundo harmônico; no exemplo, Fá).

As duas tríades menores, formadas pelas notas das tríades principal, subdominante e dominante, permitem formar os modos menores das escalas diatônicas, como o dórico (segundo grau) e o eólio (sexto grau).

Conforme visto anteriormente, as tríades são formadas por dois intervalos sucessivos de terça: simbolizados por "M", para terça maior (formada pelo intervalo de quatro semitons), e "m", para terça menor (formada pelo intervalo de três semitons). Como se pode observar na Figura 24, na série harmônica real, os intervalos M e m são, respectivamente, o quarto e o quinto intervalo que ocorrem entre a sequência natural de harmônicos. Eles são antecedidos apenas pelos intervalos de oitava, quinta e quarta.

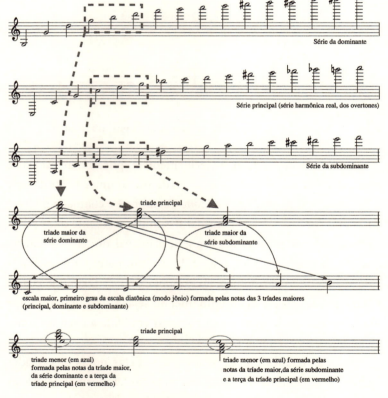

Figura 24: Derivação das tríades e das escalas maiores e menores a partir da série harmônica de *overtones* (real).

Assim, os intervalos ocorrem numa sucessão de consonância para dissonância, iniciando pela oitava, que é o intervalo mais consonante, na seguinte ordem (da esquerda para a direita, ou seja, do mais grave para o mais agudo): oitava, quinta, quarta, M (terça maior), m (terça menor). No caso da tríade maior, tem-se M, seguido de m. No caso da tríade menor, tem-se m, seguido de M. Assim, o reverso (ou seja, a harmonia negativa) da tríade maior é uma tríade menor, e o da tríade menor é uma tríade maior.

Eu disse anteriormente que existem também outras duas tríades importantes, a aumentada, formada por dois M, e a diminuta, formada por dois m. Como ambas são simétricas (como um palíndromo), o reverso da tríade diminuta é também uma tríade diminuta, e o reverso de uma tríade aumentada é também uma tríade aumentada. Nas tríades formadas pelas notas da escala diatônica, tem-se apenas tríades maiores (I, IV, V), tríades menores (II, III, VI) e uma tríade diminuta (VII). Não existe a ocorrência natural de tríades aumentadas na escala diatônica. Assim, na harmonia negativa, a tríade maior torna-se uma tríade menor; a tríade menor torna-se uma tríade maior; e a tríade diminuta continua sendo uma tríade diminuta.

Figura 25: Tríades formadas a partir dos graus da escala diatônica.

Desse modo, traça-se uma divisão imaginária entre o modo maior e o modo menor, a fim de espelhar a escala cromática, de acordo com a tonalidade. No caso de Dó, tem-se a divisão ocorrendo entre as notas E e D# (ou Eb), que são, respectivamente, sua terça maior e menor. Usando apenas acidentes sustenidos (#), para facilitar, tem-se abaixo a Figura 26 de correspondência entre as 12 notas, para a tonalidade de Dó.

180 | O LADO POSITIVO DA MELODIA E DA HARMONIA NEGATIVA

sentido direto ------>> (espelhamento na terça da tonalidade)

C	C#	D	D#	E	F	F#	G	G#	A	A#	B
G	F#	F	E	D#	D	C#	C	B	A#	A	G#

sentido reverso <<------ (harmonia negativa)

Figura 26: Mapeamento entre as notas de acordes no modo positivo (acima) e seu correspondente negativo (abaixo).

Exemplificando, as notas da tríade maior de Dó (C, E, G), na primeira linha, correspondem, respectivamente, às notas (G, D#, C) na segunda linha, que equivalem à tríade de Dó menor (Cm). Já a tétrade G7, dominante de Dó, formada pelas notas (G, B, D, F), corresponde às notas (C, G#, F, D), que equivalem ao acorde Dm(b5)7, que é o Ré meio diminuto, ou seja, mesmo sem conter o trítono característico das dominantes, o acorde negativo de G7 o substitui.

Novamente, é importante lembrar que todas essas reflexões só valem para uma determinada tonalidade, em que ocorre o espelhamento entre as terças maior e menor (marcado na Tabela 4, exemplificando o espelhamento para a tonalidade de Dó). Assim, podemos generalizar a Tabela 4 para os graus de uma escala diatônica genérica, do seguinte modo.

Note que, da mesma maneira que ocorre no terceiro grau (entre a terça maior e a menor), existe também um espelhamento no sexto grau (ambos destacados). Estes representam o eixo de espelhamento das notas de uma tonalidade para a sua harmonia negativa. Tal processo fica mais evidente ao dispor as 12 notas ao redor de um círculo e representar o eixo de reflexão entre harmonia positiva e negativa.

FUNDAMENTOS INTERDISCIPLINARES DA MUSICOLOGIA SISTEMÁTICA | 181

sentido direto ------>> (espelhamento na terça da tonalidade)

I	I#	II	II#	III	IV	IV#	V	V#	VI	VI#	VII
V	IV#	IV	III	II#	II	I#	I	VII	VI#	VI	V#

sentido reverso <<------ (harmonia negativa)

Figura 27: Correspondência entre os graus da escala positiva (acima) e negativa (abaixo).

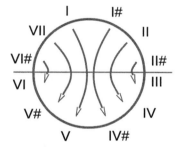

Figura 28: Correspondência entre graus positivos e negativos num ciclo cromático.

Uma outra maneira de chegar ao mesmo resultado é através da inversão do modo jônio (grau I) para o seu modo refletido, que equivale ao modo frígio (grau III). Se o modo jônio é formado pela sequência [T-T-S-T-T-T-S], seu modo reverso é [S-T-T-T-S-T-T], que equivale ao modo frígio (onde T é tom, e S é semitom). A sequência ascendente de tríades no modo jônio é: I, IIm, IIIm, IVm, V, VIm, VIId (onde m é tríade menor, e d é tríade diminuta). A sequência descendente de tríades no modo frígio é Im, VI#, V#, Vm, IVm, II#, I#d. Temos, então, duas reflexões, a primeira da sequência que compõe a escala (de jônio para frígio) e a segunda da sequência das tríades (de ascendente para descendente).

182 | O LADO POSITIVO DA MELODIA E DA HARMONIA NEGATIVA

```
Jônio, ascendente ------>> (tríades na harmonia positiva)
```

I	IIm	IIIm	IV	V	VIm	VIId
Im	VI#	V#	Vm	IVm	II#	I#d

```
Frígio, descendente <<------ (tríades correspondente na harmonia negativa)
```

Figura 29: Tríades no modo jônio (acima) e suas correspondentes negativas, no modo frígio (abaixo).

Para demonstrar a melodia e a harmonia negativa, segue um exemplo de reversão melódica e harmônica de uma adaptação livre do início da famosa "cantata 147" de J. S. Bach ("Jesus alegria dos homens").

Figura 30: Exemplo de melodia e harmonia transpostas de positivo para seu negativo.

Então, qual é o lado positivo da harmonia negativa? Conforme disse na seção anterior, as polaridades que determinam as notas da tríade maior (I, III e V) se mantêm entre a passagem da harmonia positiva para a negativa. Assim, a estrutura continua com a mesma função tonal, o que permite explorar tanto variações melódicas de um tema quanto variações harmônicas de sua cadência, e estas não precisam necessariamente ser realizadas de modo completo, mas substituindo alguns acordes específicos de uma sequência harmônica, como foi o exemplo acima, com a dominante.

O mesmo pode ser feito para a subdominante ou para outros graus e funções. Apesar disso, nem todas as substituições são esteticamente interessantes (e essa predileção obviamente muda de acordo com o gênero musical selecionado pelo indivíduo). O positivo da harmonia negativa é oferecer novas possibilidades de escolha de harmonizações, tanto para o compositor quanto para o músico intérprete, que procura novas formas de interpretar uma peça conhecida.

Apesar de esse princípio se basear numa estrutura que na verdade não existe (a série dos *undertones*), ele funciona; afinal, tem sua fundamentação, por outro caminho, na série harmônica real. Além disso, a nossa cognição foi desenvolvida pela evolução para cumprir com grande precisão a função de detectar padrões. Quando uma peça é baseada numa estrutura complexa, mesmo que não detectemos diretamente qual é essa organização, muitas vezes a sentimos. Temos a impressão quase intuitiva de que, por trás daquela informação que nos é apresentada, existe uma ordem que a rege. Porém, o que mais faz com que a harmonia negativa funcione é o fato de ela ser baseada na estrutura tonal, que, por sua vez, se apoia na série harmônica, o fenômeno acústico que fundamenta e orienta toda a teoria musical, que vem se perpetuando e, pelo que parece, continuará ainda sendo a predileção da humanidade por muito tempo.

PARTE V
ESTÉTICA E FILOSOFIA DA MÚSICA

28
MÚSICA E AMOR

A meu ver, um bom exemplo da correlação entre música e amor encontra-se na famosa abertura do prelúdio da ópera *Tristan und Isolde* (*Tristão e Isolda*), de Richard Wagner. Nessa obra é apresentada uma progressão de dois acordes, considerada por diversos teóricos musicais como aquela que representa o momento, na história da música europeia, que transcende a tonalidade. A famosa sequência é mostrada na Figura 31.

Figura 31: Sequência da obra de Wagner, mostrando o "Acorde de Tristão".

Essa progressão de dois acordes foi estudada por diversos teóricos, de Carl Mayrberger a Jean-Jacques Nattiez. Apesar de utilizada em obras anteriores, como a "Sonata de Dó menor Op. 4", de 1828, composta por Chopin, sua apresentação, na abertura dessa ópera, em 1865, imediatamente chamou atenção por sua ambiguidade harmônica.

O primeiro acorde é conhecido como "Tristan chord" ("Acorde de Tristão"). No entanto, é a progressão desse acorde para sua resolução ambígua que de fato traz um novo contexto harmônico que transcende o tonalismo. Em vez de essa progressão representar uma resolução, um relaxamento tonal, normalmente esperado após uma tensão (no caso, o trítono, nas notas mais graves do acorde de Tristão), ela progride para outro acorde também com tensão (que também possui trítono, entre a segunda e a terceira nota do segundo acorde), como se este representasse a permutação de um conflito, como algo que a princípio inquieta e que parece tentar se resolver, mas que, na verdade, apenas transmuta de natureza, para outro contexto tanto quanto ou ainda mais inquietante. Essa progressão cabe como uma luva para a estória de amor de Tristão e Isolda.

Figura 32: Progressão do "Acorde de Tristão".

Apesar de o libreto da ópera ter sido escrito pelo próprio Wagner, a estória de Tristão e Isolda é mitológica e remonta aos séculos. Seus primeiros registros despontam no período medieval europeu, mais precisamente no século XII. A narrativa refere-se, com pequenas variações entre fontes, a Tristão, um cavaleiro incumbido por seu tio, rei Marcos, de ir à Irlanda numa embarcação para trazer Isolda, com quem esse tio pretende se casar.

Isolda é conhecedora de feitiços, poções e curas. Na viagem, sem querer, Tristão e Isolda tomam a poção mágica (a poção do amor) que havia sido preparada para que Isolda e o rei Marcos bebessem juntos, a fim de se apaixonarem por toda a vida, já que estavam combinados de se casar.

O efeito da poção do amor é irreversível. Com esse acidente, Tristão e Isolda ficam perdidamente apaixonados. Ao chegarem ao reino, Isolda se casa com o rei, porém continua apaixonada por Tristão. Este ama seu tio como a um pai e tenta a todo custo resistir ao amor que sente por Isolda, mas acaba não conseguindo se conter. Tristão e Isolda se engajam num intenso caso amoroso às escondidas, mas que acaba sendo descoberto. Tristão é banido do reino pelo tio e, no exílio, termina por se casar com outra mulher também chamada Isolda (a Isolda das mãos brancas). Após muito tempo, Tristão é mortalmente ferido por uma lança; percebendo que está para morrer, pede à esposa que chame a primeira Isolda, conhecedora de curas miraculosas, para que ela tente salvá-lo. Assim que fica sabendo do que está se passando, a amada de Tristão põe-se a caminho; contudo, a esposa do cavaleiro (Isolda das mãos brancas), com ciúmes, engana-o dizendo que a mulher do rei Marcos não virá. Desolado, Tristão morre. Ao chegar ao local onde seu amado reside, Isolda o encontra já morto. Com isso, ela também acaba, literalmente, morrendo de amor.

Essa estória traz em si os três tipos de amor que a filosofia da Grécia Antiga já havia catalogado: *Agape*, *Philos* e *Eros*. No caso do amor recíproco que Tristão sentia por seu tio, o rei Marcos, temos um bom exemplo do amor mais puro, incondicional, confiante e benéfico, que é o amor *ágape*. Esse é considerado o mais perfeito tipo de amor, em que o que ama não tenta tolher a liberdade da pessoa amada, mas apenas quer o seu melhor – algo próximo do amor que alguns pais conseguem sentir por seus filhos. O sentimento que Tristão nutre por Isolda é um exemplo típico de amor *eros*. Compara-se a uma fogueira que queima, consome; ao ser consumado, muitas vezes o sentimento acaba. Por causa desse amor erótico por Isolda, Tristão é consumido. Ele é banido, perde o amor *ágape* de seu tio (como que numa analogia da passagem bíblica em que o criador expulsa Adão e Eva de seu paraíso). Por fim, o amor que Tristão sente pela mulher com quem se casa, a Isolda das mãos brancas, é um exemplo de amor *philos*. Ele ocorre nas amizades em geral, em que, ainda que exista um certo grau de possessividade e até de ciúmes, nem de perto o sentimento se compara ao que se tem no amor *eros*. Na minha opinião, a progressão do prelúdio de Tristão e Isolda descreve a transmutação desses tipos de amor, em que os dois acordes como que representam a passagem de *eros* a *philia*, e o contexto harmônico, que dá sentido perceptual a todo o contexto da progressão, representa o *ágape*.

Das estórias modernas que se tornam mitológicas, temos como bom exemplo o filme original *Star Wars*, lançado em 1977, que também traz representados em sua trama os três tipos de amor. Inicialmente fadado ao desastre, tanto na opinião do seu criador, George Lucas, quanto na do diretor Steven Spielberg, esse filme ganhou outra roupagem após uma total reedição e, principalmente, após a inclusão de uma trilha sonora orquestral brilhantemente composta por John Williams. Na trilha sonora de *Star Wars*, que se tornou um dos maiores *best-sellers* de todos os tempos, temos excertos musicais compostos por Williams com a intenção de representar as três formas de amor acima descritas.

No próximo capítulo, que corresponde à segunda parte desta discussão, falarei brevemente sobre essa trilha sonora, contrastando-a com estudos sobre a capacidade que a música tem de nos provocar reações emotivas e sensoriais, como é o caso do *frisson* (o arrepio cutâneo ocasionado por uma intensa emoção), fator este fundamental para que uma trilha sonora cumpra a sua principal função: potencializar o impacto emotivo de uma obra cinematográfica.

29
DA PILOEREÇÃO À PERFEIÇÃO

Quem já não escutou uma música e, muitas vezes sem qualquer razão aparente, percebeu os pelos dos braços eriçarem, ao mesmo tempo que é tomado por uma grande sensação de satisfação? Essa onda de arrepios associada a uma intensa sensação de prazer é chamada de *frisson*. A música é frequentemente capaz de criar essa reação numa quantidade significativa de ouvintes, apesar de que nem todos têm o privilégio de passar por essa experiência involuntária (segundo alguns estudos, apenas metade dos ouvintes é capaz de experimentar *frisson* ao ouvir a música de sua preferência).

Essa reação involuntária desencadeia a contração dos músculos eretores dos pelos (*musculus erector pili*, ou "músculo horripilador"), o que causa a piloereção. Ela pode ocorrer devido à resposta ao frio (a fim de ajudar na retenção da camada superficial de ar próxima da pele, diminuindo, assim, a perda de calor), bem como em situações inesperadas, como uma surpresa ou um susto (por exemplo, os gatos que, ao se assustarem, arrepiam os pelos, desse modo parecendo maiores do que na verdade são e, eventualmente, diminuindo a chance de serem atacados por um animal maior). Em humanos, a piloereção pode ser provocada por sons irritantes (exemplo: ruídos agudos como o de unhas arranhando uma lousa), bem como por experiências prazerosas, como a lembrança de episódios de grande conteúdo emotivo ou mesmo a escuta de uma música que o ouvinte considere "assombrosamente bela".

Ao ouvirmos uma música que nos assusta de tão bonita, nosso cérebro libera dopamina, um poderoso neurotransmissor relacionado à sensação de prazer. Dopamina é liberada tanto em situações em que se constata uma grande satisfação ou vantagem (exemplo: ganhar um prêmio) como em momentos de grande fadiga (exemplo: correndo uma maratona), como forma de amenizar um sofrimento. A liberação de dopamina causa arrepios (*chills*) no ouvinte, faz com que a resistência cutânea da pele varie, acelera o batimento cardíaco e a respiração (entre outras reações fisiológicas), o que faz com que muitas pessoas associem essa reação ao "prazer de escutar música", o que talvez torne o ato de ouvir algo tão importante para a grande maioria das pessoas.

A já mitológica saga introduzida originalmente pelo filme *Star Wars*, de 1977, trata de ações humanas que estão intimamente ligadas à experiência de *frisson*. Ela conta, como uma epopeia, a fictícia aventura "num lugar muito distante, há muito tempo atrás", separando no tempo e no espaço uma estória que, para muitos dos seus fãs, é ao mesmo tempo assustadora e bela.

Permeado de imagens mostrando a incomensurável vastidão do espaço sideral, imensas paisagens desérticas em planetas distantes, com exóticas civilizações, esse épico trata especialmente da luta do bem contra o mal: um grupo de jovens rebeldes, com muito ânimo e poucos recursos, lutando bravamente contra um poder maligno e supremo (o império). Esse tema vem sendo explorado ao longo da história humana como grande elemento afetivo, na medida em que espelha de forma épica a nossa luta diária contra as intempéries que a vida nos traz. No entanto, esse roteiro, sua filmagem e os efeitos especiais não foram suficientes para atingir o resultado emotivo esperado. A obra somente foi levada a bom termo, adquirindo, desse modo, potencial de provocar *frisson*, ao ser complementada com a brilhante trilha sonora orquestral de John Williams: a "Star Wars Suite".

Em *Eros* tem-se a sedução, a paixão, a comoção, os extremos, a dualidade entre atração e repulsa, a luta do bem contra o mal. Um exemplo musical da representação desse tipo de amor pode ser escutado no trecho da trilha musical acima mencionada, aos 5 minutos e 45 segundos ("Princess Leia's theme"). Percebe-se uma certa semelhança com o trecho do prelúdio de *Tristão e Isolda*, mencionado no capítulo anterior. Nesse trecho, o intervalo musical inicial do tema principal é uma sexta maior, enquanto no trecho de *Tristão e Isolda* tem-se no início do tema principal uma sexta menor.

Em *Philia* tem-se a amizade, a celebração da vitória, o companheirismo, a cooperação, a ação em conjunto diante de um inimigo em comum, como é o caso, em *Star Wars*, da celebração dos rebeldes na vitória contra o império do mal.

Em *Ágape*, tem-se o carinho, a consideração, o desapego, a sabedoria e a alegria inconsequente e incondicional. Normalmente, esse é o momento no qual a maioria das estórias acaba: o momento do "felizes para sempre", quando todos os conflitos foram superados e não há mais nada a ser alcançado nem, consequentemente, a ser contado na estória. Resta tentarmos responder para nós mesmos o quanto seria possível conviver permanentemente em estado de *ágape*. Não seria o equivalente ao conflito de Ulisses, no mito de seu naufrágio na encosta da ilha da ninfa Calipso? Esta lhe ofereceu tudo: perfeição e saciedade de todos os seus desejos, inclusive o da imortalidade, desde que ele ficasse naquela ilha (em estado de perfeição). Ulisses, após algum tempo, percebe-se incapaz de viver sem conflitos, desafios e aventuras. Com o aval de Zeus, lança-se ao mar para fugir da perfeição que o asfixiava.

A perfeição é algo que vem sendo ponderado ao longo da história por muitos pensadores. Mesmo que apenas aparente (ou seja, mesmo não havendo de fato uma perfeição absoluta, mas apenas a percepção de sua existência), a perfeição, com o tempo, extingue o fogo das paixões na alma daquele que a experimenta, uma vez que deixa claro ao indivíduo que não há nada mais a ser alcançado.

Em música, especialmente no universo da música *pop*, um exemplo marcante desse fato, na minha opinião, é a vida e a obra talvez do maior de seus expoentes: Michael Jackson. Nascido em 1958, e tendo iniciado a sua carreira em música *pop* em 1964 (ou seja, aos seis anos de idade), Michael Jackson ficou conhecido como o "rei do *pop*". Apesar de grandes esforços e muitos conflitos com seu pai, Joe Jackson, Michael teve uma vida de realizações plenas, desde muito cedo. O resultado disso é notoriamente conhecido. Crises de personalidade, cirurgias plásticas que o deformaram, acusações de pedofilia, comportamentos excêntricos e erráticos, como se fosse uma criança que se recusasse a se tornar um adulto. No entanto, o seu talento como cantor, compositor e, especialmente, dançarino era inegável.

Para mim, um de seus maiores sucessos, "Ben", é também um dos melhores epitáfios de sua vida e de sua carreira. A canção foi composta em 1972 por Don Black e Walter Scharf para um filme de terror, também chamado *Ben*. Esse filme conta a estória de um menino que se torna amigo de um rato, passando a chamá-lo de "Ben". No entanto, o rato havia antes sido treinado por um cientista (Willard) para cometer assassinatos. Essa canção foi gravada por Michael Jackson aos 14 anos de idade. Como não fazia referência direta ao filme ou mesmo ao rato assassino, ela foi lançada em álbum solo e rapidamente atingiu enorme sucesso, tornando-se também o nome do álbum de Michael Jackson, o qual foi o seu primeiro grande *hit* como artista solo, tornando-se o mais novo cantor a ocupar a primeira colocação do *US charts*, tanto como artista solo quanto como membro de grupo musical (The Jackson 5).

Mesmo com uma carreira de imensas realizações e enormes sucessos, Michael Jackson foi, com o passar dos anos, se mostrando cada vez mais excêntrico, imaturo, insano e, consequentemente, infeliz. Em 2009, sua vida chegou ao fim, após inúmeros desgastes pessoais e artísticos, por ele mesmo provocados. Em 2009, aos 50 anos de idade, morre o rei do *pop*, vítima de seu próprio excesso de sucesso.

A psicóloga Peg O'Connor[1] destaca quatro tipos de perfeccionismo, que sempre levam o indivíduo a se iludir e, consequentemente, à sua inevitável infelicidade:

1) Perfeccionismo como procrastinação: O filósofo Soren Kierkegaard (1813-1855) define procrastinação como uma falha da vontade de agir, mesmo quando se sabe o que deve ser feito. Essa falta de ação cria uma lacuna crescente entre o conhecimento e a ação. O problema se agrava quando a procrastinação se combina com o perfeccionismo. Nesse caso, a pessoa se ocupa com diversas tarefas secundárias, que podem até parecer produtivas, mas que, na verdade, servem para evitar a ação principal. Ao buscar a perfeição, a procrastinação impede o indivíduo de finalizar o trabalho e alcançar o objetivo. Desse modo, o perfeccionismo em si torna-se uma forma de procrastinação.

2) Perfeccionismo como superestimação das habilidades reais: Normalmente, perfeccionistas estabelecem metas extremamente altas, acima de suas reais habilidades e oportunidades, o que é uma forma de autoengano. Ao alimentar a ilusão de possuir capacidades superiores às que de fato tem, o perfeccionista acaba criando um ciclo de expectativas irreais, o que normalmente culmina em frustrações.

3) Perfeccionismo como superestimação de habilidades potenciais: Neste caso, o perfeccionismo se manifesta na superestimação das habilidades potenciais. As pessoas frequentemente imaginam o que podem realizar, baseando-se em sucessos passados, muitas vezes em áreas diferentes. Assim, acreditam que, por serem competentes em uma determinada área, o serão também em área distinta. Essa

---

[1] O'Connor, 2015.

crença leva à superestimação do seu potencial e, consequentemente, a expectativas irreais. O indivíduo pode intencionar replicar um sucesso anterior, ignorando que suas habilidades podem não necessariamente se transferir para essa nova área. A capacidade e a disposição, embora importantes, não garantem o sucesso. Como se sabe, fatores externos e condições limitantes, inteiramente fora do controle do indivíduo, influenciam totalmente o resultado.

4) Perfeccionismo como superestimação de quanto uma pessoa controla o mundo: O perfeccionismo também se manifesta na crença de que é possível controlar todos os fatores que influenciam as atividades e o sucesso. Essa é outra forma de superestimação, mas, em vez de focar as habilidades, o erro de avaliação recai sobre o controle do mundo. O perfeccionista, muitas vezes, acredita que deve ser capaz de controlar tudo o que contribui para seus objetivos, o que, na verdade, é uma falácia. Essa expectativa irrealista de controle cria uma situação impossível para ele, com duas prováveis consequências ruins: (a) ressentimento tóxico contra tudo e todos que supostamente impediram seu sucesso; ou (b) autocrítica severa e sensação de falha moral. Em ambos os casos, a felicidade se torna inatingível para esse indivíduo. O perfeccionismo, nesse aspecto, é a ilusão de controle total, que leva à frustração e à infelicidade do indivíduo.

30
Musicologia do tango

A música, como arte sonora, normalmente emerge como expressão artística espontânea de uma comunidade. Como tal, passa a ser um fator identificador e corroborador de sua identidade cultural. Assim como são diversas as comunidades, também a música se diversifica em distintos e variados gêneros musicais que conhecemos e apreciamos, mesmo quando não pertencentes à nossa cultura local. Essa diversificação ocorre em camadas. Existem diferenças sutis, desde as batidas características de cada escola de samba carioca, que as distinguem e as enriquecem, até as grandes diferenças entre gêneros musicais de diferentes nações.

Em cada gênero musical, há ainda outra subdivisão: o estilo, que se refere àquilo que caracteriza e, assim, distingue um músico ou compositor dentro de um mesmo gênero musical. É o estilo que nos permite perceber, por exemplo, a diferença entre dois bons violonistas tocando a mesma peça musical. Grandes artistas se distinguem e destacam por seus estilos musicais exclusivos, que agradam a uma grande quantidade de pessoas e que normalmente são complexos, elaborados e difíceis de ser imitados por outros músicos, servindo, por isso, de inspiração para gerações de músicos que elevam o criador do estilo admirado ao patamar de artista de grande destaque.

Da mesma forma que muitos outros gêneros musicais de sucesso global, o tango nasceu anonimamente, nas camadas mais baixas de sua comunidade de origem. Isso garantiu que a comunicação afetiva desse gênero se tornasse mais direta, expressando, fidedigna e profundamente, sofrimentos e anseios naturais que se manifestam através do inefável filtro de idiossincrasias etnogeográficas e socioculturais, que se expressam na forma desse autêntico e original gênero musical.

Também, como muitos gêneros de grande sucesso, o tango é associado a uma forma de dança, o que remete novamente à inseparável conexão da música com sua corporificação através do gesto. Com passos e gestos muito elaborados e complexos, o tango é dançado em pares. Essa dança foi, com o passar dos anos, se formalizando, e é hoje praticada em diversas partes do mundo.

O tango surgiu no final do século XIX, na região do rio de la Plata, entre a Argentina e o Uruguai, nos bordéis localizados próximo aos portos, onde uma grande confluência de culturas distintas passou a conviver devido a um plano de abertura econômica, diferentemente do que se imagina, não relacionado à possível exploração de prata na região, elemento químico (Ag, do latim *Argentum*) que dá nome tanto ao rio quanto ao país.

Esse plano econômico, contudo, não foi bem-sucedido, fazendo com que muitos imigrantes que haviam se deslocado para aquela região não alcançassem a bem-aventurança econômica com que haviam sonhado, o que gerou muitos atritos sociais, inclusive com uso de violência – isso sem falar na saudade que sentiam de suas terras natais, o que lhes aumentava o sofrimento.

Entre eles havia europeus, latino-americanos e escravos africanos. Os gêneros musicais europeus, como a valsa e a polca, se misturaram com gêneros locais, como a milonga e a habanera cubana, e com gêneros africanos, como o candombe. Segundo Sylvain Poosson,[1]

---

[1] Poosson, 2004.

o nome "tango" vem justamente de sua influência africana, do erro de pronúncia da palavra "tambor" (o instrumento de percussão), que passou a ser "tambo" e por fim "tango". Curiosamente, não se utilizam instrumentos de percussão na orquestra típica de tango.

Nesse período surgiu na região o bandoneon, um instrumento musical alemão, parecido com o acordeon, porém com botões no lugar de teclas, e inicialmente destinado a substituir os órgãos em igrejas com menor recurso financeiro. Esse instrumento, destinado ao ato litúrgico, acabou se popularizando nos bordéis, sendo, dessa forma, definitivamente incorporado ao tango. Em 2009, a Unesco incluiu o tango em suas listas de Patrimônio Cultural Imaterial (*Intangible Cultural Heritage*).

Mesmo sendo um gênero musical bastante formalizado, o tango permite a expressividade do artista através de seu estilo. Este pode ocorrer tanto em nível individual – quando se tem um único instrumentista e este apresenta similaridades em diferentes interpretações – quanto em nível grupal – quando um conjunto musical ou mesmo uma orquestra apresenta um estilo característico, normalmente relacionado à interveniência artística de um elemento fundamental de sua formação, como é o caso do líder da banda ou do regente da orquestra. No caso do tango, a orquestra típica foi desenvolvida a partir da expansão do sexteto de tango, formado inicialmente por dois violinos, dois bandoneons, baixo e piano. Na orquestra típica, tem-se: uma seção de cordas (violino, viola e *cello*), uma seção de bandoneons (contendo três ou mais instrumentos) e uma seção rítmica (piano e baixo).

O estilo das orquestras típicas está perceptualmente caracterizado pelo que se chama de fraseado, que se refere ao conjunto característico de padrões rítmicos e melódicos que se apresentam com grande similaridade perceptual e que, devido à sua complexidade e à sua ubiquidade de entendimento local, acabam por ser grafados em notação musical de forma simplificada.

O estudo conduzido pelos pesquisadores Demian Alimenti Bel e Isabel Cecília Martínez[2] – esta última, coordenadora do Laboratorio para el Estudio de la Experiencia Musical (Leem), da Universidad de La Plata, Argentina – vem analisando o estilo de fraseado encontrado frequentemente nos diferentes estilos do gênero tango. Em estudo recente, esses pesquisadores analisaram o estilo musical de Aníbal Troilo, um dos maiores bandoneonistas e compositores do tango clássico. O seu estilo musical, que se constrói por seus fraseados característicos, inspirou gerações de músicos e compositores de tango, como foi o caso de Astor Piazzolla, compositor de renome internacional que, no início de sua carreira, foi bandoneonista na orquestra típica de Troilo.

Os pesquisadores investigaram os chamados "rasgos" dos padrões rítmicos, ou seja, as variações características e intencionais, que levam a estrutura musical da *performance* a se distanciar de sua forma grafada na partitura, mas que definem a expressividade e o estilo característico desse músico ou grupo musical. Para isso foram observados fragmentos de áudio de uma mesma peça musical interpretada pela orquestra de Troilo, em 1972.

Bel e Martínez realizaram as seguintes etapas de análise: 1) Escutaram e anotaram os ataques que sustentam os padrões rítmicos e melódicos (articulatórios) dos arquivos de áudio; 2) Calcularam, utilizando a ferramenta de *software* livre Sonic Visualiser, o espectrograma de cada trecho de áudio, analisando manualmente a sua "superfície musical", a fim de elaborar gráficos contendo a redução notacional que a distingue da partitura; 3) Aplicaram técnicas "microanalíticas" para anotar as superfícies musicais de modo a evidenciar e descrever a componente "expressivo-dinâmica" que caracteriza o estilo musical do artista.[3]

---

[2]   Bel & Martínez, 2017.

[3]   *Idem.*

Essa análise comprovou que a variação estilística do tango e, por conseguinte, do estilo de um músico ou compositor não é aleatória, mas obedece a um padrão regular e característico, apesar de criada pelo artista de modo não intencional. Essa estrutura auto--organizada contém intrinsecamente características invariantes que estão relacionadas ao intérprete (no caso desse experimento, Aníbal Troilo), permitindo que os ouvintes mais atentos (normalmente os que o admiram) possam identificá-lo. As variações detectadas entre a partitura e a interpretação determinam a existência de uma identidade musical típica do artista, que se expressa e percorre toda a sua obra, tanto em nível local, pertencente à obra em si, quanto em nível global, permeando a expressividade de todos os componentes de um grupo musical, fazendo com que estes sincronicamente expressem e exprimam o mesmo estilo musical.

31

A produção de sentido musical através da retroalimentação comunicacional entre o músico intérprete e seu público ouvinte

Após participarmos de uma *performance* musical da qual gostamos, muitas vezes percebemos que nosso estado emocional foi alterado para melhor. Sentimo-nos mais leves, ficamos mais felizes, temos nossos pensamentos mais aquietados, amenos e até mais bem organizados. Muitas vezes esse estado emocional perdura por muitas horas, até mesmo por alguns dias, deixando reminiscências que podem ser reativadas futuramente através da lembrança do evento.

A escuta emocionalmente engajada de uma *performance* musical da qual participamos como ouvintes momentaneamente alivia nossas tensões – como se desobstruísse a máquina de nossa razão –, diminui nossa ansiedade e torna a paisagem subjetiva de nossas emoções mais aprazível. A meu ver, esse é o grande motivo pelo qual a *performance* musical sempre foi, e provavelmente continuará sendo, tão valorizada socialmente.

É comum ouvirmos falar de casos envolvendo fãs de determinados músicos ou grupos musicais que alegremente se voluntariam a passar horas ou até mesmo noites em filas de vendas de ingressos para o *show* de seus músicos favoritos. Esses fãs estão normalmente dispostos a gastar significativas somas de dinheiro para comprar ingressos que lhes garantirão acesso a uma sala, ou ambiente de espetáculos, muitas vezes claustrofobicamente lotada e desconfortavelmente disposta, apenas pela possibilidade de participar, por poucas horas, dessa forma de ritual social perceptualmente emotivo, a *performance* musical.

Parte dessa experiência catártica pode ser atualmente recriada através da reprodução eletrônica de arquivos digitais de áudio, acessíveis a todo ouvinte, que se corporifica quando este coloca seus fones de ouvido, aperta o *play* e mergulha na imensidão perceptual que a reprodução digital de uma peça musical conhecida lhe confere. No entanto, apenas parte do afeto da *performance* original é por esse modo conjurada. O ritual em tempo real, ao vivo e presencial que constitui a *performance* musical é ainda insubstituível. A *performance* musical é como a nascente desse caudaloso rio de comunicação expressiva, local onde as águas são mais frescas, puras e, portanto, mais fervorosamente apreciadas.

O pesquisador Matías Germán Tanco,[1] do Laboratorio para el Estudio de la Experiencia Musical (Leem), da Universidad Nacional de La Plata, vem realizando investigações a respeito do fenômeno comunicacional da *performance* musical na interação entre *performer* e público. Por meio de uma pesquisa qualitativa, Tanco estuda o processo de interação entre o *performer* e seu público ouvinte no momento de uma *performance* musical. Nesse contexto, é feita uma analogia da *performance* musical com o ato verbal de uma narração verbal.

Conforme já vimos, o processo narrativo era chamado, pela filosofia grega antiga, de *diegese*, em contraste com o conceito de *mimese*; vimos também que, segundo Platão e Aristóteles, enquanto a *mimese* "mostra sem explicar", a *diegese* "explica sem mostrar". A *performance* musical é entendida como um processo diegético em que a interpretação musical do *performer* de certa maneira descreve

---

[1] Tanco, 2018.

o conteúdo expressivo de uma peça musical, porém sem mostrá-la, ou seja, sem revelar os processos estruturais pelos quais o compositor se valeu para criá-la.

Especialmente no caso da música formal, fica mais evidente esse processo. Nela, a composição musical é estruturada pelo compositor em tempo diferido (ou seja, de forma atemporal). O produto da arte de um compositor formal é parecido com o trabalho de um escritor. Ambos criam em tempo diferido um tipo de programação estruturada (a notação musical) para ser posteriormente executada em tempo real pelo *performer*. Essa programação é feita através de um processo mimético, ou seja, ela é lá disposta sem maiores explicações. No caso do escritor, a programação (sua escrita) é fortemente semântica e levemente duracional (atrelada ao domínio do tempo e à percepção de suas durações). No caso do compositor, a programação (notação musical) é levemente semântica (significados categóricos) e fortemente duracional.

Por meio de entrevistas com músicos, Tanco[2] estuda os processos pelos quais a comunicação da *performance* pública se processa. Os resultados alcançados por seu estudo mostram que, no caso da música erudita, existe, de fato, um tipo de direcionalização do significado musical, que tem sua origem na composição e aponta para seu objetivo final, a *performance* ao vivo (como é o caso de um concerto). A função musical exercida pelo *performer* erudito é a de ser um tipo de mediador da mensagem musical enunciada pelo compositor até o ouvinte. Desse modo, a narração musical de cada *performer* permite recriar, a cada evento performático, uma nova versão da mesma obra, a partir da sua interpretação, como um ato de execução mediada do programa codificado na forma de notação musical pelo compositor.

Normalmente, a interação retroalimentada com o público durante a *performance* é vista na música erudita como um tipo de perturbação

---

[2] *Idem.*

que pode atrapalhar o processo expressivo da *performance* musical. Nesse contexto, a plateia deve permanecer o mais imperceptível possível para o *performer*. No entanto, este tem consciência e deseja ser observado, fato que lhe é aprazível, ou seja, tem-se aqui um tipo de *voyeurismo* às avessas, em que o prazer sexual do *voyeur* é substituído pelo prazer gerado tanto no *performer*, por se saber admirado, quanto no público, por participar de uma satisfatória *performance* musical.

Já no caso da música popular, existe muitas vezes o desejo não apenas de observação passiva, mas de interação ativa entre público e *performer*. Uma *performance* musical popular depende tanto de situações contextuais do *performer* como da percepção imediata do público. Isso ocorre porque a tradição popular está mais próxima dos contextos culturais comunitários, nos quais a música é executada em rituais sociais (casamentos, funerais, colheitas, batalhas etc.) e existe uma grande intersecção entre público e *performer* (ou seja, numa *performance* musical, praticamente todos tocam, dançam e cantam). Isso acaba criando o que se chama de *musical entrainment*, um processo estudado pela biomusicologia (o estudo da música pela perspectiva da biologia) que trata da sincronização espontânea de gestos simultâneos durante a participação de uma *performance* (por exemplo, ao escutar uma música aprazível, o ouvinte marca o andamento batendo os pés no chão, acompanhando com palmas, balançando a cabeça ou apenas tamborilando os dedos).

Esse fato vai ao encontro do que foi apresentado anteriormente, sobre a ação social da música como uma forma de persuasão. Tem-se atualmente a figura do DJ. Este pode ser visto como um tipo de "metamúsico", uma vez que cria sua arte através da geração performática de edições e efeitos musicais a partir da reciclagem sonora de outros registros musicais anteriormente elaborados. A *performance* musical do DJ é fortemente atrelada à retroalimentação perceptual com seu público. Dependendo de como o DJ percebe seu público, isso altera sua *performance*, fazendo com que seu objetivo expressivo seja maximizado. Percebe-se, desse modo, a evolução de um aspecto musical no sentido de promover uma retroalimentação comunicacional na interação *performer*-público, desde a música formal erudita, de tradição europeia, até a música eletrônica contemporânea, de tradição pós-moderna.

Isso faz com que haja a produção de sentido musical, levemente semântico e fortemente afetivo, em que o *performer*, como um narrador, age no sentido de estabelecer práticas sociais, entre *performance* e plateia, que estabeleçam e garantam a comunicação multidirecional que se amalgama no significado musical.

32

A UNIÃO ESTÁVEL DA MÚSICA
COM A DANÇA

Quando escutamos música, especialmente a de que gostamos, temos, muitas vezes, a vontade ou o impulso quase involuntário de nos movimentarmos junto com o seu andamento. Balançamos a cabeça, batemos os pés no chão, estalamos os dedos ou percutimos as palmas das mãos, o que nos dá uma agradável sensação de imersão, pertinência e empatia com aquilo que ouvimos. Não sentimos ou fazemos o mesmo quando escutamos outras formas de comunicação não musical, mesmo que a consideremos aprazível, como um discurso inflamado ou uma comovente poesia.

A música se distingue dessas outras formas de comunicação sonora por criar uma empatia gestual com o ouvinte. Diversas comunidades primordiais, como a nação indígena norte-americana *Niitsítapi* (também conhecida como *Blackfoot*), os falantes da linguagem *Tok Pisin*, da Papua-Nova Guiné, ou os grupos indígenas Suiás, no Norte do Mato Grosso, não possuem palavras distintas para se referir apenas à música ou apenas à dança. Para essas comunidades, música e dança fazem parte de um único e indissociável conceito. Vemos que esse fenômeno é particularmente presente nos gêneros musicais populares, como é o caso de: *dance, rock, reggae, country,* polca, valsa, samba, baião, fandango ou mesmo o tango, que, apesar de ter se distanciado dos instrumentos percussivos na formação de suas orquestras típicas (conforme descrito anteriormente), tem uma estrutura de dança particularmente elaborada e elegante, com gestos complexos e sutis, sincronizados entre os pares, que compõem essa tão apreciada arte coreográfica.

Gêneros musicais eruditos, ou mesmo os que se encontram nessa fronteira, tendem a se distanciar ou a promover a contenção dessa gestualidade espontânea, como é o caso do *jazz*, do choro e, especialmente, da chamada "música clássica" e seus gêneros contemporâneos, atonais e postonais. É como se, para estes, a associação entre música e dança promovesse uma imersão afetiva do ouvinte à paisagem musical que o distancia de uma abordagem mais racional e analítica, impedindo-o de apreciar os detalhes mais sutis e delicados de uma obra composicional, como a sua elaborada linha melódica, a sua complexidade polirrítmica ou mesmo a sua intrincada harmonia, as quais só são possíveis de ser percebidas e assim apreciadas através de uma escuta racional, reduzida, distanciada de paixões basais advindas da dança e do gesto sincronizado com experiência musical. Tem-se, assim, uma tênue linha que separa a apreciação musical de um estado mais afetivo e inconsciente para um estado mais elaborado e consciente. Ambos podem trazer grande satisfação.

Essa linha parece ter sido definida ao longo da história no processo de emergência de gêneros menos socializantes e mais performáticos. Nas comunidades primordiais, a música possuía um aspecto mais funcional e comunitário, sendo executada em ritos sociais, como colheitas, caças, batalhas, cerimônias de casamento ou funerais. Nesses contextos, a música era produzida e apreciada por todos. Com o surgimento gradual de contextos musicais mais complexos, começa também a existir uma seleção natural de talentos, que dá destaque e notoriedade aos poucos indivíduos com maior habilidade para executá-los – por exemplo, uma passagem musical muito rápida ou complexa, que a maioria dos indivíduos não consegue realizar com perfeição (ou seja, com erros perceptualmente indetectáveis) e expressividade (com variações de tempo e intensidade tais que potencializam o impacto emotivo da escuta musical).

O destaque gradual desses indivíduos, capazes de executar tais manobras musicais ou gestuais mais complexas com maior expressividade, levou-os, pouco a pouco, a compor a seleta casta de intérpretes que impressionam e cativam o restante da comunidade por suas habilidades musicais incomuns. Com isso, uma boa parte da produção musical aos poucos deixa de ser comunitária e passa a ser performática, com a maioria dos indivíduos deixando de participar da produção musical coletiva para compor as plateias, dispostas a dar atenção e recursos para assistir a um pequeno grupo de indivíduos criar e executar música de forma afetivamente mais impactante.

No entanto, esse recrudescimento da separação entre plateia e *performer* não impediu que o público mantivesse um canal de participação com a fonte do fazer musical. Mesmo destilando-se uma clara divisão entre o músico e sua audiência, esta reteve a participação gestual, com a sua sincronização, desde sua forma mais sutil – como através de expressões faciais – até sua forma mais forte e evidente: a dança. Gêneros atuais, como a música dos DJs e a música eletrônica, são amplamente separados no que tange à divisão entre *performer* e público e, no entanto, possuem uma enorme interação gestual de mão dupla.

Pesquisadores do Laboratorio para el Estudio de la Experiencia Musical (Leem) vêm realizando estudos sobre essas questões, especialmente no que diz respeito à união indissociável de muitos gêneros de música com uma forma de dança, em que a música, nesse caso, é essencialmente vista como uma forma de experiência corporalizada. Tais análises procuram distanciar o entendimento e a conceituação de música de um modelo tradicional que a trata como um tipo de texto, que pode ser lido e declamado (como num solfejo musical), e tenta se aproximar de uma definição musical socialmente mais interconectada.

Nesse sentido, a obra musical é vista como uma criação participativa, que inicia no compositor, mas que depende fortemente do intérprete, que, de certo modo, cocria a obra, uma vez que a sua *performance* a recria. Segundo Isabel Cecília Martínez, coordenadora do Leem, é necessário repensar a ontologia musical (o entendimento da essência do fenômeno musical), abandonando uma abordagem tradicional, puramente essencialista (que define a música a partir de seus próprios, exclusivos e isolados atributos), para uma definição de música mais ampla, que abarque suas ramificações e interveniências comunitárias, transformando-a num verdadeiro fenômeno social.

Também é importante repensar o conhecimento musical como algo situado no tempo e no espaço (portanto, dependente de sua época e de sua comunidade de origem), em vez de algo universal (atemporal e atávico), o que levaria a errôneas conclusões, como a existência de gêneros musicais melhores, ou piores, que outros. Torna-se, assim, importante atentar para o papel do corpo (no sentido dos seus padrões de movimentos, gestos, dança) expresso no fazer e no apreciar musical, que é um canal que promove sua interação social através da comunicação gestual com outros, por meio da dança. Com isso, tem-se o conceito de "cognição musical corporificada", em que o significado musical também depende de sua corporificação participativa.

33

BIFURCAÇÃO DA PRODUÇÃO MUSICAL NA ORALIDADE SECUNDÁRIA

No capítulo 13, tratei brevemente dos paralelos entre os processos de escrita da comunicação verbal e musical, comparando os processos de oralidade primária e secundária tanto na linguagem quanto na música. Como conjecturei, ao contrário do que ocorreu com a linguagem, uma significativa parcela da produção musical parece não ter sido diretamente afetada pela ocorrência da escrita musical, ou seja, a notação. A meu ver, o advento da oralidade secundária foi mais transformador para a linguagem do que para a música.

De fato, não há dúvida de que a partitura trouxe grandes avanços para o estabelecimento da arte musical, em especial no caso da música erudita de tradição europeia, que evoluiu fundamentalmente pelas ocorrências da notação musical tradicional, tanto em termos da complexidade das estruturas musicais, com o surgimento de composições mais extensas e complexas (por exemplo, as sonatas, as óperas e as sinfonias), como em termos da complexidade dos grupos e formações musicais, com o surgimento de organizações estruturadas e estabelecidas, como é o caso do quarteto de cordas ou da orquestra sinfônica.

O famoso maestro estadunidense Michael Tilson Thomas apresentou, em 2012, uma palestra no celebrado evento TED,[1] em que

---

[1] TED é a sigla para Tecnologia, Entretenimento e Design (Technology, Entertainment and Design). Cf. <https://www.ted.com/>.

traçou um breve histórico sobre o desenvolvimento da música escrita. Segundo Thomas, o sucesso da música erudita se baseia naquilo que ele se refere como a parceria do instinto com a inteligência. A relação da criação musical intuitiva e espontânea com seu parceiro silencioso, a notação musical, permitiu o aprofundamento da exploração da composição musical através do registro de estruturas melódicas, harmônicas e rítmicas com maior extensão e complexidade, indo além daquilo que a memória humana é capaz de guardar e a mente é capaz de lidar sem o auxílio da escrita. A notação também possibilitou o desenvolvimento de uma herança estética musical e o consequente processo de enculturação do público ouvinte a novas formas, estilos e gêneros musicais, o que proporcionou não apenas o desenvolvimento da música, mas também o desenvolvimento de novas expectativas estéticas.

Um exemplo da enculturação de uma nova estética musical é o notório caso do já citado "intervalo do diabo", ou seja, o trítono, um intervalo de três tons inteiros que é normalmente entendido como dissonante. Na Idade Média, o trítono era considerado tão agressivo para os padrões estéticos musicais da maioria dos ouvintes daquela época, que era evitado pelos compositores, especialmente nas composições eclesiásticas. Com o passar dos tempos, esse mesmo intervalo passou a ser amplamente utilizado nas composições, tanto da música erudita, a partir do período barroco, quanto da música popular, como o *jazz*, especialmente devido a sua tensão cognitiva, que permite seu contraponto com um intervalo mais estável simbolizando o relaxamento da tensão representada pelo trítono.

No entanto, a produção musical que não enveredou pelo viés do formalismo e da erudição – que o registro notacional proporcionou – continuou a ser amplamente produzida, apreciada e consumida pela população. Esse é o caso das músicas folclóricas e populares, normalmente associadas a danças e que são amplamente estudadas pela etnomusicologia, especialmente por representar as características idiossincráticas de uma comunidade e sua região geográfica.

Isso ocasionou uma certa bipartição entre a produção e a estética musical, simplisticamente referida pelos termos "erudito" e "popular". Enquanto a produção de música erudita fomentava um processo analítico de "enculturação" do seu público ouvinte (que tinha que se eruditizar a fim de entender e, assim, apreciar a produção musical erudita), a música popular fomentava um processo afetivo de "enculturação", em que comunidades recebiam, percebiam e assimilavam as características culturais de outras comunidades, normalmente hegemonicamente superiores.

A música erudita foi, dessa forma, abrindo mão de uma estrutura musical flexível que permitisse sua improvisação e centrou esforços na interpretação de uma estrutura rígida notacional: a *performance*. Do mesmo modo, a música popular foi flexibilizando sua estrutura composicional, permitindo a exploração de improvisações e rearranjos (uma composição tocada com diferentes formações musicais). Nota-se, assim, que a predominância de uma oralidade primária na música popular diminuiu a exploração da complexidade da estrutura musical ao mesmo tempo que aumentou a exploração de sua espontaneidade através da improvisação, do mesmo modo que ocorre com a linguagem falada, que é a parte espontânea da expressão verbal, sendo como que uma improvisação idiomática da língua textual.

Por esse viés comparativo, podemos imaginar que o processo de formação dos diferentes idiomas ao longo da história da humanidade ocorreu por fatores similares aos que levaram ao surgimento de diferentes gêneros musicais das distintas comunidades ao redor do mundo.

34
ORALIDADE TERCIÁRIA
E A CONVERGÊNCIA
DA PRODUÇÃO MUSICAL

Os avanços das tecnologias de informação e comunicação (TIC) criaram, nas últimas décadas, uma malha informacional que permeia grande parte da sociedade global. Esta é organizada em redes sociais que são, em sua maioria, estruturas comerciais onde a informação de milhões de usuários é dinamicamente organizada de forma "ecológica", ou seja, a informação circulante nas redes é tanto influenciada *pela* quanto influenciadora *da* sociedade de onde emerge.

Esse ecossistema informacional, anteriormente chamado simplesmente de *cyberspace*, permitiu a criação de um novo patamar da comunicação humana, através da utilização em massa de recursos computacionais, tais como *e-mails*, *chats*, *posts*, mensagens rápidas de texto (muitas vezes com imagens, vídeos ou gravações de áudio) que são compartilhadas, tanto de modo abrangente em forma de *broadcast* (em que uma mensagem pode ser recebida por muitos) quanto de modo discriminado ou customizado (em que uma mensagem pode ser enviada especificamente para um indivíduo ou grupo exclusivo, que compartilha características similares), selecionadas pelo próprio usuário (o que envia a mensagem) ou de forma automática, muitas vezes selecionadas por algoritmos de inteligência artificial.

Esse fenômeno gera na sociedade o que alguns teóricos chamam de oralidade terciária, lembrando que a oralidade secundária se refere à invenção da escrita, e a oralidade primária, ao desenvolvimento evolutivo da linguagem. A oralidade terciária, que vem dos recursos das TIC, é majoritariamente estudada no caso da comunicação contextual das linguagens. Porém, ela também afeta outras formas de comunicação sonora, como é o caso da música.

A possibilidade de gravação do áudio em alta-fidelidade (ou seja, com tamanha aproximação perceptual que o registro sonoro e o seu som original tornam-se virtualmente indistinguíveis, para a maioria dos ouvintes) permitiu o registro da música na forma de fonograma (a mídia que contém fisicamente o registro sonoro), ou seja, a música pode ser armazenada, editada e distribuída, como se fosse um arquivo de texto ou de notação musical, como é a partitura.

Houve, assim, uma forma de "materialização" do áudio, em fonogramas de alta qualidade, como os CDs, os cartões de memória e os repositórios *on-line*, as chamadas "nuvens" ou *clouds*, que permitem não apenas o armazenamento, mas também a manipulação (seu processamento, sua transformação, sua edição etc.) e sua síntese.

O primeiro padrão de fonograma da era digital amplamente difundido socialmente é o CD de áudio, lançado comercialmente na década de 1980, que permite a gravação em dois canais de áudio, cada qual com alta relação sinal-ruído (96 dB), capazes de registrar frequências sonoras contendo todo o espectro da percepção auditiva humana (considerada entre 20 e 20.000 Hz).

Posteriormente, vieram padrões de áudio com maior resolução ou maior compactação, como é o caso do MP3, que possibilita a diminuição de um arquivo digital de áudio para menos de 10% do seu tamanho inicial (em *bytes*). Esses padrões de áudio permitiram que as gravações transpusessem um limite de qualidade auditiva suficiente para comunicar fidedignamente a informação afetiva contida na composição musical, possibilitando sua análise, sua edição, seu processamento e até sua síntese computacional. Esses arquivos passaram a veicular livremente, através das redes sociais da internet, ensejando a ampla divulgação do seu conteúdo musical.

Esse fato fez com que a música pudesse ser criada, editada e registrada diretamente através de meios computacionais, dispensando o registro em partitura musical. Grande parte da produção de música popular é atualmente produzida diretamente por meio da manipulação dos arquivos de áudio. Do mesmo modo, a produção de música erudita também passou a se valer desses recursos computacionais, a fim de criar *performances* ainda mais rebuscadas, perfeitas, impressionantes e algumas vezes até impossíveis de ser realizadas ao vivo.

A música eletroacústica, mencionada anteriormente, foi um importante ramo da música erudita do século XX que se desprendeu quase completamente da partitura, criando obras inteiras unicamente através dos processos eletrônicos disponibilizados em estúdios de gravação (os quais, hoje em dia, podem ser substituídos por *softwares* de gravação e edição de áudio em computadores pessoais, memórias externas e equipamentos caseiros de gravação, que compõem o que é atualmente chamado de *home studio*). Nessas obras eletroacústicas, especialmente as de *tape music*, um subgênero da *musique concrete*, o fonograma muitas vezes substitui a partitura, com sua reprodução (*playback*) passando a ser a *performance* musical, o que, em termos mais contemporâneos e populares, aproxima-se (não em termos estéticos, mas em termos técnicos) da música de DJ.

Marshall McLuhan,[1] filósofo e estudioso da mídia, cunhou a expressão "o meio é a mensagem" (*the medium is the message*), ou seja, o meio de veiculação da música passa a ser mais relevante do que o seu próprio conteúdo. Para McLuhan, a mensagem veiculada é formada por "conteúdo e caráter" (*content and character*). O conteúdo

---

[1] McLuhan, 1994 [1964].

é a mensagem direta, facilmente entendida, enquanto o caráter é a mensagem nas entrelinhas, subentendida e até mesmo subliminar. A expressão "vila global" (*global village*), também cunhada por McLuhan, representa a proximidade e a interconexão que a tecnologia proporciona a toda a humanidade.[2]

O ecologista midiático (*media ecologist*) Robert K. Logan[3] tratou de estender os conceitos de McLuhan, com quem trabalhou, de modo a trazê-los para a contemporaneidade do século XXI, com o advento da internet e das redes sociais, infelizmente não presenciado por McLuhan, que descreveu os seus termos referindo-se a rádio e TV.

Logan, em seu livro *Understanding new media: extending Marshall McLuhan*,[4] apresenta um paralelo da teoria informacional unificante de McLuhan com três estágios cognitivos de representação, conforme estudados por Jerome Bruner:[5] enativo, icônico e simbólico (*enactive, iconic and symbolic*). O primeiro é dado pelo conhecimento gerado através de ações (como ocorre com os bebês, que manipulam objetos para entendê-los). O segundo é representado por desenhos do objeto (como as crianças que desenham figuras dos objetos que conhecem). O terceiro é representado por palavras, ou seja, a escrita (como o adulto que descreve um objeto ou situação através da escrita).

Segundo Logan, esses três estágios cognitivos são encontrados nos processos de aquisição de conhecimento através das redes sociais da internet. Creio que seja possível encontrá-los também na música, sendo o "enativo" relacionado ao escutar (a apreciação musical), o icônico relacionado ao fazer musical (a *performance*) e o representacional relacionado à escrita, tanto na forma notacional (partitura) quanto na forma digital (através de recursos das TIC).

---

[2] *Idem.*
[3] Logan, 2010.
[4] *Idem.*
[5] Bruner, 1964.

Nesse contexto, percebo uma grande convergência dos fazeres musicais no sentido de se valerem das mesmas ferramentas representacionais para realizar a produção musical na contemporaneidade. Isso também cria uma convergência da apreciação, especialmente fomentada pelas TIC, que permitem o acesso ubíquo e virtualmente sempre disponível dos ouvintes a qualquer gênero musical que queiram, em qualquer quantidade e em qualquer momento ou situação. Desse modo, penso que diferentes gêneros continuarão existindo e prosperando, já que representam identidades socioculturais e/ou afetivas bastante específicas. Porém, cada vez mais esses diferentes gêneros serão apreciados de forma eclética, por uma plateia virtual cada vez mais informada e disposta a escutar estilos musicais diferentes e até contrastantes, com diferentes intenções e em diferentes circunstâncias afetivas.

35
LIBERDADE E SIGNIFICADO MUSICAL

Em 1948, um artigo intitulado "A mathematical theory of communication", do matemático Claude Shannon,[1] revolucionou o entendimento formal dos mecanismos que regem a comunicação, criando, assim, uma nova área de estudos na matemática, a teoria da informação (*information theory*). Nesse artigo (que logo em seguida se transformou num livro com o mesmo título), Shannon apresentou um modelo matemático que permite quantificar e dimensionar o que é e como ocorre a comunicação. Nesse contexto, informação é vista como um conjunto de mensagens que contêm significado e que são comunicadas através de um canal sempre ruidoso, ou seja, que sempre insere ruído na mensagem, aumentando, dessa forma, a sua entropia.

A capacidade do canal para transmitir mensagens depende do seu grau de entropia. Se este for muito alto, o ruído inserido pode degradar a mensagem a ponto de torná-la indecifrável (transformando-a também em ruído). O receptor recebe a mensagem transmitida pelo transmissor através do canal ruidoso, e sua tarefa é reconstruí--la através de processos de filtragem, ou seja, a separação entre a informação da mensagem e a entropia (ruído) inserida pelo canal.

[1] Shannon, 1948.

O objetivo é minimizar o ruído acrescido pelo canal, diminuindo a probabilidade de erros de interpretação das mensagens e garantindo, ao final, um nível adequado de informação mútua entre transmissor e receptor.

A mensagem é transmitida em porções atômicas, ou seja, que representam o nível mínimo de informação, aquele que não pode ser dividido. Essas unidades de medida são chamadas de *bits* (na eletrônica digital, um *bit* é representado por uma variável binária, que só pode ter um entre dois valores possíveis: 0 ou 1). Para garantir a comunicação da mensagem, o transmissor normalmente se vale de "redundâncias" na informação, repetindo-as de modo a maximizar a possibilidade de sua decodificação. Dessa forma, a transmissão da informação que compõe a comunicação nunca é perfeita e sempre ocorre dentro de uma probabilidade de comunicação abaixo da ideal (aquela na qual não haveria ruído acrescido na transmissão da informação).

Essa formulação matemática pode nos servir de metáfora para compreender os meandros das duas mais importantes formas de comunicação sonora que a evolução social nos trouxe: a linguagem e a música. Ambas são constituídas de sinais sonoros organizados em sequência ao longo do tempo e são encontradas no decurso da história da humanidade em todas as culturas e comunidades de que se tem registro.

Música e linguagem compartilham as mesmas regiões cerebrais para seu processamento (transmissão processada pela região cerebral conhecida como área de Broca) e sua compreensão (recepção processada pela região cerebral conhecida como área de Wernicke). Utilizando o modelo de Shannon descrito acima,[2] vemos que tanto música quanto linguagem são transmitidas através de um canal ruidoso, seja em termos acústicos, em que as ondas sonoras sofrem

[2] *Idem.*

distorções do meio, seja em termos cognitivos, em que a mensagem depende da capacidade e das peculiaridades subjetivas do processo de decodificação do receptor (o ouvinte).

Apesar de linguagem e música se aproximarem epistemologicamente, ambas se especializam em termos de funcionalidade da mensagem, distanciando-se teleologicamente. A linguagem especializa-se primordialmente na comunicação semântica, com as definições de objetos e ações (que tratam de responder a questões tais como: quem, o quê, onde, como e quando), enquanto a música trata mais especificamente da comunicação de emoções, não no sentido de induzir o ouvinte a reações pavlovianas – como se o estivesse adestrando a sentir a emoção que a música dita –, mas no sentido de exercer uma influência sutil – como que tentando persuadi-lo a encarar um certo cenário pragmático pela perspectiva de um determinado prisma emocional sugerido pela música escutada.

Ambas são, assim, fundamentais para a expressão humana; em vez de competirem, se complementam, muitas vezes cooperando em gêneros artísticos como o poema (que é uma arte da linguagem, mas que se vale de estratégias tipicamente musicais, como rimas, métricas e entonações na declamação), a canção (que une poesia com música, criando um discurso com significados semântico e afetivo, que são correlacionados e se complementam), o cinema (em que a trilha sonora cumpre um papel fundamental na evocação emotiva de uma cena, ao mesmo tempo que, muitas vezes, esse processo é obliterado pela consciência do ouvinte, que é persuadido àquele estado emocional pela música da trilha sem sequer ter a consciência de tê-la escutado) e, mais recentemente, os recursos tecnológicos ubiquamente disponibilizados que permitem que o ouvinte facilmente crie os repertórios que deseja escutar, empoderando-o com a possibilidade de programar uma espécie de autopersuasão emotiva, ou seja, uma autoindução de estados emocionais, os quais esse ouvinte deseja experienciar através da escuta seletiva de peças musicais que servem primordialmente a esse propósito.

Outra similaridade entre a linguagem e a música é a capacidade que ambas possuem de ser desenvolvidas em tempo real, na medida de nossa necessidade comunicacional. Quando falamos informalmente com alguém, não temos um texto previamente preparado, memorizado ou sequer definido, que guie a construção de nossa retórica. Iniciamos apenas com uma intenção semântica, a de tratar de algum assunto específico; para expressá-lo, criamos, de modo perceptualmente imediato, uma estrutura sintática à medida que falamos e escutamos a resposta da pessoa com quem estamos conversando, ou seja, à medida que a conversa evolui. Do mesmo modo, na música existe o improviso, criado pelo músico (normalmente o músico popular) a partir de um significado estrutural, de certo modo assemelhando-se à estrutura sintática da linguagem que surge durante uma conversa, ou seja, uma estrutura ordenada no tempo que determina a sequência harmônica e rítmica que sustenta (ou seja, dá significado) a melodia.

Mesmo o músico criando embelezamentos estruturais, por meio de rearmonizações, substituições de acordes ou ostinatos rítmicos, suas estruturas funcional e temporal são respeitadas de modo a manter a coerência da improvisação como uma variação da estrutura melódica original. Linguagem falada, desse modo, assemelha-se à improvisação musical idiomática, ou seja, aquela que ocorre em um dado gênero musical (que parece se aproximar de um tipo de protossemântica musical, pois determina um contexto decodificado por quem conhece o gênero). Já a improvisação livre tenta transcender os limites da estrutura harmônica, rítmica e de gênero musical, com o grupo que a pratica tentando não se atrelar a uma forma ou a um gênero musical, focando a promoção da interação musical com os outros membros do grupo de improvisação livre.

Porém, ao que me parece, a ausência continuada de contextualização torna-se em si mesma uma outra forma de contextualização:

a contextualização daquilo que não tem contexto, ou seja, do incontestável (já que não pode ser julgado), o que impede que a cognição do ouvinte atue no sentido de estabelecer um significado musical (como no caso da improvisação idiomática), tornando, na maioria das vezes, a mensagem musical incógnita. Desse modo, a livre improvisação transcende as barreiras da música como um todo, na minha opinião, aproximando-a da composição de outra forma de arte sonora, a composição dinâmica e coletiva de paisagens sonoras, em que esse processo de contínua interação iconoclasta (sendo o ícone o gênero) entre o grupo de livre improvisação faz com que texturas sonoras emerjam, imergindo os participantes numa interação musical dinâmica, cuja sonoridade evolui, transmuta e eventualmente é subitamente rompida.

Essas características são encontradas em paisagens sonoras naturais, que a livre improvisação busca emular, expressando-se como uma onomatopeia musical auto-organizada, cuja sonoridade reflete seu próprio processo composicional.

36

COMPLICAÇÃO, COMPLEXIDADE
E CRIATIVIDADE MUSICAL

Em 2019, foi lançado um filme britânico chamado *Yesterday* que se refere diretamente à famosa canção homônima dos Beatles. Esse misto de fantasia e comédia romântica (relato a seguir apenas a sinopse oficial, portanto sem correr o risco de incorrer em *spoilers*) conta a estória de um músico anônimo, desses que tocam em praças, feiras e estações (em inglês, esse tipo de artista de rua é chamado de *starving musician*, ou "músico faminto"). Após um inexplicável e breve apagão mundial, o músico volta como que inserido numa realidade paralela em que nunca existiram alguns elementos icônicos da cultura *pop*, como os Beatles. Ele passa, então, a ser o único indivíduo a se lembrar do repertório dos "quatro rapazes de Liverpool", já que costumava cantar suas canções nas apresentações que fazia. Ao se dar conta disso, o músico passa a tocar o repertório dos Beatles como se essas canções fossem de sua própria autoria, o que lhe confere um súbito e estrondoso sucesso midiático. Essa ficção se baseia na conjectura de que existe um valor hedônico absoluto e intrínseco, atrelado a uma obra artística (no caso, as canções dos Beatles), que pode ser detectado e apreciado pela maioria dos ouvintes, independentemente de sua familiaridade com a música e seu contexto sociocultural.

Recordo-me de um tipo de brincadeira (que para mim foi também um interessante experimento social, diretamente relacionado à música) promovido, por volta de 2015, pela equipe do programa Tonight Show, apresentado pelo comediante estadunidense Jimmy Fallon. Eles colocaram o U2, a famosa banda irlandesa de *rock*, para tocar anonimamente (todos disfarçados) numa estação de metrô em Nova York. As pessoas passavam por eles, que tocavam as famosas músicas do U2, mas não se importavam tanto assim com a música que aquele grupo anônimo executava surpreendentemente tão bem. Foi somente quando eles removeram os disfarces, que o público se alvoroçou e passou a se entusiasmar com o espetáculo inesperado.

Esse experimento contraria a premissa da ficção britânica acima citada (apesar de que eu gostei do filme e o recomendo, especialmente aos músicos). A experiência com o U2 tocando disfarçado corrobora minha conjectura de que, apesar do valor estético intrínseco de uma canção, em termos de sua boa forma e estrutura, tanto musical quanto poética, seu aspecto sociocultural é também um fator determinante para que ocorra a aceitação devocional de uma canção ou de um músico pelas grandes massas. Porém, não basta fama para criar mais fama. Se assim fosse, a indústria cultural fonográfica não teria maiores dificuldades em gerar sucessos.

NATURE X NURTURE

No *K-pop*, por exemplo, o famoso gênero de música *pop* coreano, adolescentes com grande potencial para se tornarem celebridades nesse gênero são selecionados por empresários (que, em teoria, sabem as qualidades que esses indivíduos devem possuir) e literalmente criados em cativeiros de luxo, com o propósito de que venham a ser grandes sucessos. No entanto, nem sempre isso ocorre. Mesmo tendo sido escolhidos por profissionais da área, e diariamente treinados em diversas áreas de relevância (canto, dança, música, moda, esportes, etiqueta etc.), existe uma chance significativa de que, apesar de

224 | COMPLICAÇÃO, COMPLEXIDADE E CRIATIVIDADE MUSICAL

todo o esforço de ambos os lados, o investimento seja em vão (há inclusive muitos casos de candidatos e até de celebridades do *K-pop* que cometem suicídio, por não aguentar a intensa pressão à qual são submetidos).

Por alguma razão inexplicável, aquele indivíduo, com todos os potenciais inatos e os devidos treinamentos (ou seja, com todo o *nurture* que se pode ter e aparentemente também com o *nature*), pode simplesmente não despertar a atenção esperada do público-alvo e, assim, não se tornar uma celebridade de música *pop*.

Por *nurture* (nutrição), refiro-me a todo o aparato técnico e estrutural que pode ser oferecido para o desenvolvimento de um artista. Por *nature* (natureza), refiro-me ao aparente potencial intrínseco e inato de sucesso que aquele indivíduo possui. O "aparente" colocado em relação ao *nature*, como escrevi acima, foi intencional. A prática mostra que, apesar de toda extensa experiência e corpo de profissionais, ninguém sabe ao certo quando um indivíduo possui essa essência em seu âmago, esse carisma, esse *nature* que garantirá seu sucesso. O *nurture* apenas irá surtir efeito se o inefável e indefinível *nature* estiver presente. Tanto artista quanto obra de sucesso têm que ter em si o potencial que é dado pelo *nature* e que pode ser decomposto no que chamo aqui de "criatividade musical".

Ao que me parece, existem três estágios da criatividade musical, relacionados aos modos de interação com a arte musical: 1) apreciação; 2) *performance*; e 3) composição. A grande maioria das pessoas interage com a música apenas no primeiro estágio, o da apreciação, através do ato de escutar música. Nesse estágio, apreciamos a música como quem aprecia uma estória que nos é contada, participando ativamente da narrativa de modo pessoal e subjetivo, através das identificações, expectativas, antecipações, constatações e surpresas que ocorrem, automática e inexoravelmente (a menos que não estejamos conscientes ou prestando atenção), enquanto apreciamos a música. Através dessa interpretação autônoma da estrutura musical, fortemente atrelada ao tempo, o ouvinte estabelece o que chamo aqui de significado musical.

Num segundo estágio de aprofundamento, tem-se a *performance*, em que o indivíduo aprende a tocar um instrumento musical, ou a cantar (ou mesmo a assobiar), e torna-se um "músico", interpretando um discurso de eventos sonoros organizados numa sequência ao longo do tempo. A pequena (quase imperceptível) variação no momento de ocorrência e na duração de cada nota (assim como na intensidade, que, segundo Daniel Levitin,[1] tem menor impacto expressivo) está diretamente relacionada ao aspecto criativo da *performance*, ou seja, à interpretação expressiva de uma peça musical. Na *performance* não basta tocar as notas certas nos momentos, nas durações e nas intensidades certas. É também fundamental interpretá-las através da inserção de pequenas variações (nuances) dessas três variáveis, para, assim, poder acrescentar um significado expressivo que é próprio de cada músico e que faz com que o público ouvinte o identifique por meio do que se chama de seu "estilo musical".

Poucos são os que chegam ao terceiro estágio da criatividade musical, em que o indivíduo se aventura a criar as estruturas sonoras que compõem uma sequência de eventos posteriormente interpretada pelos músicos e apreciada pelos ouvintes: a composição musical. Diferentemente da *performance* e da apreciação, a composição ocorre em tempo diferido, ou seja, a estrutura musical é criada pelo compositor em tempo e ordem distintos daqueles em que a composição será posteriormente executada e escutada, o que o habilita a ter uma perspectiva atemporal de sua obra – como um escritor, que pode escrever ou refazer seu texto em velocidade e ordem diferentes daquelas em que este será posteriormente lido (como estou fazendo agora, enquanto escrevo este capítulo), ou mesmo no caso de um programador, que cria, depura e desenvolve um código em

---

[1] Cf. Levitin & Grafton, 2016.

226 | COMPLICAÇÃO, COMPLEXIDADE E CRIATIVIDADE MUSICAL

ordem e velocidade diferentes daquelas em que o processador do computador o executará posteriormente.

Penso, assim, que a criatividade musical ocorre de maneira particular, em cada um dos estágios acima mencionados. No ouvinte, o processo criativo se dá de modo involuntário, e está atrelado à sua bagagem sociocultural. Seu impacto é subjetivo e simultâneo, ou seja, ocorre apenas para si, ao ouvir com atenção (ou seja, escutar) e, assim, ser capaz de identificar o conteúdo emocional da obra e até mesmo ser por ele afetado (coisas que ocorrem de forma independente uma da outra).

No músico, a criatividade ocorre de modo semivoluntário, como fruto de sua prática musical baseada em repetições de gestos musicais; o músico vai desenvolvendo em si mesmo como que pequenos reflexos condicionados de modo a ser capaz de interpretar posteriormente, numa *performance* ao vivo ou numa sessão de gravação, as mesmas sequências musicais previamente programadas durante as sessões de repetição; estas são voluntariamente escolhidas no momento da *performance*, mas executadas de modo automático e com expressividade (dada pela modulação de variações quase imperceptíveis, de momento, duração e intensidade de cada sequência de notas); o músico escolhe executá-las por considerar o modo de fazê-lo esteticamente correto, ou as executa do modo que foi solicitado a fazer.

Seu impacto é objetivo e semissimultâneo, ou seja, é programado durante o ensaio, mas ocorre na *performance* tanto para si quanto para os que o escutam, seja durante sua *performance* ou durante a gravação de sua *performance*. No compositor, a criatividade ocorre de modo voluntário; ele projeta a macroestrutura musical e, normalmente, deixa indicações do modo como quer que a microestrutura interpretativa, a ser executada durante a *performance*, seja desenvolvida. Seu impacto é objetivo e diferido, ou seja, muitas vezes construído e revisitado em ordem e duração de tempo totalmente descorrelacionadas àquelas em que a composição musical, após finalizada, será interpretada pelos músicos e escutada pelos ouvintes. Este constitui, pelo menos em parte, o que chamei acima de *nature* da criatividade musical, o âmago da complexa estrutura tripartite que, se adequadamente modulada, permite que uma composição e/ou interpretação musical venha a se tornar um sucesso, para um grande número de ouvintes, e reverenciada por futuras gerações de ouvintes.

Na próxima seção continuarei esta importante discussão sobre criatividade musical. Tratarei da influência da complexidade na criatividade musical, pela ótica da estética experimental, conforme definida por Gustav T. Fechner.[2] Falarei sobre a famosa curva psicofísica de Wundt e Berlyne,[3] que relaciona a novidade com a complexidade (não apenas em música, mas em todas as formas de comunicação). Por fim, acrescentarei um novo conceito que acho importante e que me parece ter ainda passado despercebido pelas discussões dessa área de estudos, que é o conceito de "complicação musical". Terminarei fazendo um contraponto entre complicação e complexidade e discorrendo sobre como a diferenciação entre ambos os conceitos parece, a meu ver, influenciar decisivamente a criatividade musical do ouvinte, do intérprete e do compositor, influenciando, assim, o interesse ou a indiferença em relação à audiência de uma obra musical.

CRIATIVIDADE EVOLUTIVA

Tratei anteriormente do que havia definido como as três perspectivas da criatividade musical que compõem o *nature* (natureza), a essência que permite com que uma obra musical se

---

[2]   Fechner, 2016.
[3]   Wundt, 1912; Berlyne, 1970.

torne interessante para os ouvintes. Esse fato depende dos processos criativos do ouvinte, do músico intérprete (da *performance*) e do compositor. Com relação ao *nurture* (nutrir), este é composto dos elementos externos que influenciam as três atuações criativas, seja de modo espontâneo (como uma mudança sociocultural que engendra uma mudança estética) ou intencional, como é o caso da "indústria de cultura", termo cunhado pelo filósofo Theodor Adorno, rapidamente mencionado anteriormente, que trata a produção cultural e artística (entre outras, a musical) como mercadoria, cuja criação é voltada a maximizar seu consumo pelos ouvintes, ou mesmo fomentar ideologias hegemônicas (como é o caso da produção musical que enaltece um padrão comportamental interessante ao mercado).[4]

A criatividade é aqui definida por uma perspectiva evolutiva de produção mental de novos e válidos conceitos. A meu ver, ela é composta de dois processos independentes, porém cooperativos, que chamo aqui de reprodução e seleção de conceitos originais e úteis (ou seja, criativos). A reprodução cria novos conceitos baseados em outros dois subprocessos, aqui chamados de combinação e variação. A combinação, como o nome sugere, combina elementos de outros conceitos anteriores, já conhecidos e estabelecidos, criando, assim, um novo conceito que pode ser visto como um tipo de "colagem" de conceitos anteriores. A variação insere pequenos ajustes e elementos novos nesse conceito recém-criado, tornando-o único, diferente de todos os conceitos anteriores. A ação constante do processo de reprodução gera, dessa forma, um conjunto crescente de conceitos novos, possíveis candidatos a ser utilizados com um dado objetivo (por exemplo, uma frase melódica ou poética para uma canção, uma possível solução para um problema não determinístico etc.). Já o processo de seleção trata de eliminar os conceitos que não se ajustam ao propósito da ação criativa daquele instante.

---

[4] Adorno, 1951.

A lógica define dois tipos de raciocínio: a dedução e a indução. A dedução utiliza conceitos estabelecidos para gerar conclusões (por exemplo, sendo 1+1=2, então, com certeza, 2+1 = (1+1)+1 = 3). A indução testa novos conceitos (se $x^2 = 4$, então x pode ser 2, mas também pode ser -2). A dedução parte de uma teoria (algo que já se sabe, que se acredita ser verdadeiro) e daí segue para gerar hipóteses, observações e conclusões. A indução parte de algo que se supõe (um conceito que se quer averiguar como verdadeiro ou falso), normalmente através de observações, de onde segue para uma possível constatação de repetições, ou seja, padrões, de onde se constrói uma hipótese que, uma vez verificada, torna-se uma teoria.

A meu ver, o processo dedutivo é dogmático, enquanto o processo indutivo é especulativo, ou seja, científico, mas ambos são utilizados tanto nas ciências (por exemplo, a dedução para aplicar um teorema) quanto nas crenças (por exemplo, a indução para ratificar um dogma) e nas artes (na criação e na utilização de uma teoria estética). Porém, ambos juntos não explicam o processo criativo. Em outras palavras, se a dedução usa o conceito verificado, e a indução verifica um conceito, como os conceitos são gerados?

A resposta está numa terceira forma de raciocínio que a mente humana possui e realiza constantemente; contudo, ao contrário da dedução e da indução, a meu ver, esse processo é realizado de modo subconsciente: trata-se da chamada abdução. A abdução gera novos conceitos, os quais são posteriormente testados pelo raciocínio indutivo e utilizados pelo raciocínio dedutivo. O processo de geração de conceitos originais e úteis da abdução, no meu modo de entender, ocorre de modo subconsciente e se vale de processos mentais que podem ser explicados pelo modelo evolutivo de teoria da criatividade acima mencionado, envolvendo os processos de reprodução e seleção. Na minha opinião, a misteriosa e insondável abdução é, de fato, a essência da criatividade humana.

Esses três modelos, que representam os modos mentais de inferência, nos permitem aprender e utilizar um conhecimento adquirido para entender e interagir com a complexidade, tanto externa e objetiva (o universo que nos cerca) quanto interna e subjetiva (o nosso universo interno, de nossas memórias, nossos pensamentos e nossas emoções). Sua função é mais teleológica do que ontológica, ou seja, não nos interessa tanto entender a essência do complexo, mas, sim, saber como interagir com a complexidade e, dessa forma, usá-la a nosso favor.

Uma vez aptos a navegar numa determinada complexidade, estabelecem-se bases epistemológicas para compreendê-la através de modelos filosóficos ou da lógica matemática, até que esta deixe de ser complexa. Assim a ciência avança e subimos mais um degrau na escada do conhecimento humano, podendo interagir com novas e anteriormente insondáveis complexidades. Para mim, a fronteira entre ciência e arte ocorre nesse horizonte de complexidade, em que a arte intuitivamente interage com a ciência, e a ciência tenta compreendê-la.

A estética é o ramo da filosofia que lida com a definição e o entendimento do belo. Tem-se na estética uma natureza funcional (ou teleológica) direta, que instiga nossas predileções (como as belas cores de uma fruta madura, pronta para servir de alimento), bem como uma natureza indireta (como uma flor, que nos é bela apesar de não representar alimento ou a saciação de qualquer outra necessidade fisiológica, mas que pode representar a promessa da futura ocorrência de frutos e caça). O filósofo Daniel Dennett proferiu uma palestra do TED, intitulada "Cute, sexy, sweet and funny" ("Meigo, atraente, doce e engraçado"), que fala sobre a natureza evolutiva daquilo que nos atrai, seja pela ternura, pela sensualidade, pelo sabor ou pela comédia, cada qual cumprindo uma função evolutiva específica, importante para a sobrevivência e a manutenção da nossa espécie.

Complexidade e satisfação

Na seção anterior, tratei da definição de criatividade pela perspectiva evolutiva, em que seus processos mentais constituintes são similares aos processos darwinianos de evolução biológica das espécies. Em seguida, tratei rapidamente das três formas de inferência do raciocínio humano e como estas dialogam com o processo criativo, a atração (pelo que é meigo, erótico, saboroso ou engraçado) e a estética.

Essa forma de interpretar a estética tem suas raízes no século XIX, num campo da psicologia experimental conhecido como "estética experimental", assim definida por Gustav T. Fechner. Esta, por sua vez, tem suas raízes na "psicofísica", que estuda a relação entre um estímulo físico e a sua percepção. A estética experimental procura investigar experimentalmente a relação entre a percepção da comunicação através de um estímulo (como a música através do som) e a sua predileção (ou repulsa). Dennett termina sua palestra (mencionada anteriormente) tratando sobre a estética da comédia, que ele chama de "o prazer de resolver um enigma" (*joy of debugging*), e que, juntamente com colegas, ele descreve como *Hurley model* no livro *Inside Jokes*.[5]

Penso que esse segmento, que Dennett atribui apenas à comédia, pode ser estendido também para a estética artística e musical. O prazer que temos ao apreciar uma obra musical passa pela identificação, pela compreensão e pelo entendimento, em diversos níveis, desde os mais básicos e perceptuais – como o andamento, a tonalidade, a identificação de instrumentos, vozes – até os mais contextuais e complexos – como a identificação do gênero musical, do estilo dos músicos intérpretes e da inserção sociocultural da obra musical. A estética experimental na música trata do entendimento

---

[5] Hurley; Dennett & Adams, 2011.

sistemático dos processos que levam o ouvinte a identificar, a compreender e a antecipar a complexidade musical nos seus diversos e multidimensionais níveis de percepção, cognição e afeto.

A complexidade é sistematicamente estudada pelo menos desde o século XIX, com o surgimento da famosa curva de Wundt (posteriormente refinada por Daniel E. Berlyne,[6] no século XX), com relação ao seu valor hedônico (um outro termo para se referir à satisfação, que eu considero adequado aqui, no sentido de diferenciar esse tipo específico de prazer estético artístico). Isso traz outros dois conceitos relacionados ao estudo da complexidade: a novidade e a curiosidade. A novidade é determinada pela sensação do quanto uma informação nos parece nova. Um ruído branco, por exemplo, gerado por um processo aleatório uniformemente distribuído, é informacionalmente sempre original (novo); porém, para a nossa percepção auditiva, ele soa sempre igual.

Assim, "novidade" perceptual não é o mesmo que "novidade" física – uma diferença psicofísica fundamental para o entendimento da natureza da mente humana. A curiosidade é o elemento mental impulsionador do *joy of debugging* de Dennett. A curiosidade é o elemento afetivo que nos motiva a sentir prazer em querer entender algo que nos é velado por uma tênue cortina de complexidade. A curva de Wundt-Berlyne é, dessa forma, uma curva experimental, que relaciona valor hedônico à complexidade (Figura 33)

Cada indivíduo tem a sua própria curva hedônica, mas todas apresentam um formato similar ao descrito acima. A grande contribuição dessa curva é relacionar diversas definições, como satisfação/insatisfação, novidade, curiosidade, simples/difícil, complexo/complicado, em uma única descrição pictórica, que narra o valor hedônico em relação à complexidade não apenas para música, mas para toda forma de comunicação humana.

---

[6] Berlyne, 1970.

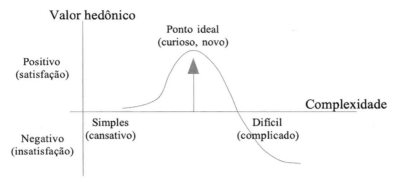

Figura 33: Relação entre valor hedônico e complexidade do estímulo.

Desse modo, tem-se a relação entre complexo e complicado. O que determina se algo é complexo para um indivíduo depende de muitos fatores, como atenção, percepção, bagagem cultural, inteligência analítica e predileção estética. Assim, a complexidade é percebida de modo diferente para cada pessoa, em cada forma de comunicação.

A partir do momento em que a percepção de complexidade torna-se ingerenciável pelo raciocínio do indivíduo, seu valor hedônico cruza a fronteira do satisfatório para o insatisfatório, e a comunicação passa a ser percebida como "complicada", com o indivíduo experimentando emoções de repulsa, desde a ansiedade até a raiva, que o convidam a abandonar a tarefa. O complicado é o complexo mentalmente ingerenciável.

Do mesmo modo, no extremo oposto, a comunicação muito rudimentar e simples para o indivíduo pode despertar emoções relacionadas ao tédio, que, apesar de não estarem descritas na curva de Wundt-Berlyne, também podem vir a ser insatisfatórias (quem já sentiu tédio prolongado sabe do que estou falando). O ponto ótimo da complexidade comunicacional é individual e atinge um pico de satisfação ao combinar adequadamente conceitos conhecidos com conceitos originais. Na música, percebe-se isso nas canções de maior sucesso, como as que são apresentadas no filme *Yesterday*, mencionado no início deste capítulo. A meu ver, a intenção do compositor deveria ser a de criar estruturas musicais que fossem devidamente complexas, para instigar o ouvinte a desvendá-las, mas sem exceder sua complexidade a ponto de estas passarem a ser percebidas como complicadas pelo ouvinte, que muito provavelmente abandonará a escuta por não ser mais capaz de resolver os enigmas musicais contidos na composição.

Esse é um comportamento recorrente da grande maioria dos compositores eruditos contemporâneos, que têm uma bagagem intelectual e até perceptual acima da média da população de ouvintes e, assim, compõem músicas que só poderão ser de fato apreciadas por seus pares. A música *pop*, por outro lado, como é acossada pelos desidérios do mercado (no qual os mais famosos artistas são sempre os que mais vendem), tem naturalmente uma preocupação com o que o ouvinte quer ouvir. Desse modo, a produção *pop* espontaneamente segue perfeitamente a curva hedônica de Wundt-Berlyne, mesmo que não a conheça. Ambas são necessárias. A experimentação intelectual divorciada das plateias e a estética reacionária da indústria cultural cumprem papéis importantes em reconstruir e representar a filogenia emocional que constitui os valores e anseios da sociedade contemporânea expressos pela produção musical.

37
Música e surdez:
uma rápida introdução

Em 2019, fui convidado por alguns músicos da Orquestra Rock de Campinas a assistir a um ensaio que fariam em conjunto com a banda Melim; orquestra e banda se apresentaram juntas em Jaguariúna (SP).

Durante a apresentação, observei que havia um grande número de surdos assistindo àquele *show*. Num canto do palco encontravam-se dois tradutores de Libras, que se revezavam para traduzir, simultaneamente, tanto o que os artistas diziam para o público como as letras das canções, enquanto estas eram interpretadas pelos integrantes da banda.

Fiquei particularmente interessado em observar os grupos de surdos situados próximos ao palco, que conversavam animadamente entre si, naturalmente em Libras; alguns deles olhavam languidamente para os artistas (obviamente eram fãs) e balançavam o corpo como que numa leve dança surpreendentemente coerente com o andamento das canções que não escutavam, mas sentiam, e repetiam, em gestos mais brandos e curtos, os mesmos gestos que os tradutores de Libras estavam realizando, referentes à letra da música que estava sendo cantada pelos artistas. Ou seja, esses fãs surdos estavam cantando as canções de que tanto gostavam não em sons, mas em gestos, do mesmo modo que fãs que ouvem balbuciam as letras das músicas cantadas por seus ídolos num *show*.

Alguns músicos da Orquestra Rock me contaram depois que a prática de tradução simultânea de *shows* para Libras tem sido comum em diversos espetáculos. A canção, que é, sem dúvida, a forma musical mais importante da música *pop*, é composta de música e letra, normalmente melodia com andamento e tonalidade regular, bem como poesia regular, em termos de métrica, rimas, prosódia e significação emotiva, tudo isso sincronizado com os elementos sonoros que compõem a melodia da canção (que, assim, acaba tomando emprestado o significado da sua letra).

Traduzir a poesia da letra para Libras é uma tarefa relativamente fácil, já que ambas as formas de comunicação permitem conter significado semântico (definição de objetos, qualidades e ações). Já a música pura, sem letra, como é o caso de uma sinfonia ou de grande parte da produção de música eletrônica *pop*, não tem o respaldo da significação semântica dada pela letra. Sua significação musical estende-se da sintaxe (frases melódicas, acordes, cadências, andamento, estruturas rítmicas, arranjos timbrísticos etc.) à significação emotiva (os estados emocionais que a prosódia sonora que compõe a música representa e tenta evocar no ouvinte). Nesse caso, imagino que a tradução da música pura, sem letra, deva ser relacionada a qualidades perceptivas sonoras e cognitivas musicais.

Todos os sentidos humanos (que são mais do que cinco, como se costuma catalogar, contendo outras sensações além da visão, da audição, do paladar, do tato e do olfato, como, por exemplo, a sensação de calor, aceleração, dor e outros) são basicamente sensores biológicos (na maioria dos casos, compostos de neurônios especializados para reagir à variação de um dado estímulo) e trazem informação ao cérebro na forma de potenciais de ação que caminham por nervos aferentes (feixes de axônios neuronais que transportam a informação das células sensoras ao cérebro). Alguns desses estímulos são interpretados pelo cérebro como visão, outros como audição ou tato, mas todos têm a mesma natureza biológica, pois são todos compostos por pulsos elétricos que caminham por nervos e chegam ao mesmo destino: o cérebro.

Assim, por exemplo, quando um indivíduo está num estado alterado de consciência, os diferentes sentidos podem se mesclar, fenômeno conhecido por sinestesia; há relatos de pessoas nessas condições "vendo sons" ou "escutando cores". Também se observa cotidianamente como usamos com naturalidade, sem perceber, adjetivos de um sentido para descrever qualidades de outra natureza, por exemplo, ao dizermos que um som é brilhante ou opaco, que uma voz é áspera ou aveludada, ou que uma pessoa é iluminada. Isso, para mim, é um indicativo de que os sentidos talvez possuam uma natureza fundamental em comum e que a sua catalogação distinta, em diferentes naturezas, ocorre em níveis processuais superiores, relacionados aos processos cognitivos da mente humana.

Então, penso ser possível, até certo ponto, traduzir para Libras informação musical pura, desprovida de letra. Muitos dos estímulos sonoros já são percebidos por outras vias neurais além da audição, como o tato, que é composto de mecanorreceptores (neurônios localizados na pele, especializados em responder a estímulos mecânicos, como pressão, deslocamento e vibração). A audição é processada pelo mesmo princípio, ou seja, tais sensores estão também dispostos numa região específica das duas cócleas (localizadas nas duas orelhas internas), onde o estímulo mecânico provocado pelas ondas acústicas que compõem o som são convertidos em estímulos elétricos dos potenciais de ação neurais interpretados pelo cérebro como som.

Aprendemos a interpretar esse estímulo específico como som. O mesmo ocorre com um surdo, através de um fenômeno conhecido como neuroplasticidade, em que seu cérebro se adapta e passa a utilizar as áreas ociosas, que normalmente processariam informação sonora (como o córtex auditivo), para processar informação de outros estímulos (como o visual ou o tátil), permitindo, dessa forma, a reinterpretação de um estímulo mecânico cutâneo (provocado pela variação de pressão acústica que compõe as ondas sonoras na atmosfera) em som e, desse modo, em música.

38
RÉVEILLON, MÚSICA E REBELIÃO

No final de 2020, Edson Aran escreveu um artigo satírico, intitulado "Como destruir seu *Réveillon*".[1] O texto descreve os tradicionais percalços, tão conhecidos por todos aqueles que já se aventuraram a encarar uma passagem de ano na praia (digo isso do ponto de vista das classes média e baixa, pois a elite, com certeza, desconhece esse fenômeno). Num ponto do texto, o autor fala sobre o fenômeno musical que costuma ocorrer nas praias, onde invariavelmente se encontra alguém tocando, a todo volume, dois gêneros musicais: sertanejo universitário e/ou *funk* carioca. Aran arremata dizendo: "Você jamais – nunca, *never*, em hipótese alguma – verá alguém ouvindo Miles Davis. É só *funk* e sertanejo".

Isso me pôs a pensar num fenômeno que considero pouco estudado pela psicologia musical, mas que é muito significativo: o efeito afetivo que evoca no ouvinte a necessidade de comunicar aos outros a música que aprecia. Em maior ou menor escala, todo ouvinte sente isso e sabe que, ao escutar uma música de sua predileção, para que sua satisfação musical seja completa, não basta escutá-la sozinho. Os outros ao seu redor têm que escutar junto, espontânea ou compulsoriamente.

---

[1] Aran, 2020.

Réveillon vem da expressão francesa *Le Réveillon*, que se refere ao jantar festivo servido após a meia-noite do último dia do ano. Essa expressão se origina da palavra *réveiller*, que significa "despertar". Já a palavra "rebelião" vem do latim *rebellis*, que quer dizer "desobedecer à ordem", resistir à imposição de um determinado controle, diferente de "revolução", que diz respeito a "revolver", "mudar". Em suma, o rebelde não é necessariamente um revolucionário; ele quer apenas desobedecer, resistir à imposição de uma regra ou lei, seja esta ímpia ou até mesmo coerente e justa.

Música tem uma grande intersecção com rebeldia e revolta. Isso ocorre porque ambas dependem da indignação individual ou social para que ocorram. A indignação, por sua vez, depende da evocação e da manutenção de certas emoções (como dito antes, de *emovere*, que significa "instigar o movimento"). Se a música é feita do som organizado, sua expressão e sua comunicação se dão pela insurgência programada de emoções nos ouvintes. Música só existe de fato quando há comunicação de emoção, seja meramente pela constatação de sua intenção emotiva, seja pela persuasão da mente do ouvinte a evocá-la. Fora isso, há apenas o silêncio (quando a presença da música não é percebida), ou o ruído (quando sua presença não é consentida).

Nas festividades populares, como o *Réveillon*, o agrupamento entre pessoas amigas e familiares provoca nos participantes a agradável sensação de pertencimento. Sentimos naquele momento que fazemos parte daquele grupo de pessoas. Porém, nenhuma coesão é perfeita. Existem sempre sentimentos infiltrantes, como ervas daninhas que espalham ramas de indiferenças, rancores, remorsos, despeitos, intrigas, invejas e outros sentimentos de exclusão e separação, que muitas vezes se infiltram nas mentes dos membros do grupo, conspirando, dessa forma, contra sua coesão e sua união. Para amenizar essa situação, usa-se a música.

Falei anteriormente da propriedade conhecida como *musical entrainment*, que é o fenômeno interpessoal que faz com que grupos se formem e compactuem dos mesmos objetivos através da música.

Sabe-se que, desde a Antiguidade, há registros da presença de música em atividades sociais fundamentais, como a guerra, as colheitas, os funerais, os casamentos e as festas. Alguns arqueólogos, como Steven Mithen,[2] que estudaram as origens da música, argumentam que ela antecede a própria humanidade; segundo esse autor britânico, os hominídeos, dos quais descendemos, já apresentavam capacidade cerebral desenvolvida, com evocação de emoções parecidas com as nossas, porém ainda sem a capacidade oral plenamente desenvolvida para propiciar sua expressão através de uma linguagem. Assim, comunicavam-se com outros de seu grupo por *utterances*, um tipo de protolinguagem formado de onomatopeia não intencional em que a oralidade se aproximava sonoramente do objeto, da ação ou da situação que se tentava descrever.

Nota-se que, em todos os idiomas humanos, uma repreensão é sempre feita com oralidade áspera; um cumprimento e/ou uma cordialidade são demonstrados por meio de oralidades suaves e tonais. Adultos normalmente se comunicam com bebês, ainda em fase pré-verbal, com oralidades tipicamente musicais, ou seja, com notada regularidade rítmica e tonal.

A música vem, assim, cumprindo um papel fundamental na promoção de *entrainment* social, palavra que curiosamente pode também ser traduzida como "entretenimento", novamente referenciando a ação de coesão social que as artes e especialmente a música cumprem. Isso ocorre por meio do estabelecimento de sentimentos de confiança entre os membros do grupo (como um bebê em fase pré-verbal, que confia no adulto que se comunica com ele por oralidades pseudomusicais) e da diminuição da sensação de individualidade de cada membro do grupo, em detrimento da manutenção de sua identidade coletiva (o que permitia, por exemplo, que, em guerras ou caçadas, entre diversas outras atividades que

---

[2] Mithen, 2006.

FUNDAMENTOS INTERDISCIPLINARES DA MUSICOLOGIA SISTEMÁTICA | 241

envolviam risco de morte aos membros de um grupo, este se mantivesse coeso e operante, apesar de eventualmente perder alguns de seus membros, muitas vezes mutilados diante dos companheiros; mesmo assim, a união entre os membros remanescentes era mantida, ou talvez até intensificada).

A música funciona como uma cola que une as partes de um todo; um mecanismo psicológico de persuasão voltado à formação e à manutenção de um grupo através da fusão de seus membros pela diminuição momentânea da sensação de individualidade de seus membros e pelo aumento da confiança no grupo.

A rebelião musical típica que vemos no *Réveillon* mostra esse fenômeno em ação. Grupos se formam e defendem sua identidade através da música. Não basta ao grupo escutar a música que o define e une; é também necessário irradiar essa mensagem emocional para fora de suas fronteiras. Trata-se de um processo inconsciente e majoritariamente emocional; não é consciente e, portanto, racional. Desse modo, os membros dos grupos contemporâneos agem impulsionados por uma programação milenar, que antecede suas (muitas vezes insípidas) racionalidades. A rebelião é a resistência; resistência à extinção.

Como talvez dissesse algum partidário de Maturana e Varela,[3] o grupo apresenta características autopoieticas. Resiste às influências externas que eventualmente promoveriam sua dissolução, e tenta expandir-se, promovendo a irradiação de sua identidade através da música que obriga a todos ao redor a escutar. Abaixar o volume do som é um atentado à própria sobrevivência do grupo. Não importa que sonoridades se mesclem, entre grupos próximos, criando um emaranhado cacofônico. Isso normalmente é relevado por todos os grupos.

A pergunta final que tento responder aqui é: "Por que não se escuta Miles Davis, ou qualquer outra música mais requintada, nessas

---

[3] Maturana & Varela, 1980.

circunstâncias?". A minha conjectura é que existem dois tipos de prazer musical, em nível sonoro, que eu chamo de prazer vestibular e prazer coclear. O prazer vestibular vem, como o próprio nome confirma, do sistema vestibular, estrutura intimamente ligada à cóclea, mas que detecta movimentos corporais, como o equilíbrio, o deslocamento e a aceleração, nas três dimensões do espaço. O prazer vestibular também é estimulado por sons muito intensos, já que esse sistema e a cóclea estão conectados, pertencem à mesma estrutura óssea chamada vestíbulo.

Já o prazer coclear vem da habilidade de esmiuçar, decompor, investigar e entender, mesmo que parcialmente, a complexidade que compõe uma estrutura harmônica elaborada ou, ainda mais sutil e intangível, a constituição de um timbre.

Para mim, existem ouvintes que sentem mais prazer sonoro no estímulo vestibular (advindo do pulso, da batida, da percussão, da intensidade sonora), e ouvintes que sentem mais prazer no estímulo coclear (pela harmonia, pelas cadências, pela constituição do timbre etc.). O entretenimento musical parece vir muito mais do estímulo vestibular do que do estímulo coclear. O pulso fala mais alto ao convencimento, à persuasão, ao agrupamento, do que o acorde complexo, o timbre elaborado ou a cadência inusitada.

O que sustenta autopoieticamente um grupo, nos moldes dos primitivos hominídeos protolinguistas, através da amálgama musical, são a intensidade e o pulso. Esse prazer é mais emocional e, assim, mais persuasivo. O outro prazer, coclear, é mais complexo e refinado, sendo, dessa forma, mais racional, especulativo e, assim, mais difícil de se persuadir, de se estabelecer e de manter a permanência do pertencimento a um grupo apenas pela via do entretenimento musical. O pensamento dos membros do grupo deve ser unânime para que este sobreviva. No entanto, como diz a fatídica frase de Nelson Rodrigues, "toda unanimidade é burra", à qual eu acrescento que só mesmo sendo burra é que esta pode se manter unânime.

39
LIBERDADE, CRIATIVIDADE E MÚSICA

A mente humana tenta sempre entender a realidade com base naquilo que conhece, exprimindo modelos da realidade através da ciência e expressando-os através das artes, como é o caso da música. Nada mais conhecido para nós do que aquilo que construímos. Um simples artefato, como uma flauta *Divje Babe*, feita de osso de urso, por algum *luthier* que viveu há mais de 30 mil anos, é um artefato musical que pode ser usado para explicar por demonstração (ou seja, por imitação), exprimindo sonoridades similares às dos cantos dos pássaros, e para expressar emoções a essas sonoridades associadas, através da *performance* musical. Por extensão, tem-se que grande parte do avanço alcançado pelo conhecimento humano nas áreas de ciências, artes, filosofia, matemática e afins também se baseou na comparação de fenômenos naturais com mecanismos e artefatos.

Dessa frente, surgiram correntes filosóficas, como o "mecanicismo", que tentam explicar a natureza e a realidade por meio de analogias a artefatos e processos mecânicos. Thomas Hobbes,[1] em sua obra seminal *Leviatã ou Matéria, palavra e poder de um governo eclesiástico e civil*, aventura-se a explicar a sociedade e a

---

[1] Hobbes, 2014.

política por uma visão mecanicista. René Descartes,[2] outro renomado filósofo mecanicista do século XVII, através de sua visão dualista do ser humano, dividindo-o entre mente e corpo, tenta explicar a ação, a reação e, assim, a condição humana, pela interação dessas partes, seguindo um caminho similar àquele que seu professor Isaac Beeckman trilhou, em sua teoria filosófica mecanicista e dual, dividindo a essência do universo entre "matéria e movimento".[3]

Segundo essa teoria, o conceito de "matéria" deriva do "atomismo", dos filósofos da Grécia Antiga, como Leucipo e Demócrito, para quem a matéria é, necessariamente, constituída de partes indivisíveis (atômicas); e o conceito de "movimento" trata da ação exercida pela inércia, ou seja, a resistência da matéria à mudança imposta pela aceleração (como a gravitacional). O dualismo mecanicista tem sido a base do pensamento científico determinista, bem como inspiração para muitas obras artísticas, musicais e até satíricas.

A visão mecanicista também leva ao consequente engendramento do princípio da "causa e efeito", segundo o qual toda ação causa uma reação. Desse modo, considerando também que não pode existir uma reação (no presente) sem que tenha existido uma ou mais ações anteriores (no passado) que a originaram, tem-se que todo fenômeno é ocasionado, podendo, dessa forma, ser determinado, estudado e entendido pelo conhecimento de suas causas.

Assim surge o "determinismo", uma corrente filosófica que defende (em maior ou menor grau de fundamentalismo) a teoria de que não há efeito sem causa. A palavra "determinismo" vem do verbo "determinar", que se origina do latim *determinare*, composto do prefixo *de*, significando "para fora", e *terminare*, significando "finalizar". Essa teoria, em linhas bem simples e gerais, advoga que todo acontecimento (inclusive os mentais, como os pensamentos

---

[2] Descartes, 1973.
[3] Beeckman, 2004 [1620].

e, consequentemente, nossos julgamentos, ações e arbítrios) é determinado por causas anteriores (que ocorreram no passado), e, assim, não podem existir o acaso, a criatividade pura (aquela da inferência abdutiva plena, ou seja, o *insight*) ou mesmo o livre--arbítrio.

Para o pensamento determinista, tudo o que ocorre no presente pode ser completamente determinado pelo que ocorreu no passado. Como, então, tudo se originou? Bem, como disse o biólogo Rupert Sheldrake, em seu livro *The Science Delusion*:[4] "É quase como se a ciência dissesse, 'Dê-me um milagre gratuito, e a partir disso todo o restante se desenrolará com uma explicação causal e contínua'".[5]

Da mesma maneira que diz a frase atribuída a Arquimedes: "Dê--me uma alavanca e um ponto de apoio e levantarei o mundo", o atual pensamento científico determinista (mecanicista) é como se dissesse: "Dê-me um milagre inicial e um ponto de partida e explicarei o mundo".

O pensamento determinista, que, para mim, pode ser também chamado de "mecanicista" (pelas razões acima explicadas), é bastante presente ao longo da história da música erudita europeia, quando a teoria musical e as suas regras composicionais – como as de contraponto, condução melódica, cadências harmônicas, orquestração etc. – passaram a amalgamar um senso comum da boa forma musical de cada época, o que constituiu os grandes gêneros musicais eruditos. Compositores como J. S. Bach, Beethoven, Chopin, Brahms e similares são conhecidos por suas bem estabelecidas e estruturadas estéticas composicionais, pelas quais tanto instituíram uma forte identificação de seus estilos musicais entre seus ouvintes, como expressaram suas criatividades musicais.

---

[4] Sheldrake, 2012.
[5] Em inglês, "It's almost as if science said, 'Give me one free miracle, and from there the entire thing will proceed with a seamless, causal explanation'".

O pensamento mecanicista funciona muito bem para criar o ferramental composicional necessário do compositor e, assim, estabelecer a sua identidade (inclusive utilizada recentemente por modelos de inteligência artificial para simular e finalizar composições inacabadas famosas, conforme mencionado anteriormente). Porém, o pensamento mecanicista de nada serve na ausência do artista, ou seja, sem sua criatividade. Para mim, seria como ter uma bancada muito bem montada, com todas as ferramentas necessárias, mas sem o artesão que as soubesse utilizar.

O grande físico Albert Einstein foi um famoso determinista. Ele negava a possível existência do livre-arbítrio (*free will*).[6] Einstein acreditava que, do mesmo modo que Deus não joga dados com o universo, nós não temos livre-arbítrio. No entanto, as evidências trazidas pela mecânica quântica e por experimentos com partículas subatômicas desafiaram a visão determinista do físico alemão, que acreditava existirem "variáveis escondidas" que explicariam, de um modo determinístico plausível, uma visão causal do microcosmos (paradoxo Einstein-Podolsky-Rosen). Isso foi motivo de muitas discussões interessantes e de altíssimo nível. Em especial, os trabalhos de Kurt Friedrich Gödel,[7] com seus teoremas da incompletude, provam que a matemática é, e sempre será, incompleta, que existem números que não podem ser calculados, programas que não podem ser computados, números infinitos além de nossa compreensão e,

---

[6] Isso fica claro em duas bem documentadas declarações de Einstein: 1) "Como já afirmei diversas vezes, não creio que Deus jogue dados com o universo" (conversa com William Hermanns, em 1943) [Em inglês, "As I have said many times God doesn't play dice with the world"]; 2) "Eu sou determinista. Não acredito em livre-arbítrio. Já a cultura judaica acredita em livre-arbítrio. Eles creem que o indivíduo cria seu destino. Eu rejeito essa doutrina" (em Isaacson, 2007, na p. 386) [Em inglês, "I am a determinist. I do not believe in free will. Jews believe in free will. They believe that man shape his own life. I reject that doctrine"].

[7] Gödel, 1931.

assim, que, se existe um Deus, ele joga dados com o universo e tem um peculiar senso de humor. Não acredita? Então resolva a equação: x=x+1.

Em 2006, John Conway e Simon Kochen apresentaram o FWT (*Free Will Theorem*),[8] provando definitivamente que o determinismo é, de fato, incompleto, e que o livre-arbítrio pode, assim, existir. De certo modo, creio que as artes e, em especial, a existência e a necessidade da música sempre evidenciaram isso. Não haveria música se não houvesse compositores exercendo seu livre-arbítrio criativo, expresso nas obras musicais que criam com base em suas inferências abdutivas. Do mesmo modo, também não existiria música se não houvesse ouvintes interessados em escutá-las, analisando-as e exercendo também inferências abdutivas para ressignificá-las e se emocionar com a informação sonora que as constitui.

Apesar de Einstein ter sido ferrenhamente determinista, acreditando que tudo pode ser completamente explicado por uma equação matemática formal (determinística, ou seja, não probabilística), é também atribuída a ele a seguinte frase: "Imaginação é mais importante do que conhecimento. O conhecimento é limitado. A imaginação circunda o mundo".[9] Isso parece paradoxal, pelo menos a princípio. Einstein considerava a imaginação, ou seja, a criatividade (algo caótico, que talvez só possa ser parcialmente explicado por um modelo probabilístico), um atributo da mente humana, que é mais importante do que seu conhecimento formal (determinístico). Um livro, por exemplo, registra conhecimento, porém não o imagina nem o utiliza.

Sócrates, o filósofo mais importante de toda a história do pensamento ocidental, nunca escreveu um livro, nem mesmo

---

[8] Conway & Kochen, 2009 [2006].

[9] Em inglês, "Imagination is more important than knowledge. Knowledge is limited. Imagination encircles the world".

registrou seus pensamentos filosóficos de qualquer forma permanente. Diz-se que o filósofo ateniense não confiava no pensamento registrado na forma de escrita. Ele afirmava que a prática da leitura traria o esquecimento à alma (consciência) do leitor, pois este passaria a acreditar mais nas palavras e nas frases do que em sua interpretação daquele conhecimento, o que equivaleria à diferença entre memorizar e lembrar. Por outro lado, só sabemos desses e de outros brilhantes pensamentos do passado graças ao seu registro dado pela escrita e pela leitura. Creio que a diferença esteja em saber interpretar os fatos e utilizar adequadamente os recursos, saber ler nas entrelinhas não somente o que está escrito, mas por que foi escrito. No processo de ponderar, rememorar e sintetizar, de modo a destilar da informação lida apenas aquilo que de fato interessa, entra em cena a criatividade.

Apesar de sua estrondosa carreira científica, sendo considerado por muitos o físico mais importante de toda a história da humanidade (segundo uma pesquisa realizada pela *Physics World Magazine*, em 1999),[10] Einstein era mais conhecido por sua criatividade do que por seu conhecimento. O físico alemão era também um violinista muito competente, capaz de executar peças clássicas de significativa beleza e complexidade.

Apesar de ser um processo caótico – no sentido de que ninguém, nem mesmo o que cria, sabe se e quando um resultado esperado será obtido –, a criatividade necessita da ordem, de regras e de estruturas para que o processo criativo possa se sustentar. Talvez a paixão pelo determinismo de Einstein seja similar à sua paixão pela música clássica, cuja estrutura musical é rígida. Não há improvisações. As notas que compõem uma peça musical erudita clássica são imutáveis e perfeitamente dispostas numa forma de programação organizada ao longo do tempo, chamada de partitura, que, por meio de símbolos

---

[10] Cf. Durrani & Rodgers, 1999.

da notação musical, determina exatamente qual, quando e como cada nota deve ser executada pelo músico.

No entanto, a execução *verbatim* de uma partitura (por exemplo, aquela realizada por um *software* musical, que executará qualquer peça musical sem erros, exatamente como foi escrita) é irremediavelmente enfadonha. A diminuta fresta de liberdade, quase imperceptível, que está na fronteira entre a habilidade e a incompetência (de inserir ou tentar evitar o erro humano, na execução do instrumentista humano) é o que faz toda a diferença. Ao inserir variações de tempo, duração e intensidade nas notas que executa, o intérprete humano compõe a sua interpretação, que pode ser desde medíocre até genial, mesmo que todas as suas interpretações da mesma peça executem corretamente todas as notas de uma dada obra musical. Essa é a parte não escrita de uma partitura, que um *software* musical não consegue executar, mas que permite ao músico humano interpretar uma peça musical e demonstrar sua criatividade ao executar uma obra musical formal (ou seja, determinística).

Sempre me lembro de um episódio que ocorreu no período em que eu cursava a faculdade de música popular (modalidade piano), na Unicamp. Na época, resolvi também fazer algumas aulas de piano erudito, a fim de aperfeiçoar minha técnica e interpretação. Assim, treinei algumas peças do repertório clássico, e, entre elas, uma a cuja depuração dediquei bastante tempo: a sonata "Patética", de Beethoven.

Na ocasião, indicaram-me uma professora particular que era considerada excelente pelos alunos do curso de piano erudito. Essa senhora vinha de São Paulo a Campinas uma vez por semana, para dar aulas particulares de piano na região. Marquei um horário e fui visitá-la. Era uma senhora com bastante idade, que já apresentava certa dificuldade para caminhar, tinha mãos bem pequenas e aparentava para mim (na época, jovem, com muita energia e técnica pianística) possuir uma certa fragilidade preocupante. Instado por ela a tocar alguma peça, mais que depressa me sentei ao piano e toquei as primeiras páginas da "Patética", que sabia tão bem.

Ela me escutou com atenção. Depois me disse que estava muito bom, mas que ela teria interpretado de outra forma. Levantei-me do piano um pouco intrigado. Ela se sentou. Enquanto a senhora se ajeitava, eu tentava imaginar o que ela poderia fazer de diferente ou melhor do que eu havia feito ao tocar aquela peça. Já estava preparado para ouvir uma versão titubeante, geriátrica, com bem menos técnica do que a minha, fingir algum interesse e desaparecer de lá para sempre. No entanto, quando ela tocou "Patética" (e eram as mesmas notas que eu havia acabado de tocar), fiquei chocado. Aquela peça parecia outra música, similar à que eu havia executado, no entanto melhor, com mais profundidade, mais nuances, maior complexidade e nexo. Enfim, era uma interpretação obviamente muito mais bela do que a que eu havia realizado. Não me lembro do nome dessa grande professora e pianista, mas creio que jamais me esquecerei da maneira formidável como ela tocou, dando-me, assim, a certeza de que a interpretação é, de fato, fundamental para a música.

Na minha opinião, criatividade é o nome que se dá ao processo que une o método à imaginação. Estruturas são importantes para alicerçar a construção daquilo que é novo, por isso a criatividade necessita do pensamento formal, determinista, para expressar o novo e exprimir o belo. A criatividade musical baseia-se numa estrutura tripartida:

1) a criatividade do compositor, que se baseia no processo subjetivo de suas inferências abdutivas apoiadas nos processos indutivos de testar e nos processos dedutivos de aplicar seu conhecimento musical, bem como nas inter-relações destes com sua época, gênero e interveniências socioculturais de sua comunidade;

2) a criatividade do intérprete, que opera no nível subliminar de variação de tempo, duração e intensidade musical das notas que executa, para poder assim expressar novas leituras de uma

mesma composição (algumas vezes sequer concebidas pelo próprio compositor que a criou);

3) a criatividade do ouvinte, que escuta a obra e, baseado em sua memória e em sua predileção pessoal e social, tece uma cadeia de expectativas musicais, antecipando eventos sonoros e, desse modo, sendo emocionalmente afetado por sua teia de constatações e surpresas. É preciso uma certa restrição de opções, imposta pela estrutura formal de uma peça ou gênero musical, para que o intérprete possa, de fato, ser livre para exercer sua criatividade.

40
Musas, música e o mundo mental

Uma das características fundamentais da espécie humana é a sua capacidade de filosofar, ou seja, de ter prazer em pensar. A mente humana é única em estabelecer e ponderar conceitos éticos e estéticos, científicos e artísticos, linguísticos e musicais. Apesar de as outras espécies possuírem formas de comunicação sonora intrincadas e expressivas, que sugerem uma forma de pensamento, estas nunca atingem o grau de requinte semântico da linguagem ou expressivo da música, o que as deixa definitivamente aquém da capacidade humana de filosofar.

Segundo Steven Mithen, em seu livro *The Singing Neanderthals*,[1] uma das conclusões mais frustrantes de estudos realizados com outras espécies, mesmo as bem próximas de nós (como os gorilas e os chimpanzés), é o fato de que indivíduos pertencentes a elas, mesmo treinados e devidamente capacitados a se comunicarem semanticamente (por exemplo, através de linguagens de sinais ou por meio de tabuleiros com símbolos), demonstraram uma total ausência de questionamentos filosóficos.

Indivíduos de outras espécies (e talvez muitos da nossa própria) podem até ser treinados em formas básicas de linguagem, sendo,

---

[1] Mithen, 2006.

assim, capazes de se comunicar semanticamente – o que revela uma grande capacidade mental para diversas tarefas executadas por humanos (existem, por exemplo, orangotangos capazes até de dirigir veículos) –, porém nunca demonstram capacidade de ponderar sobre o desconhecido (por exemplo, sobre sua origem, futuro, ideal etc.). Para esses indivíduos, não há comunicação sem que haja uma necessidade biológica direta e fundamental para tal, como a necessidade de se defender, de se alimentar ou de se reproduzir.

Realismo e idealismo

A meu ver, filosofia é uma atividade humana anterior à própria ciência, que se dedica a definir as perguntas fundamentais (tanto objetivas quanto subjetivas) que podem vir a ser posteriormente estudadas pelas ciências exatas, humanas e biológicas, de modo a tentar entender como essas ciências funcionam e quais são as suas implicações. Para isso, a ciência usa recursos da cultura predecessora, da lógica, da matemática e da tecnologia.

Desse modo, a filosofia não tem a finalidade de responder às perguntas que formula, do mesmo modo que as ciências não têm a obrigação ou sequer a capacidade de explicar a essência dos fenômenos que estuda. A filosofia se dedica a ponderar sobre a essência dos fenômenos e conceitos, enquanto a ciência trata de estudar sua função e modelar seu comportamento. Por exemplo, não se sabe qual é a essência da gravidade, mas há muitos séculos a ciência vem estudando e sabendo cada vez mais sobre o seu comportamento e a sua atuação. Pelo menos desde a "Lei da gravitação universal", de Isaac Newton, publicada há mais de três séculos, até a recente medição das "ondas gravitacionais", em 2017, pelo Ligo (*Laser Interferometer Gravitational-Wave Observatory*), a ciência sabe cada vez mais sobre como a gravidade se comporta, mas bem pouco (ou quase nada) sobre a sua essência (e o mesmo vale, entre outros, para a matéria, a luz, o tempo e o espaço e para a nossa consciência ou mente).

Desde os tempos da Grécia Antiga (talvez até antes disso), a filosofia parece ter naturalmente se dividido em duas correntes principais – aqui, por simplicidade, chamadas de idealismo e realismo. Em linhas gerais, o idealismo defende a ideia de que não temos acesso direto à verdadeira realidade constituinte do mundo (aqui, "mundo" se refere a tudo que existe, ou seja, ao universo, tanto objetivo quanto subjetivo, extrínseco ou intrínseco). Já o realismo defende que a realidade é exatamente como a observamos e com a qual interagimos; que não existe algo de misterioso ou intangível por trás daquilo que observamos, medimos e manipulamos, ou seja, não há uma "metafísica" (significando a verdadeira realidade por trás da "física" que percebemos).

A famosa pintura *Escola de Atenas* (*Scuola di Atene*, de 1510), do pintor renascentista italiano Rafael, descreve bem essa dualidade filosófica, com diversos grandes pensadores (entre muitos outros, Sócrates, Pitágoras, Boécio, Diógenes, Arquimedes, Ptolomeu, Platão e Aristóteles). No centro dessa pintura, estão Platão, em vermelho, representando o idealismo, apontando para cima, referindo-se à metafísica por trás da física, e Aristóteles, em azul, representando o realismo, com o gesto de mão para baixo, referindo-se à existência apenas da física.

A existência de um mundo além do físico, um mundo das ideias, ou, como é aqui chamado, um "mundo mental", do qual a realidade como a percebemos deriva e depende, foi defendida por Platão e muitos outros pensadores idealistas, ao longo da história, tais como: Vasubandhu, Utpaladeva, Kant, Leibniz, Schopenhauer e, mais recentemente, Timothy Sprigge. No lado oposto, os pensadores que defendem o realismo, posteriormente chamado de "materialismo" e, mais recentemente, de "fisicalismo" (termo cunhado por Otto Neurath), vêm desde Aristóteles (chamado de "pai do realismo"),

FUNDAMENTOS INTERDISCIPLINARES DA MUSICOLOGIA SISTEMÁTICA | 255

Francis Bacon, Max Weber e até Bertrand Russell, fundador da chamada "filosofia analítica", que utiliza o formalismo da lógica e da matemática para embasar ponderações filosóficas.

Interessante notar que o orientador do filósofo inglês, Alfred North Whitehead, com quem Russell escreveu *Principia Mathematica*[2] – uma das obras mais importantes da filosofia analítica –, foi um importante filósofo idealista. Além da similaridade com Platão e Aristóteles (que também foi seu discípulo), um outro caso parecido, pelo menos a meu ver, tratando da diferença de entendimento sobre o conceito de mente, ocorreu entre Sigmund Freud e seu discípulo Carl Jung. Freud, de viés notadamente realista, considerava a mente como uma atividade puramente cerebral do indivíduo. Já Jung, com pensamento notadamente idealista, defendia a existência de uma mente estendida, que permearia toda a humanidade, por ele chamada de "inconsciente coletivo".

Devido ao seu aspecto reducionista, que descarta a existência de uma metafísica intangível, porém interveniente, à nossa realidade perceptual, o pensamento filosófico realista se tornou mais adequado à experimentação, sendo mais fácil de ser definido pela lógica e modelado pela matemática. Além disso, ao que se supõe, a lenta e penosa separação do Estado e da Igreja no Ocidente, juntamente com os traumas advindos do seu prolongado domínio social durante todo o período medieval e até mesmo moderno (para ter uma ideia, no Brasil, a criação do Estado laico só foi promulgada em 1890), também incentivou o realismo/materialismo/fisicalismo filosófico a se tornar a fundamentação norteadora da ciência atual e até mesmo de parte significativa das artes, como a música, especialmente em termos de sua teoria, de seu ensino e de sua análise.

No entanto, os avanços científicos contemporâneos, em especial no que concerne à realidade objetiva (com o advento da física relativística,

[2] Whitehead & Russell, 1910.

seguido da chegada da física quântica) e à realidade subjetiva (com os avanços da psicologia, da cognição e, posteriormente, da neurociência), trouxeram cada vez mais inquietantes evidências (em termos de constatações empíricas misteriosas) que têm desafiado a base fisicalista da ciência. A curvatura do tempo-espaço, comprovada pela relatividade, o entrelaçamento quântico, comprovado pela mecânica quântica, e o problema difícil da consciência (que elude a neurociência a explicar como quantidades de processamento neural compõem qualidades perceptuais) são apenas alguns exemplos dos muitos mistérios que se manifestam e aglutinam na ciência atual, ainda que exaustivamente comprovados e replicados por experimentos científicos, mas que parecem impossíveis de ser explicados pela ciência embasada no reducionismo fisicalista.

Esse fato tem trazido o ressurgimento do pensamento filosófico idealista, porém desta vez embasado no rigor sistemático do processo analítico. Análogo ao que ocorre com o eixo magnético terrestre – que, a cada intervalo de dezenas ou centenas de milhares de anos, misteriosamente inverte de polaridade (fenômeno conhecido como *geomagnetic reversal*) –, talvez, na microescala da nossa breve sociedade humana, estejamos prestes a presenciar uma inversão no polo filosófico que norteia nossa ciência e nossa arte, indo do atual fisicalismo a uma vertente mais formal de idealismo. Com isso, talvez perguntas fundamentais e aparentemente insolúveis – como as que mencionei acima e tantas outras que pululam tanto na ciência quanto nas artes – possam vir a ser desvendadas, quem sabe até de forma óbvia e ululante.

Este capítulo pretende discorrer sobre as questões relacionadas a esse viés, que tocam em particular à "arte das musas", a música, e suas elusivas e intangíveis abstrações no onipresente mundo mental.

ADENTRANDO O MUNDO MENTAL

Na virada do milênio, um filme chamou muito a atenção do público e da crítica. *The Matrix* (1999) cativou tanto pelos efeitos especiais revolucionários quanto pela densa argumentação filosófica. A trama aponta para o "mito da caverna" de Platão, que descreve, com essa famosa parábola, como estamos afastados da verdadeira realidade e o quanto aquilo que dela percebemos é somente um simulacro – no caso desse filme, uma simulação computacional (argumento também defendido por diversos pensadores atuais, como o professor de filosofia de Oxford Nick Bostrom,[3] que considera, em sua "hipótese da simulação", a enorme possibilidade de já estarmos vivendo numa simulação).

Em 2005, um ensaio peculiar, de uma única página, foi publicado na renomada revista científica *Nature*, com o título "The mental Universe". O autor, Richard Conn Henry,[4] físico e astrônomo, defendeu, aberta e diretamente, a tese de que vivemos em um universo que não é essencialmente físico (feito de matéria e energia), mas puramente mental. Esse ensaio inicia com a seguinte afirmação: "A única realidade [que existe] é mente e observação, porém [nossas] observações não são de coisas [materiais]".[5] O autor explica que o universo é quântico, portanto imaterial, e se assemelha mais a uma mente do que a uma máquina.

No livro *Our Mathematical Universe*, o cosmólogo Max Tegmark defende que conceitos materiais, como átomos, células ou estrelas, são redundantes, uma vez que são apenas percebidos através de modelos matemáticos, os quais são idealizações, ou seja, padrões

---

[3] Bostrom, 2014.
[4] Henry, 2005.
[5] Em inglês, "The only reality is mind and observations, but observations are not of things".

mentais.[6] O artigo "The autodidactic universe", do físico teórico Stephon Alexander e colegas, mostra como as leis da física se manifestam de modo equivalente a um modelo computacional de rede neural em aprendizado, ou seja, como que formando hábitos peirceanos de um mundo mental.[7] Em suma, na esfera da física, que tenta descrever o comportamento macroscópico e microscópico do universo, o fisicalismo parece estar cada vez mais em conflito devido à incapacidade de explicar os fenômenos cientificamente observados atualmente.

O mesmo ocorre na esfera do mundo subjetivo. A esperança de que o atual processo científico tradicional, norteado pelo pensamento fisicalista (em grande parte, ainda na lógica aristotélica), será capaz de explicar nossos processos cognitivos, como a identificação, a atenção, a intenção, a emoção e a consciência (atividades qualitativas normalmente atribuídas à noção de mente), parece cada vez mais distante.

Segundo a neurocientista Sarah Durston,[8] até recentemente se supunha que, conforme a tecnologia fosse avançando, a neurociência seria capaz de explicar cada vez mais os processos qualitativos da mente humana. Porém, após quase meio século de evolução metodológica (por exemplo, o MRI – de *Magnetic Resonance Imaging* – foi inventado no final da década de 1970), a neurociência parece cada vez mais distante de responder formalmente (ou seja, de modo quantitativo) aos processos qualitativos que constituem a mente humana.

Outra neurocientista, Jill Bolte Taylor, conta, em seu livro intitulado *My stroke of insight*,[9] uma experiência vivenciada por

---

[6] Tegmark, 2014.
[7] Alexander *et al.*, 2021.
[8] Durston, 2017.
[9] Taylor, 2006.

ela, ao sofrer um severo aneurisma cerebral que momentaneamente "desligou" todo o processamento do hemisfério esquerdo de seu cérebro; Taylor afirma ter experimentado um profundo silêncio mental, como nunca antes sentira, seguido de uma enorme sensação de paz, felicidade e união com todo o universo, sentimento considerado por ela equivalente ao nirvana.

Experimentos recentes da neurociência com alucinógenos (como o DMT e o LSD), conhecidos por provocar uma imensa atividade mental (como visões, sinestesias, intensificação de percepções etc.), têm paradoxalmente comprovado que tais substâncias, na verdade, diminuem a atividade cerebral. O mesmo ocorre em estados mentais alterados por sonhos intensos, meditação profunda ou até asfixia induzida. Nessas condições mentais alteradas, em que a consciência tem uma enorme exuberância e profusão de experiências qualitativas, o cérebro se encontra quantitativamente (em termos de atividade neural) bem menos ativo do que no seu estado normal, de vigília. Isso contraria a noção fisicalista de que a atividade mental qualitativa está diretamente relacionada à atividade quantitativa cerebral.

Tal evidência vem sendo repetida por diversos estudos científicos, como o de Carhart-Harris e colegas,[10] no caso de alucinógenos, e o de Jennifer Windt,[11] no caso de sonhos e meditação. Há também estudos de casos de experiências místicas após acidentes cerebrais (como o episódio mencionado envolvendo Jill Bolte Taylor, entre outros) e NDA (*Near Death Experiences*, ou "experiências próximas da morte"). Em suma, como explicar pelo fisicalismo científico que, em momentos em que o cérebro está quase ausente de atividade neural, a mente se mantém extremamente ativa, com percepções, concepções e emoções profundamente significativas?

[10] Carhart-Harris *et al.*, 2012.
[11] Windt, 2015.

Existem diversas propostas atuais para novos *frameworks* filosóficos que possam orientar a ciência de modo a permitir que esta eventualmente avance o conhecimento humano em questões fronteiriças fundamentais, tanto objetivas (dos enigmas do microcosmo quântico aos do macrocosmo relativista) quanto sobre o universo subjetivo da mente e de sua emergente consciência.

Que eu saiba, o pesquisador atual que mais tem advogado essa frente, formalmente organizando essas propostas, desde a Antiguidade até a atualidade, bem como propondo a sua síntese, é Bernardo Kastrup,[12] doutor em Filosofia e também em Ciência da Computação. Sua argumentação vai no sentido de propor um *framework* idealista para uma nova filosofia da ciência, que esse cientista holandês chama de "idealismo analítico". A meu ver, Kastrup propõe uma retomada do pensamento metafísico, porém com o rigor analítico da lógica e da matemática, afastando-se, simultaneamente, tanto do fisicalismo quanto do "pampsiquismo", uma corrente filosófica que muitas vezes é confundida com o idealismo, ao sugerir a existência fragmentada da consciência em cada partícula física que compõe o universo físico.

O idealismo analítico é baseado na seguinte argumentação: existe somente uma única mente universal (que eu chamo aqui de "mundo mental") com suas próprias (intrínsecas) regularidades e padrões (ou excitações), similares às nossas ideias e emoções. Esses padrões mentais compõem tudo que existe e é percebido, seja na forma de matéria ou de energia (e que percebemos e no qual atuamos considerando-o o mundo físico). Os seres vivos são "dissociações" (ou *alters*) do mundo mental, mas nele habitam, nele atuam e são por ele afetados (já que, mesmo dissociados, ainda assim são parte integrante do mundo mental, similarmente a diferentes partições do mesmo HD de um computador); percebem conscientemente outros *alters* e demais padrões (objetos inanimados, matéria, energia etc.)

[12] Kastrup, 2018.

somente através dos sentidos (visão, audição, olfato, tato, paladar etc.), como padrões extrínsecos.

Por essa perspectiva, seríamos como identidades dissociadas do mundo mental; de um modo simplista ou até exagerado, similares aos casos clínicos de DID (*Dissociative Identity Disorder*) antes conhecidos como os casos de "múltipla personalidade". Para mim, esse parece ter sido o caso de muitos artistas geniais, como o grande poeta da língua portuguesa Fernando Pessoa e as suas "dissociadas" máscaras poéticas. Como eu disse, casos de DID são exemplos extremos. Porém, de modo mais brando, todos nós temos episódios similares a dissociações, seja em momentos de *insight*, inspiração, ou abdução, em sonhos ou mesmo em vigília, quando ideias nos ocorrem subitamente como se tivessem vindo de outra mente. Músicos e demais artistas criadores conhecem esse fenômeno de perto. Na próxima seção deste capítulo, tratarei especificamente do conceito estético, das musas das artes e da música (a "arte das musas") como possíveis processos emergentes do mundo mental.

Musas e músicos

Músicos, compositores, escritores e demais pessoas criativas costumam saber intuitivamente, e até ter casos para contar, da existência desse misterioso estado mental de inspiração, atribuído na Antiguidade à presença de uma misteriosa "musa", que culmina num inesperado momento de inspiração, um lampejo de *insight* ou uma súbita e reveladora inferência abdutiva. Talvez por ser a mais inefável, intangível e imaterial das artes, a música é diretamente relacionada à interveniência desse misterioso estado mental que parece ser o responsável pelo processo criativo, mas que, por muitos meandros, quase sempre escapa ao escrutínio da ciência (apesar de também inspirá-la). Daniel Levitin, pesquisador, músico e neurocientista, autor do conhecido livro *This is your brain on music*,[13] foi, por causa do sucesso dessa obra, procurado pelo famoso compositor *pop* Sting. Desse encontro, surgiu a possibilidade de um estudo inusitado, entre Levitin e Sting, da análise de padrões neurais do cérebro do artista enquanto este imaginava e compunha música em um MRI.

Em 2016, Levitin e Grafton publicaram um artigo relatando os resultados desse estudo.[14] Porém, antes disso, num documentário de 2012, realizado por Christina Pochmursky, intitulado *The musical brain* (que mostra partes desse estudo), esse encontro já havia se tornado público, bem como algumas de suas inquietantes consequências – em especial, uma inesperada reação de Sting no exato momento em que Levitin apresenta e explica os resultados do escaneamento cerebral do artista (em 44 minutos).

Sting vai ficando cada vez mais desconfortável com os resultados e as imagens da análise de seu cérebro, apesar de Levitin estar-lhe dando boas notícias a respeito de seu cérebro e seu processo criativo. A inquietação parece proceder da racionalização sobre o seu intuitivo processo composicional, o que, segundo Sting relata, pode impedi-lo de continuar sendo capaz de acessá-lo (em 45 minutos, demonstrando desconforto ao ver as imagens escaneadas de seu cérebro, Sting diz: "Eu tenho medo de olhar muito pra isso [a imagem do seu cérebro] e passar a ser incapaz de continuar compondo",[15] e, aos 46 minutos, em um momento posterior e já mais tranquilo, referindo-se ao seu processo de composição, o artista declara: "Eu me sinto feliz por estar perdido, sem saber aonde irei ou o que acontecerá".[16] Para mim, parece que, intuitivamente, Sting sente que a inferência determinística

---

[13] Levitin, 2006.
[14] Levitin & Grafton, 2016.
[15] Em inglês, "I'm afraid if looking at it too much, I'll be unable to do it".
[16] Em inglês, "I feel I'm happily lost. I don't know where I'm going or what happens next".

e lógica da dedução, de certa forma, inibe a ocorrência inesperada e espontânea da abdução.

Curiosamente, em 2014, Sting se apresentou num *TED Talk* intitulado "How I started writing songs again", em que contou como, inesperadamente, ficou incapaz de compor por três anos. O cantor britânico relatou que um dia suas composições musicais simplesmente pararam de surgir.[17] Apesar de ele não mencionar, essa súbita parada ocorreu cronologicamente logo após o estudo de neurociência que realizou com Daniel Levitin. Em seu *TED Talk*, Sting contou que só conseguiu reencontrar (em suas palavras) a sua "musa perdida" ao voltar a ter contato com a sua comunidade de origem, onde nasceu e foi criado (uma vila operária, próxima de um enorme estaleiro). Após anos de inexplicável e assustadora ausência, sua "musa inspiradora" retornou quando o artista regressou às suas origens e começou a expressar musicalmente a vida simples e sofrida daquela comunidade, o que novamente conjurou seu misterioso gênio criativo.

Alguns anos antes, mais exatamente em 2009, a escritora Elizabeth Gilbert ministrou uma famosa e inspiradora palestra sobre o mistério da criação artística. Trata-se de um dos *TED Talks* de maior sucesso, intitulado "Your elusive creative genius" – traduzido como "seu gênio criativo indescritível" ou "nosso esquivo gênio criativo", para mim, numa tradução mais livre e talvez mais sonora, poderia ser: "minha misteriosa musa". Nessa palestra, Gilbert explica que, no decorrer da Renascença europeia, houve uma significativa mudança social. Pessoas criativas, como artistas e pensadores, passaram de "ter um gênio" para "ser um gênio". Antes disso, acreditava-se que um artista ou pensador tivesse um ser imaterial que o acompanhava (uma musa, ou gênio), o qual seria o verdadeiro elemento inspirador responsável pela qualidade de sua produção.

---

[17] Aos quatro minutos neste *TED Talk* o artista diz: "one day the songs stopped coming".

Com essa mudança, o artista passou a ser o responsável tanto pelo seu sucesso artístico quanto pelo seu fracasso. Gilbert considera que essa mudança de perspectiva trouxe grandes problemas para as pessoas criativas: desde inesperados bloqueios (como o acima mencionado), enormes vaidades e insustentáveis egos, até crises de depressão e pânico, e mesmo muitos casos de suicídio de grandes artistas e pensadores. A autora estadunidense termina sua inspirada fala propondo a volta da utilização da noção do "gênio criativo" como ser destacado, imaterial e brilhante, que o inspira e, por distanciar o artista de sua obra, o protege de si próprio, seja de seu excesso de orgulho ou do pavor da crítica.

Os que conosco habitam

Musas, gênios, anjos e demônios são alguns dos diversos termos utilizados desde a Antiguidade para se referir a supostos seres imateriais, metafísicos, que eventualmente (e inesperadamente) interagem com o plano físico, em especial com pessoas intuitivas e criativas, como escritores e músicos. O termo *jinn* vem da mitologia árabe pré-islâmica e é referente a um tipo de entidade sobrenatural invisível, habitante de um mundo imaterial, com poderes sobrenaturais os quais pode usar tanto para o bem quanto para o mal (ajudando ou atrapalhando alguém). Esse termo foi posteriormente traduzido para o latim como *genius*, de onde vem a palavra "gênio", a qual foi incorporada na mitologia romana como um espírito guardião, muitas vezes um mensageiro divino, similar ao conceito de anjo da guarda. Já no grego, tais seres imateriais eram chamados de *daemon* (da mesma raiz de "demonstrar", ou seja, de se manifestar), tendo surgido daí a palavra "demônio". As musas eram entidades imateriais, porém especificamente relacionadas com o processo criativo, tanto nas ciências quanto nas artes, que inspiravam tanto as descobertas científicas quanto as obras artísticas e as composições musicais.

Na mitologia grega, originalmente havia apenas três musas: Mneme (a musa da memória), Melete (a musa do pensamento ou da meditação) e Aoede (a musa da expressão, da voz, da palavra e da canção). Juntas, essas musas, a meu ver, simbolizam as três características mais importantes da essência humana: a memória (por exemplo, "museu" significa "casa das musas"), o pensamento (ou meditação, do latim *meditatio*, relacionada a "meditar", "mente" e "médium") e a expressão (como no caso do já mencionado termo "música", que vem de "arte das musas"). Posteriormente, foram agregadas outras musas na cultura da Grécia Antiga, constituindo as nove musas do Olimpo: Calliope (musa da retórica), Clio (musa da história), Urania (musa da astronomia), Polímnia (musa do sagrado), Erato (musa do erotismo), Terpsícore (musa da dança), Melpomene (musa do canto), Euterpe (musa da poesia) e Thalia (musa da comédia). As suas atribuições, muitas vezes ambíguas, variaram ao longo das épocas, o que, para mim, representa a dinâmica da sociedade e a mudança de seus interesses ao longo dos séculos, implicando a mudança do foco de ação de suas musas.

Com o estabelecimento do paradigma fisicalista no final da Idade Média e no início do Renascimento, musas e demais seres imateriais foram relegados ao plano do imaginário, do fantástico e, por fim, do fantasioso, não havendo mais espaço ou possibilidade para a sociedade crer na existência de musas ou gênios, atualmente considerados apenas mitos, no máximo arquétipos de um inconsciente coletivo junguiano.

Já num paradigma idealista (o que chamo aqui de "mundo mental"), o pensamento pode vir a determinar ou a indicar a existência de dissociações (*alters*) do mundo mental, tais como somos nós, os demais seres vivos, e também como poderiam vir a ser esses antigos seres sobrenaturais, referidos por todas as antigas culturas

266 | MUSAS, MÚSICA E O MUNDO MENTAL

humanas, desde os tempos mais remotos. Um interessante exemplo nacional encontra-se nas cartas de padre Anchieta, de 1560. Nesse documento histórico, Anchieta, um sacerdote da Igreja católica, relata casos comprovados, tanto por nativos quanto por outros colegas sacerdotes, da presença do que o jesuíta chama de "demônios da floresta", como o curupira e o *baetatá* (boitatá), de cuja existência Anchieta relata não ter dúvidas, já que foi comprovada por frequentes ações (muitas vezes deletérias).

Apesar de sensivelmente diminuída, ao longo dos séculos, a crença em seres imateriais nunca foi completamente abandonada por qualquer comunidade ou cultura, por maior que tenha sido seu avanço científico e tecnológico ou a opressão ideológica. O desconhecido sempre esteve logo após o horizonte fronteiriço que a nossa razão alcança, e, no último século, conforme já mencionado, a própria expansão fisicalista das fronteiras científicas, tanto nos limites da física quântica quanto nos da neurociência, tem apontado cada vez mais para mistérios metafísicos de um mundo mental. No entanto, mesmo de acordo com um paradigma estritamente fisicalista, a contribuição inspiracional das musas ocorre no simples ato de nelas crer, como advogou Gilbert em seu *TED Talk*, mesmo que de modo informal ou até mesmo jocoso. A frase castelhana "No creo en brujas, pero que las hay, las hay" ("Não acredito em bruxas, mas sei que elas existem") reflete a necessidade do mistério no pensamento humano, especialmente no criativo, algo como as estrelas no céu, que mais inspiram do que orientam, e que são muitas vezes cobertas pela neblina do reducionismo fisicalista.

Durante a gravação do álbum *Carioca*, de Chico Buarque, em 2006, foi realizado o documentário *Desconstrução*, que inclui o famigerado clipe sobre Ahmed, de quem Chico diz comprar canções (entre outros fornecedores). Esse vídeo foi amplamente divulgado e utilizado como material para *fake news* de seus opositores ideológicos, que tentaram com ele desmoralizar o artista e a sua obra, mentira que foi posteriormente (e facilmente) desbancada (afinal, foi uma óbvia brincadeira do artista, filmada e divulgada com o seu consentimento).

Apesar disso, parece-me que, num certo sentido, mais metafísico, há um fundo de verdade nessa brincadeira que pode ser percebido na sua fala e na sua expressão, especialmente ao revelar um pouco de suas máscaras poéticas, como gênios criativos, caprichosos e inconstantes, que inspiram sua obra ímpar e a esta aferem a tão conhecida autenticidade, a grande expressividade e a assombrosa profundidade de suas canções. Não tenho dúvidas de que Chico Buarque é, de fato, o autor das canções que assina, que ele não as compra de "fornecedores" e que a gravação seja uma brincadeira que o próprio artista fez. Porém, todo artista, mesmo sem querer, se expõe em sua própria obra – e, como dizem (e aqui num contexto tanto metafórico quanto metafísico): "Todo boato tem seu fundo de verdade".

A VIDA É SONHO

Conforme vim argumentando e apresentando evidências, a ciência atual, tanto nos limites da realidade objetiva (do macrocosmos da física relativística ao microcosmos da mecânica quântica) quanto nos limites da realidade subjetiva (tais como os fenômenos de hereditariedade epigenética ou mesmo o mistério de a consciência emergir do processamento cerebral), vem acumulando evidências experimentais que apontam cada vez mais para a possível inexistência de um universo dualista, físico e determinista. Em vez disso, têm aumentado as evidências da possível existência de uma realidade metafísica, em que a verdadeira essência do nosso universo não seja física, mas mental.

Esse fato já era, de certa forma, conhecido ou percebido intuiti-vamente por pessoas criativas, especialmente por artistas, mas também por alguns cientistas, em diversos casos pitorescos de intuição criativa, como o famoso "sonho de Kekulé" – químico do século XIX que, após enfrentar grandes dificuldades experimentais, finalmente sonhou com a correta estrutura da molécula de benzeno –, ou o recente prêmio Nobel em física de 2022, concedido a três cientistas que ajudaram a comprovar experimentalmente a existência do entrelaçamento quântico (efeito cuja existência Einstein não acreditava ser possível, na medida em que nega o determinismo e a localidade física, o que o fez chamá-lo, numa carta de 1947 a Max Born, de "spooky action at a distance", algo como "efeito a distância maluco ou esquisito", que o físico alemão supunha ser decorrente de alguma forma de variável escondida no sistema, o que foi há pouco tempo empiricamente descartado). A meu ver, tais fatos apontam para a possibilidade de que a distância (e, consequentemente, o tempo) possa vir a ser como o som – apenas percepções (ou seja, padrões, ou mesmo hábitos) do mundo mental.

Isso tudo, a meu ver, advoga a mudança do atual *framework* filosófico da ciência, para uma abordagem que incorpore suas próprias e desconcertantes constatações, a fim de que esta transcenda barreiras ideológicas e prossiga em sua evolução. Penso que as consequências de tal mudança também poderão impactar a esfera social, com a volta do fascínio pela intrincada manifestação da realidade que, muitas vezes, o reducionismo fisicalista – mesmo sem querer – acaba tolhendo, além de, através do seu atual *framework*, relegar anomalias inexplicáveis ao campo do misticismo, o que, paradoxalmente – devido à impossibilidade de prover explicações científicas plausíveis sem abrir mão do fisicalismo (ou à recusa de estudar sistematicamente tais fenômenos) –, acaba incentivando o crescimento da pseudociência (como me parece ter sido o caso do terraplanismo), o negacionismo científico (como o dos que não acreditam no aquecimento global), o pensamento mágico e místico e até mesmo o avanço desenfreado das religiões fundamentalistas que

FUNDAMENTOS INTERDISCIPLINARES DA MUSICOLOGIA SISTEMÁTICA | 269

se alastraram pela política e pelos governos, tanto no Brasil quanto em diversos outros países.

Do mesmo modo, as artes também se beneficiariam com tal mudança de *framework* filosófico. A música, a "arte das musas", a mais imaterial, intangível e inefável das artes, desde o surgimento da indústria cultural, tem como que servido a dois tiranos. Em primeiro lugar, ao mercantilismo, que, ao incentivar constantemente o consumismo desenfreado, usa a música para fortalecer o apelo emotivo de suas propagandas, tornando a arte das musas uma ferramenta de persuasão ideológica coletiva. Em segundo lugar (como consequência direta do primeiro processo), ao individualismo, já que a música vem sendo usada para a exacerbação de um egoísmo quase que solipsista, incentivando o hipererotismo, a valorização do vulgar e o culto à celebridade com aceitação quase incondicional de seus eventuais comportamentos tóxicos e destrutivos. Para mim, esse fato fez com que a música se distanciasse do seu fator comunitário original e milenar, de cooperação e agregação social, ainda presente em pequenas e isoladas comunidades, onde muitas vezes a música continua sendo criada e apreciada por todos, em rituais, cerimônias, eventos e festividades.

No *framework* metafísico do mundo mental, tudo está conectado; todos se afetam e são afetados por tudo e por todos (conforme menciona o artigo científico "Everything is entangled",[18] desde o Big Bang, "tudo está entrelaçado"). Por essa perspectiva, tudo é consciência, e o que é chamado de inconsciente coletivo faz parte desse mundo mental cuja consciência ainda não foi ressignificada pela nossa mente (ou seja, não passou pela janela cognitiva de nossa atenção).

As sincronicidades, conforme definidas por Carl Jung, podem ser entendidas como padrões recorrentes do mundo mental. Desse modo, a morte poderia ser entendida como o cessar da dissociação da mente

---

[18] Buniy & Hsu, 2012.

individual com a universal, e seres "mágicos", como gênios e musas, talvez possam existir como dissociações imateriais e se expressar através de rituais, das artes e da música.

Federico Fellini, um dos mais importantes diretores de cinema e criador do filme *Otto e mezzo* (a brilhante comédia autobiográfica e autorreferencialista, que trata dissociadamente de sua própria concepção e desenvolvimento), dizia que o seu cinema era quase totalmente improvisado; que não era ele quem criava seus filmes, mas eram os filmes que se criavam através dele. Para que isso pudesse ocorrer, Fellini mencionou, em entrevista, que era fundamental que ele, como artista, se colocasse à disposição para que a manifestação de sua criação ocorresse, ou seja, disponível para sua misteriosa musa (que ele dizia ser alguém imaterial e desconhecido, mas sempre próximo dele).

Música e dança sempre estiveram juntas, especialmente quando a música é natural, ou seja, espontaneamente gerada por uma comunidade (em vez de obra de um intelectual). Os músicos, quando tocam, também de certa forma dançam, em padrões de gestos espontâneos que, em grupo, parecem quase uma instintiva, discreta, porém inevitável coreografia. Isso intensifica a conexão entre todos os participantes, sejam estes músicos, os que dançam ou aqueles que apenas assistem. Todos são fundamentais para a existência daquele momento especial de comunicação sonora expressiva, o que aponta para a essência da filosofia Ubuntu, das cirandas, das festas do mastro e de tantos outros rituais e festividades entrelaçados pela música, muitas vezes de origem tão antiga que se mesclam com a própria origem da humanidade.

Espero que um dia a sociedade possa resgatar em larga escala as filosofias e as tradições comunitárias metafísicas, não apenas para que a ciência e as artes avancem e prosperem além dos seus atuais dogmas, mas também para resgatar aquilo que fazia (ou finalmente fará) de nós, humanos, pessoas mais humanas.

41
Som e sabor

Do modo que entendo, num sentido brando e até subliminar, todos nós temos experiências sensoriais sinestésicas (que misturam sensações de distintos sentidos). Como se sabe, tais experiências são exacerbadas em estados mentais alterados, como, por exemplo, sob a influência de substâncias alucinógenas, como LSD ou DMT, em pacientes com disfunções cerebrais, em sonhos intensos ou até mesmo em experiências místicas, com muitos relatos de sinestetas que ouvem cores ou que veem sons, ou até mesmo as "alucinações musicais" descritas por Oliver Sacks.[1]

Porém, em menor escala e de modo até subconsciente, frequentemente temos experiências sensoriais multimodais (envolvendo diversos modos de percepção), que se apoiam num princípio sinestésico para fomentar o entendimento quantitativo e a apreciação qualitativa que compõem a nossa noção de realidade, tanto objetiva quanto subjetiva. Para mim, uma simples prova disso ocorre naturalmente, quando definimos a qualidade da sensação de um certo sentido com adjetivos de outro; por exemplo, ao mencionarmos que a voz de alguém é "macia" ou "áspera", que um dado som é "brilhante" ou "opaco", ou que um arquivo de áudio está muito "seco" ou "molhado"

---

[1] Sacks, 2008.

(este normalmente ligado ao nível de reverberação e outros efeitos sonoros que agregam a sensação de espaço e distância ao som).

De fato, todos os nossos sentidos são estratégias biológicas evolutivas para a coleta dinâmica de dados em tempo real, tanto externos (exemplos: imagens, sons, cheiros) quanto internos (exemplos: fome, dor, sono). Essa intrincada tarefa é realizada pelo sistema nervoso, iniciando pelos neurônios sensoriais, cada qual especializado na coleta e na transdução de uma forma específica de energia (exemplos: eletromagnética para a visão, mecânica para o tato, química para o olfato e o paladar, acústica para a audição), todos convertidos em potenciais de ação transmitidos de forma eletroquímica (impulsos elétricos que caminham pelos axônios dos nervos aferentes e são mediados por neurotransmissores nas suas sinapses). Toda essa gama informacional multimodal e dinâmica tem a mesma natureza (é potencial de ação) e chega constantemente ao encéfalo, onde são discriminadas de acordo com sua natureza sensorial, muitas delas de modo subconsciente (como a sensação tátil da roupa que você está agora vestindo, mas na qual provavelmente só reparou ao ler esta frase).

A evolução não criou os sentidos para que estes descrevessem precisamente a realidade externa, mas para viabilizar e otimizar nossa navegação e nossa interação, de modo a propiciar nossa sobrevivência e nosso bem-estar. Quando olhamos as paredes e o teto de uma sala, sabemos que os ângulos são retos (de 90 graus) mesmo não os vendo desse modo (vemos, em seu lugar, ângulos agudos ou obtusos que nos dão a sensação de perspectiva). Quando escutamos, componentes em frequência relacionados à voz humana são percebidos mais nitidamente (pois nossa audição evoluiu para ser mais sensível à fala humana, facilitando, assim, a comunicação humana através da voz e da linguagem). Acostumamo-nos facilmente com um cheiro constante (por isso é tão difícil, por exemplo, alguém detectar o seu próprio mau hálito) ou com um estímulo tátil constante (como no exemplo acima, do contato da nossa própria roupa), mas não nos acostumamos com a sensação de dor continuada (pois esta age como um tipo de alarme corporal para nos alertar de alguma anomalia). As inúmeras ilusões (tanto visuais quanto sonoras) se baseiam nessas discrepâncias sensoriais, focando as inconsistências interpretativas da realidade, de modo a confundir nosso entendimento e nos comprovando, dessa forma, que não percebemos "a vida como ela é" (aqui, parafraseando Nelson Rodrigues).

No cotidiano, os sentidos agem simultaneamente, em cooperação, a fim de nos prover informação útil e robusta. Por exemplo, é mais difícil se equilibrar num só pé estando de olhos fechados, ou assobiar uma escala musical ascendente (Dó, Ré, Mi, Fá, Sol), ao mesmo tempo que baixamos nossos braços. A integração sensorial multimodal (entre sentidos distintos) promove um melhor entendimento da realidade. Sendo assim, não é de estranhar que sensações de um determinado sentido influenciem a sensação de outro sentido. Um exemplo disso é a sensação de sabor, que é dada pela integração quase que inconsciente dos sentidos do paladar e do olfato (por isso que, quando se está com o nariz tampado, o sabor dos alimentos parece atenuado ou até ausente).

No entanto, outras integrações menos óbvias também ocorrem e têm sido objeto de estudo científico, com forte apelo comercial. É o caso da integração entre a sensação de sabor (paladar e olfato) e a sensação sonora. Conhecida como *sonic seasoning* (tempero sonoro), essa tem sido uma área de estudos da influência do som e da música no sabor percebido ao ingerir alimentos e bebidas. Recentemente, o pesquisador Felipe Reinoso Carvalho,[2] professor de *marketing* da Universidad de los Andes, ministrou uma interessante palestra sobre o tema, para o grupo de Neurociência e Música da Universidade Federal do ABC (UFABC), que me inspirou a escrever este capítulo.

---

[2] Carvalho *et al.*, 2017.

A influência da música na propaganda já é algo bastante conhecido, utilizado como fator persuasivo pelo menos desde os trabalhos de Edward Bernays,[3] considerado por muitos como o "pai da propaganda", e estudado por teóricos como Theodor Adorno,[4] influenciando seu conceito de indústria da cultura. O que há de novo no "tempero sonoro" (*sonic seasoning*) é estudar a influência não psicológica ou cultural, mas sinestésica, de mediação sensorial do sabor através de estímulos, tanto puramente sonoros e desprovidos de contexto (notas, sons senoidais) quanto musicais (através de programação musical especificamente escolhida para estimular ou inibir determinadas nuances do sabor).

Pode-se dizer que a maioria das pessoas gosta de consumir alimentos enquanto escuta música ou assiste a vídeos. Talvez a influência sonora já seja intuitivamente utilizada por todos ao escolher e harmonizar um cardápio com uma programação musical específica. O que os estudos aqui tratados tentam, a meu ver, é avançar o conhecimento científico no sentido de compreender um pouco mais as razões perceptuais (os fatores psicoacústicos) e emotivas (os fatores musicais) que permitem mediar sonoramente a promoção ou a contenção do, provavelmente, maior dos prazeres humanos: beber e comer – e, por isso mesmo, fonte de tanta satisfação e de tanto sofrimento.

Sabor e sinestesia

Do mesmo modo que existem casos de CBS (*Charles Bonnet Syndrome*; um tipo bastante intenso de alucinação visual, constituído de formas complexas e geométricas), algumas vezes acompanhados

---

[3] Bernays, 2017.
[4] Adorno, 1951.

FUNDAMENTOS INTERDISCIPLINARES DA MUSICOLOGIA SISTEMÁTICA | 275

de alucinações auditivas, existem estudos envolvendo e integrando múltiplos sentidos, como alucinações visuais, auditivas, táteis e olfativas. Os sentidos não são vias únicas de coleta de dados externos para o encéfalo. Além dos nervos aferentes (que levam informação dos sentidos para o sistema nervoso), também existem nervos eferentes (que fazem o caminho oposto, do sistema nervoso para os órgãos sensoriais), que cumprem a função de regular, adequar, "sintonizar" um dado sentido para que este fique momentaneamente mais (ou menos) sensível a uma específica característica de sua percepção. Por exemplo, quando vemos uma porta arrastada pelo vento, prestes a bater com violência contra o batente (especialmente quando não podemos evitar o impacto iminente), sentimos a pequena musculatura tensora em nossos tímpanos involuntariamente se contraindo a fim de preparar a audição para o forte impacto sonoro.

Na membrana basilar dentro da cóclea (onde ocorre a conversão do sinal acústico em sinal elétrico sonoro) existem, junto com as células ciliadas aferentes (*inner hair cells*, as que captam o som), células eferentes (*outer hair cells*, as que, dinamicamente, sintonizam a membrana basilar tornando-a mais ou menos sensível a determinadas componentes sonoras). Em outras palavras, a nossa audição é dinamicamente sintonizada para perceber ou ignorar determinados aspectos sonoros baseados em informação de outros sentidos ou de nossa memória e especialmente de nossa atenção.

Essa é a base de uma área de pesquisa chamada "percepção *crossmodal*", que estuda a integração holística dos dados coletados pelos nossos sentidos na formação de nossa percepção. Nesse viés, em maior ou menor grau, nossas percepções sensoriais sempre influenciam outros sentidos e são por eles influenciadas. Existe apenas uma percepção ocorrendo em nosso estado de vigília, constantemente mediada pela atenção, que se vale de todas as vias sensoriais e de nossa experiência anterior (memória) para compreendermos e navegarmos na realidade.

Charles Spence,[5] professor de psicologia experimental da Universidade de Oxford, é um dos pesquisadores mais atuantes na área de percepção *crossmodal*, em particular na relação entre som e sabor (*sonic seasoning*). O neurocientista londrino explica que o ato de se alimentar vai muito além da simples nutrição. O prazer envolvido em beber e comer faz da gastronomia uma área de grande interesse social e desenvolvimento empresarial. Beber e comer transcendem questões quantitativas do conteúdo nutritivo e se arvoram no *qualia* da satisfação, do prazer envolvido e até da insatisfação recorrente dos excessos, com seus inevitáveis resultados deletérios, indo desde a desnutrição causada por comer "errado" (por exemplo, alimentos ultraprocessados, desenvolvidos para atiçar a gula ao mesmo tempo que são baratos, o que os torna, via de regra, carentes em nutrientes essenciais), até doenças, compulsões, vícios e obesidade.

A mediação *crossmodal* como forma de ajuste gastronômico parece uma excelente ideia a ser explorada cientificamente, no aspecto de satisfação tanto física quanto mental. Sabe-se, por exemplo, de longa data que perfumes podem alterar o sabor que sentimos ao consumir alimentos, tanto que existe um certo código ético na culinária de alto nível que recomenda não ir a restaurantes usando perfume em excesso. O mesmo ocorre para outros sentidos. É difícil apreciar uma refeição gastronomicamente perfeita num ambiente agitado, com poluição visual e especialmente sonora.

De fato, não é de hoje que pesquisadores (como Holt-Hansen ou Rudmin e Cappelli[6]) vêm analisando as relações sinestésicas entre propriedades sonoras (como *pitch* e timbre) ou musicais (como ritmo e harmonia) na percepção de sabor do ouvinte em aspectos específicos do paladar, como a sensação de doce, amargo, salgado (aspectos

---

[5] Spence *et al.*, 2021.
[6] Holt-Hansen, 1968; Rudmin & Cappelli, 1983.

analisados por Höchenberger e Ohla[7]), ou mesmo texturais, como a cremosidade (estudados por Reinoso Carvalho e colegas[8]).

Um resultado interessante mencionado no artigo de Spence e colegas[9] sobre estudos da influência de estímulos sonoros e musicais sobre alimentos específicos (entre estes, café, chocolate, cerveja, vinho) é a constatação de que estímulos sonoros agudos potencializam a sensação de doçura (como em chocolates), ao passo que estímulos sonoros graves potencializam a sensação de amargo (como em cafés ou cervejas). Felipe Carvalho, um dos colegas de Charles Spence, com quem tem publicado frequentemente, vem ativamente colaborando nessa área de pesquisa, com projetos como "The Sound of Chocolate", que organizou repertórios musicais específicos para serem escutados durante o consumo de diferentes tipos de chocolates belgas.[10]

Apesar disso, em 2014, o crítico culinário Josh Ozersky escreveu um artigo[11] criticando a junção de música e *menu*, uma frente de experimentação amplamente defendida e cultivada por outras personalidades da culinária, como Caroline Hobkinson, que se define como "artista culinária e antropóloga".[12] A meu ver, o ponto de maior relevância, que me parece de certa forma relegado nesses estudos sobre música e *menu* (constituindo, consequentemente, um ótimo combustível para debates acalorados sobre sua verdadeira eficácia ou mera especulação *hipster*), é levar em consideração o fato incontestse de que música é um processo social e, como tal, fortemente dependente da enculturação do ouvinte. Enquanto estudos demonstram quantitativamente a influência no paladar de estímulos sonoros desprovidos de contexto (como ondas senoidais, timbres,

---

[7]   Höchenberger & Ohla, 2018.
[8]   Carvalho *et al.*, 2017.
[9]   Spence *et al.*, 2021.
[10]   Carvalho, 2017.
[11]   Ozersky, 2014.
[12]   Cf. Thompson-Bell; Martin & Hobkinson, 2021.

padrões rítmicos etc.), a utilização de estímulos musicais (ou seja, fortemente contextualizados a um gosto musical) torna essa frente de pesquisa passível de ser aclamada por personalidades artísticas, como Hobkinson, ao mesmo tempo que execrada por outras personalidades importantes da gastronomia, como foi Ozersky.

Música é altamente dependente do gosto do ouvinte, e não se pode garantir que um repertório musical será ubiquamente apreciado por todo e qualquer indivíduo (na verdade, é comum que a música seja um fator não agremiador, mas polarizador de gostos e opiniões, em grupos de ideologias e interesses opostos).

A meu ver, a pesquisa em "som e sabor" fará maiores e melhores avanços se seguir em uma frente prioritariamente baseada em "paisagens sonoras" compostas de padrões totalmente (ou o máximo possível) desprovidos de contexto para a maioria dos ouvintes, em que as grandezas psicoacústicas não sejam entrelaçadas com fatores psicológicos contextuais de natureza expressiva e sociocultural de cada um deles (o que é um dos mais importantes aspectos etnográficos da música). Nesse sentido, a noção de objeto sonoro e escuta reduzida de Pierre Schaeffer[13] pode ser um palatável aliado ao *sonic seasoning*, dando a essa frente de pesquisa um novo e majestoso sabor.

[13] Cf. Donato, 2016.

42
MUSICALIDADE, IMPROVISAÇÃO
E DISPONIBILIDADE

Ainda é comum professores de música comentarem que determinados alunos têm mais "musicalidade" do que outros, ou fãs dizendo que certo músico que eles apreciam, mesmo não tendo muita técnica, tem uma musicalidade incrível. Se você perguntar a quem fez tal afirmação qual é o significado de "musicalidade", provavelmente essa pessoa não será capaz de responder, pelo menos não de modo formal e que não seja circular, por exemplo usando palavras similares ou sinônimos (como: "musicalidade é a capacidade expressiva do músico", "é relacionada ao seu talento", "é a energia da *performance*" etc.). Na verdade, essa é, de fato, uma pergunta capciosa, pois existe uma infinidade de conceitos óbvios e ao mesmo tempo inefáveis, como, por exemplo, "o que é beleza", "o que é justiça", "o que é bom" ou "o que é mau". Mesmo "o que é música", e se "música é ou não é uma linguagem".

As pessoas, ao mesmo tempo que têm opiniões fortíssimas sobre tais assuntos, normalmente são incapazes de definir formalmente os termos que defendem ou atacam (por "formalmente" quero dizer de modo claro, coerente, conciso, sem redundâncias e evitando falácias lógicas). Para mim, um dos papéis mais interessantes da musicologia sistemática (o estudo científico da música) é tentar definir formalmente termos e conceitos de natureza musical, artística, expressiva e, portanto, não semânticos, como são os elementos da linguagem (com seus sujeitos, adjetivos, verbos e afins).

Musicalidade é amplamente estudada, porém pouco definida. Segundo Susan Hallam, autora de "Musicality",[1] o termo é usado de modo muito genérico, referindo-se tanto a pessoas muito talentosas em música (seja em composição, *performance* ou análise) como a pessoas que gostam muito de música. Eu conheci pessoas que amavam música, mas não tinham qualquer talento musical (pelo menos aparentemente ou autodeclaradamente). Também conheci excelentes músicos que diziam gostar pouco ou quase nada de música, tratando a "arte das musas" mais como um trabalho, um fardo de sua profissão, em vez de uma satisfação. Existem também casos na neurociência de pessoas desprovidas de capacidade ou gosto musical, distúrbio chamado de "amusia", uma condição hereditária, porém não necessariamente genética (não foram encontrados "genes da amusia", porém esta costuma se dar mais frequentemente em uma mesma família), que ocorre em cerca de 4% da população. Indivíduos com amusia são incapazes de cantar ou assobiar uma melodia simples, como "Parabéns a você", de modo que outros a reconheçam. Tim Falconer[2] é um desses casos; ele relata gostar de música, porém, antes de ser diagnosticado clinicamente com amusia congênita pela pesquisadora e neurocientista Isabelle Peretz,[3] não entendia por que todos ficavam apavorados quando ele começava a cantar. Segundo Peretz, Falconer é uma pessoa muito inteligente, espirituosa, articulada, e que inclusive escreveu um livro bastante engraçado sobre o seu curioso caso de "cantor ruim" (*Bad Singer*).

Amusia algumas vezes é também chamada de "surdez tonal" (*tone deafness*); é interessante notar que, de fato, esse distúrbio parece

---

[1]   Hallam, 2006.
[2]   Falconer, 2016.
[3]   Cf. Peretz *et al.*, 2007.

afetar apenas a capacidade do paciente para entender, identificar e produzir tonalidade (*pitch*). Porém, sua percepção rítmica aparenta não ser afetada pela amusia. Em um vídeo disponível no YouTube (*Extraordinary Variations of the Mind: Isabelle Peretz: What We Can Learn from Congenital Anomalies*, 2017[4]), Peretz mostra uma gravação de Falconer cantando "Happy birthday", na qual é possível perceber como a divisão rítmica da melodia está correta, ao passo que as notas estão bastante alteradas (especialmente quando Falconer canta a melodia substituindo a letra da canção por "lá-lá-lá").

A musicalidade, no sentido de apreciação musical, como se observa em pessoas com amusia, transcende a capacidade de produção melódica. Na verdade, a musicalidade transcende até mesmo a capacidade de escutar música. Existem muitos estudos e exemplos de surdos que apreciam e produzem música. A comunidade surda participa de concertos e muitos *shows* de música *pop* (ou seja, contendo canções, que são músicas com letra) frequentemente traduzidos durante a *performance* por intérpretes de língua de sinais. Existem, inclusive, músicos famosos que são surdos, como a percussionista Evelyn Glennie, ou o artista de *hip-hop* Matt Maxey. É importante destacar que a comunidade surda é muito eclética em termos de sensibilidade auditiva. Existem nela desde surdos com uma leve perda auditiva (que os incapacita, por exemplo, para acompanhar uma conversa ou escutar uma TV em volume normal) até pessoas profundamente surdas. Os surdos totais são raros; normalmente são os que realizaram o procedimento cirúrgico de implante coclear, que fisicamente interrompe a condução acústica para a cóclea, tornando--os, na ausência do sensor eletrônico, totalmente incapazes de escutar qualquer estímulo sonoro. No entanto, som é vibração e, como tal, é também percebido pelo tato ou pela vibração de nossas vísceras (especialmente no caso de sons bastante graves e intensos), estímulos

---

[4] Disponível no link <https://www.youtube.com/watch?v=YYym_6wdZTw>.

estes aos quais os surdos especialmente profundos e congênitos, pelo processo cerebral de neuroplasticidade funcional, se tornam particularmente sensíveis.

O fato é que musicalidade transcende nossa capacidade de escutar ou de produzir música, pois está fortemente embasada numa necessidade humana: a necessidade de se comunicar expressivamente, o que antecede e ampara a linguagem, sendo essa a intenção expressiva e subjetiva por trás de sua expressão semântica e objetiva. Desse modo, existem infinitas estéticas musicais, as quais muitas vezes (ou quase sempre) se antagonizam, como quando a geração anterior detesta a música da geração seguinte, e vice-versa.

A musicalidade também expressa identidade cultural; processos de enculturação que criam estéticas sonoras podem não ser entendidos por ouvintes de fora daquele contexto comunitário. Nas cantigas de capoeira, existe, para mim, a evidência desse fenômeno; um interessante exemplo de identidade cultural sonora na inflexão tonal das notas prolongadas nos finais das frases, que tendem a se deslocar ligeiramente acima da nota correspondente da escala musical. Isso, que parece uma desafinação, é, na minha opinião, intencional (apesar de intuitiva), na medida em que insere um significado expressivo sonoro dramático, de combate, e uma musicalidade de tensão e expectativa que intensifica a expressividade geral de todo o espetáculo multimodal. Provavelmente isso foi incluído naturalmente, ao longo de gerações, sem que ninguém ao certo se desse conta, mas que de fato funciona (tanto é que muitas gravações de estúdio, das cantigas de capoeira, com a voz do cantor perfeitamente afinada e bem processada, perdem, no meu entender, grande parte do mistério e da relevância dessa tradição cultural nacional tão icônica e importante).

Musicalidade, a meu ver, é a capacidade qualitativa de ser musical. Ser musical é a capacidade qualitativa de produzir, interpretar ou mesmo apreciar música. Música é uma comunicação sonora humana, expressiva e não semântica (distinguindo-se, assim, da linguagem, que é a nossa comunicação sonora semântica). Som é, de fato, *qualia*, ou seja, é um elemento subjetivo, qualitativo, psicológico; é a percepção, a memória ou a imaginação de um estímulo acústico, ou seu correspondente multimodal (como a vibração acústica sentida pelo tato). É por isso que podemos escutar, lembrar ou até sonhar com sons e músicas inteiras, mesmo na ausência do seu correspondente estímulo acústico.

Se o som é psicológico, a música é, necessariamente, contextual, na medida em que depende do entendimento subjetivo *a priori* do ouvinte (o que ouve ou imagina ouvir o som), englobando também como o ouvinte compreende e julga o que é música, em contraste ao seu oposto, que, para mim, não é o silêncio, mas sim o ruído. Este é aqui definido como "todo som não consentido", que não é desejado, que não é bem-vindo, que não queremos escutar (ouvir com atenção), mas que somos obrigados, pelas circunstâncias, a escutar compulsoriamente.

Ruídos vão desde ocorrências de anomalias auditivas, como *tinnitus* (diversos tipos de zumbidos nos ouvidos, frequentes e insistentes), anomalias cognitivas (subjetivas), como *earworm* (trechos de música que obsessivamente se repetem involuntariamente em nossa memória auditiva), ou até mesmo a "música" de que não gostamos e que não controlamos, como aquela da festa do vizinho, que você é obrigado a escutar e que por isso normalmente detesta.

Sendo assim, musicalidade não é apenas contextual, mas também cultural, pois o mesmo músico poderá ser considerado muito musical para uma certa audiência e o contrário para outra. Um exemplo disso, a meu ver, foram os Ramones, a famosa banda *punk rock* fundada nos anos 1970 que começou a se apresentar musicalmente mesmo sem saber tocar ou cantar, mas que, mesmo assim (ou talvez justamente por isso), acabou tendo um enorme sucesso. Eu, apesar de não ser fã desse gênero musical, sempre tive uma estranha simpatia pela musicalidade desse grupo, a qual atribuo à espontaneidade e à sinceridade, tanto pessoal (de seus membros) quanto criativa (da banda), que se evidenciavam nitidamente em sua produção musical.

Sinceridade e espontaneidade são, para mim, atributos fundamentais da musicalidade. É raro algum artista fazer sucesso compondo e interpretando músicas de gêneros que não fazem parte de sua formação cultural pessoal, de sua história de vida. Os ouvintes são particularmente sensíveis à sinceridade expressa pela música; mesmo que o artista seja muito habilidoso, a sua raiz cultural é sempre destacada e involuntariamente evidenciada em sua expressão musical. Comparando, é como o sotaque na linguagem. Não importa quanto tempo alguém viva no estrangeiro, se aprendeu o novo idioma depois de adulto, esse indivíduo jamais falará sem sotaque. Mesmo regionalmente, em países como o Brasil, com grande diversidade cultural, é impossível não percebermos o sotaque de alguém que não seja de nossa comunidade de origem. A música também tem seu sotaque e, assim, sua sinceridade em relação ao gênero de origem, o que é imediatamente percebido pela audiência, estabelecendo ou destruindo laços de empatia do artista com seu público.

Em estilos musicais improvisados, como o *jazz*, esse efeito é ainda mais evidente, pois a música (normalmente sua estrutura melódica) é desenvolvida no momento da sua *performance*, o que invariavelmente leva o músico a utilizar trechos já conhecidos de um repertório automatizado de ações musicais que identificam ainda mais a sua origem sociocultural. Assim, tentar improvisar num estilo que não faz parte da formação do músico (como, por exemplo, um estadunidense improvisando um samba ou um brasileiro improvisando um *jazz*), apesar de ser um bom exercício, para mim, artisticamente é sempre coibido pela inevitável falta de espontaneidade. A meu ver, uma das vantagens de músicos improvisadores brilhantes como Hermeto Pascoal foi justamente não ter imitado improvisadores estrangeiros, mas criado o seu próprio, autêntico e indubitável estilo improvisacional de criação musical (além, é claro, de seu enorme talento acusmático e performático).

Num outro estilo musical diametralmente oposto, mas a meu ver também brilhante, temos o trabalho de Arrigo Barnabé, menos improvisado e instrumental, mais formal e experimental; um tipo de serialismo popular bastante sincero em relação às raízes culturais do artista, à musicalidade da sua geração urbana dos anos 1980, à então nascente sociedade ubiquamente eletrônica.

Concordo com a proposta do arqueólogo, professor e autor Steven Mithen,[5] ao sugerir que música descende de uma protolinguagem não verbal, constituída por interjeições, que ele chama de HMMMM (*Holistic, Manipulative, Multi-modal, Musical and Mimetic*), ou seja, holísticas (cada som tem um significado único e completo), manipulativas (cada som representa uma ordem ou uma intenção específica), multimodais (as interjeições normalmente acompanham gestos, expressões faciais, cheiros etc.), musicais (têm propriedades sonoras similares à música, como a regularidade tonal e rítmica) e miméticas (ao escutar uma interjeição, outros indivíduos do mesmo grupo tendem a repeti-la). Esse conceito está ligado à etologia musical que estuda a comunicação animal para traçar paralelos comportamentais, expressivos e similaridades sonoras com a música, como forma de comunicação expressiva humana. Nesse sentido, música é particularmente eficiente para identificar e constituir laços afetivos entre indivíduos de um mesmo grupo, e, justamente por isso, é tão sensível à sinceridade e à espontaneidade do artista, em especial durante sua *performance* e improvisação; daí por que o viés da multimodalidade (o segundo M de HMMMM) permite sua extensão a outras formas de arte, como a dança e o cinema. Nesse viés, a vida e a obra de Federico Fellini, um dos maiores cineastas do século XX, se destacam.

[5] Mithen, 2006.

O cinema de Fellini, além de fortemente musical (com a fiel e assertiva participação de Nino Rota compondo as trilhas sonoras de seus filmes), foi conhecido (e por isso temido por muitos atores) por ser praticamente todo improvisado. Fellini dizia que dirigia seus filmes apenas nas primeiras semanas de filmagem; após isso, era o filme que dirigia Fellini. Numa entrevista mostrada em documentário, Fellini, num dado momento, fala com grande profundidade e lucidez sobre sua visão do que é improvisação. De modo direto e sucinto, o diretor e roteirista italiano diz que "improvisação" é, para ele, uma palavra errada, de certo modo até ofensiva, pois não daria o devido peso e significado ao processo de criação espontânea. A palavra "improvisação" denotaria confusão, omissão, pouco-caso (exemplo: um serviço feito de modo improvisado). Para ele, a palavra mais correta para se referir a esse processo sincero e espontâneo de criação artística, que exige compenetração quase que ritualística, seria "disponibilidade". Não basta que o artista apenas ajeite a esmo os elementos componentes de sua obra, num improviso qualquer, desinteressado e ausente; ele deve estar disposto e disponível para que um processo misterioso de criação artística ocorra através dele; para tal, deve se oferecer para promover a sua criação, como se fosse um atento e prestativo serviçal, em vez de um vaidoso e centralizador mestre, o que quase sempre impede que o processo criativo seja excepcional.

Durante um bom tempo, no final do século passado, atuei como músico popular semiprofissional, complementando minha renda com eventuais serviços musicais, acompanhando cantores, tocando em grupos e me apresentando solo. Uma coisa que sempre me chamava atenção era o frequente sarcasmo, comum aos músicos de profissão, especialmente em relação às músicas que tinham que tocar. Muitos detestavam (ou pelo menos diziam detestar) o repertório que eram solicitados a incluir em eventos que os contratavam. Eu mesmo fui um deles, contagiado por esse comportamento que hoje considero contraproducente e até mesmo tóxico. Era comum músicos se reunirem, nos intervalos ou após suas apresentações, para ridicularizar as canções que emocionavam suas plateias. Acho que é por isso que músicos costumam ser bons em trocadilhos, pois estes não deixam de ser uma forma velada de agressão; um sarcasmo fonético que distorce o contexto em que foi dito e que por isso, penso eu, muitas vezes irrita quem escuta, sinalizando desinteresse pela conversa e indo, assim, contra um princípio básico da comunicação expressiva sonora: a sinceridade.

Conforme discutido anteriormente, a sinceridade da comunicação pode ser percebida nas inflexões não semânticas da prosódia da oralidade (o modo como uma frase é dita), na comunicação de adultos com crianças, especialmente na fase pré-verbal, e com animais de estimação (que apresentam espontaneamente muitos elementos musicais, como regularidades rítmicas e tonais), e, em especial, na música. Demorei a finalmente aprender que esse comportamento é como um veneno mental, que lentamente intoxica quem o excreta.

Foi também nessa época que aprendi a diferença entre o que é ser "músico" e o que é ser "artista", conceitos muitas vezes confundidos, inclusive pelos próprios músicos e artistas. O músico está para o artista como o cozinheiro está para o *chef*. Muitos *chefs* são exímios cozinheiros, mas nem todo cozinheiro tem condições ou mesmo ambições de se tornar um *chef*. O músico é o que reproduz aquilo que o artista produziu. No entanto, uma significativa parcela da arte, seja na culinária ou na música, é – mesmo que involuntariamente – agregada durante a reprodução, que, no caso da música, é a *performance*.

Mesmo com o advento tecnológico da gravação sonora, o intérprete continua e continuará sendo fundamental para a arte musical, pois não apenas reproduz, como um gravador, o que o compositor criou, mesmo porque a partitura não dá conta de conter todas as significações sonoras de uma peça musical; o intérprete agrega nuances técnicas e expressivas em sua *performance* e, assim, imbui nela elementos de sua personalidade e de seu estado emocional.

Para que esse processo seja otimizado, sinceridade na comunicação expressiva é fundamental, e um fator antagonista disso, a meu ver, é o sarcasmo.

Entendo que a música como profissão pode muitas vezes até se tornar algo detestável (afinal, eu estive lá), mas quanto mais o indivíduo reage negativamente aos eventuais desafios que lhe são impostos, mais aumenta a inércia de suas ocorrências. Nesse sentido, e aqui indo além da esfera musical, o perdão acaba sendo uma estratégia proativa contra a reatividade basal do "olho por olho, dente por dente". Conforme disse Einstein: "É impossível resolver um problema com a mesma atitude que o criou".[6] Em minha experiência pessoal, muitos músicos artistas por mim admirados também tinham personalidades admiráveis. Sem citar nomes, cheguei a conhecer pessoalmente alguns grandes artistas da MPB, que também me impressionaram por terem uma modéstia quase sacerdotal, ao mesmo tempo que seus músicos acompanhadores conspicuamente esbanjavam as atitudes mais altivas e arrogantes.

Sendo a *performance* responsável por agregar elementos criativos à composição, no caso da improvisação, pode-se dizer que toda a criatividade converge para um único ponto: o da *performance*. A meu ver, é possível representar a musicalidade por meio de uma elipse, cujos dois focos são a "composição" e a *"performance"*. A musicalidade para a improvisação seria, assim, representada pela transformação dessa elipse em círculo, cujos focos coincidem num único ponto, que é o centro desse círculo e que representa a "composição performática".

Quanto mais formal é a música, mais a elipse de sua musicalidade tem seus focos distanciados. Quanto mais espontânea é a música, mais os focos se aproximam, até (quase) se encontrarem, no caso da improvisação. Digo "quase", pois a improvisação totalmente

---

[6] Em inglês, "problems cannot be solved with the same mind set that created them".

livre é um ideal inalcançável. Isso seria o equivalente da oralidade espontânea totalmente livre, com até o significado das palavras sendo criado no momento de sua oralização, o que acabaria rompendo com a possibilidade de qualquer comunicação sonora de fato, uma vez que ninguém entenderia o que estaria sendo dito e sobraria apenas a sensação de algo insondável pela cognição dos ouvintes, ou seja, uma incógnita (o que, por seu absurdo, muitas vezes poderia até ser cômico).

Existem diversos tipos de improvisação musical. O mais conhecido é a improvisação jazzística tradicional, que ocorre na esfera melódica, sobre uma estrutura harmônica que se repete. Essas recriações podem se estender para improvisações que envolvam também elementos harmônicos, contendo "rearmonizações" (mudanças da estrutura harmônica) ou mudanças rítmicas. Indo mais além, improvisações podem romper com a estrutura identitária do gênero musical, agregando ou transcendendo seus elementos estruturais e, desse modo, se libertando de seus contextos musicais fundacionais, algumas vezes referidos como "idiomáticos". Assim surgiu o que se conhece por "improvisação livre", corrente da música formal que se mescla à corrente libertária jazzista conhecida por *free jazz*, ou mesmo ao estilo *pop* improvisacional do *Krautrock*.

Na maioria dos casos, improvisações de todas as espécies ainda preservam o elemento da coletividade. São menos comuns os casos de improvisadores que se apresentam solo, pois o elemento coletivo é essencial para intensificar a experiência musical que, muitas vezes, pode atingir estágios de *entrainment*, cuja sincronização coletiva pode levar indivíduos ou mesmo todo o grupo e a audiência a experiências expressivas similares ao êxtase místico ou religioso. No entanto, para que isso ocorra, é necessário o comprometimento de cada músico e do coletivo como um todo em estabelecer uma atitude de abertura para a ocorrência desse estado de transcendência, em que a arte se torna momentaneamente mais importante do que o artista; em suma, a "disponibilidade" – conforme consta no título deste capítulo –, que foi apresentada anteriormente e que é aqui reintroduzida, especialmente em contraste a comportamentos que considero antagônicos e tóxicos à sua manifestação, como o sarcasmo e o menosprezo ao processo artístico.

Essa atitude, mais presente entre músicos populares (talvez devido ao repertório mais comercial e à maior interação da plateia), é muitas vezes erroneamente identificada em famosos músicos do passado, conhecidos por terem personalidade difícil, como foi o caso de Miles Davis; contudo, pelo menos para mim, esse trompetista e compositor estadunidense tinha evidente reverência pela sua musicalidade, disposição pelo fazer artístico e disponibilidade para sua manifestação. Música, como atividade e profissão, é um campo bastante competitivo e leva muitos artistas a enfrentar sérios problemas psicológicos e emocionais, seja pela pressão das apresentações, pelo julgamento próprio, da audiência ou mesmo de colegas. Assim, a atitude de dissociar a individualidade da criação artística é uma eficaz estratégia para preservar sua saúde mental e, desse modo, promover um ambiente mental adequado para a disponibilidade necessária à manifestação de uma *performance* eventualmente sensacional. Para isso, é necessário que o artista abandone momentaneamente o seu ego e corra o risco de ser até mesmo ridicularizado ou humilhado (o que deixa de ser humilhação se seu ego não estiver em primeiro plano).

Nesse contexto, um dos exemplos mais interessantes que conheço, de atitude adequada à improvisação musical seminal, foi o do famoso compositor John Cage, em 1960, quando participou de um programa de auditório para apresentar uma de suas composições experimentais ("Water Walk", no programa "I've got a secret"). Cage mostrou uma atitude leve, sincera, quase infantil, ao mesmo tempo que compenetrada e focada em sua apresentação, atitude esta que me soa destituída de qualquer sarcasmo, apenas humildemente presente e disponível para que algo de artisticamente mágico lá ocorresse, através de sua musicalidade.

Bibliografia

ADLER, Guido. *Umfang, Methode und Ziel der Musikwissenschaft*. Vienna, Vierteljahresschrift für Musikwissenschaft, 1885.

ADORNO, Theodor. *Mínima moralia. Reflexionen aus dem beschädigten Leben*. Berlin, Suhrkamp Verlag, 1951.

ALBRECHT, Joshua & HURON, David. "On the Emergence of the Major--Minor System: Cluster Analysis Suggests the Late 16th Century Collapse of the Dorian and Aeolian Modes". *Proceedings* of the 12th International Conference on Music Perception and Cognition and the 8th Triennial Conference of the European Society for the Cognitive Sciences of Music, 2012, pp. 44-53.

ALEXANDER, Stephon *et al*. "The autodidactic universe". *arXiv preprint*, arXiv:2104.03902, 2021. Disponível em <https://arxiv.org/abs/2104.03902>. Acesso em 20/6/2024.

AMSELLEM, Sherlley. *The role of congruence in the subjective experience of food-like objects*. Tese de doutorado. Münster, WWU Münster, 2017.

ANCHIETA, José de. "Carta de São Vicente, 1560". *In*: AMARAL, Afrânio do (org.). *Cartas – informações, fragmentos históricos e sermões do padre Joseph de Anchieta, S. J. (1554-1594)*. Rio de Janeiro, Civilização Brasileira, 1933.

ÁNGEL-BOTERO, Adriana & ALVARADO-DUQUE, Carlos Fernando. "Oralidad terciaria: mirada ecológica a la radio digital". *Palabra Clave*, vol. 19, n. 2, 2016, pp. 473-500.

ARAN, Edson. "Como destruir seu *Réveillon*" – Diários do Aran. *Revista Bula*, 2020. Disponível em <https://www.revistabula.com/28221-como-

destruir-seu-reveillon/?fbclid=IwAR271RLiiqMQJUH9JcFx2WgUyMi8c
HqWWWho4hCDPRJVZzVJ5L89vodf56Q>. Acesso em 19/6/2024.

ARISTÓTELES. *Política*, livro VIII, capítulo V. Trad. Nestor Silveira Chaves. São Paulo, Nova Cultural, 1997.

ARISTOXENUS. *The Harmonics of Aristoxenus*. Trad. Henry Macran. New York, Clarendon Press, 1902.

ARNDT, Matthew. "Schenker and Schoenberg on the Will of the Tone". *Journal of Music Theory*, vol. 55, n. 1, 2011, pp. 89-146.

BABBITT, Milton. "Set structure as a compositional determinant". *Journal of Music Theory*, vol. 5, n. 1, 1961, pp. 72-94.

BAILEY, Derek. *Improvisation: its nature and practice in music*. Ashbourne, Moorland Publishing, 1980.

BEECKMAN, Isaac. "On the nature of matter" [1620]. *In*: HUNTER, M. J. & LINDBERG, D. C. (ed.). *Early Modern Science: A Source Book*. Chicago, University of Chicago Press, 2004.

BEL, Demian Alimenti & MARTÍNEZ, Isabel Cecilia. "Atributos de la variación como rasgos de estabilidad en el tango: Patrones estilísticos en la producción de la música de Aníbal Troilo y Osvaldo Pugliese". *Epistemus – Revista de estudios en Música, Cognición y Cultura*, vol. 5, n. 2, 2017, pp. 27-56.

BERLYNE, Daniel Ellis. "Novelty, complexity, and hedonic value". *Perception & Psychophysics*, vol. 8, n. 5, 1970, pp. 279-286.

BERNAYS, Edward. *Propaganda*. New York, Ig Publishing, 2017.

BILES, John. "GenJam: A genetic algorithm for generating jazz solos". *ICMC Proceedings*, 1994, pp. 131-137.

BIMBOT, Frédéric *et al.* "System & contrast: a polymorphous model of the inner organization of structural segments within music pieces". *Music Perception*, vol. 33, n. 5. Berkeley, University of California Press, 2016, pp. 631-661.

BOÉCIO. *De institutione musica*. São Paulo, Martins Fontes, 2001.

BOSTROM, Nick. *Superintelligence: Paths, Dangers, Strategies*. Oxford, Oxford University Press, 2014.

BOSTROM, Robert; LANE, Derek & HARRINGTON, Nancy. "Music as Persuasion: Creative Mechanisms for Enacting Academe". *American Communication Journal*, vol. 6, n. 1, 2002.

BOURGAULT, Sophie. "Friedrich Nietzsche's Musical Aesthetics: A Reassessment". *Symposium*, vol. 17, n. 1, Spring 2013, pp. 171-193.

BOWER, Calvin M. "The transmission of ancient music theory into the Middle Ages". *In*: CHRISTENSEN, Thomas. *The Cambridge History of Western Music Theory*. Cambridge, Cambridge University Press, 2006, pp. 136-167.

BRIER, Søren. "Habit as a Connecting Nature, Mind and Culture in C.S. Peirce's Semiotic Pragmaticism". *Proceedings*, vol. 1, 2017, p. 226.

BROWN, Steven. *Music and Manipulation: On the Social Uses and Social Control of Music*. New York, Berghahn Books, 2006.

BRUNER, Jerome. "The course of cognitive growth". *American Psychologist*, vol. 19, n. 1, 1964, pp. 1-15.

BULLOCK, Jamie. "LibXtract: a lightweight library for audio feature extraction". *Proceedings* of the 2007 International Computer Music Conference, 2007, pp. 25-28.

BUNIY, Roman & HSU, Stephen Dao Hui. "Everything is entangled". *Physics Letters B*, vol. 718, n. 2, 2012, pp. 233-236.

CARHART-HARRIS, Robin Lester *et al.* "Neural correlates of the entheogen state as determined by fMRI studies with psilocybin". *Proceedings of the National Academy of Sciences of the United States of America*, vol. 109, 2012, pp. 2.138-2.143.

CARVALHO, Felipe Reinoso *et al.* "'Smooth operator': Music modulates the perceived creaminess, sweetness, and bitterness of chocolate". *Appetite*, vol. 108, 2017, pp. 383-390.

CASTANHEIRA, Carolina Parizzi. *"De Institutione musica", de Boécio – Livro 1: tradução e comentários*. Dissertação de mestrado. Belo Horizonte, Departamento de Letras, Universidade Federal de Minas Gerais, 2009.

CAVALCANTE, Kellison Lima. "Fundamentos da filosofia Ubuntu: afroperspectivas e o humanismo africano". *Revista Semiárido de Visu*, vol. 8, n. 2, 2020.

CLAYTON, Martin. "What is entrainment? Definition and applications in musical research". *Empirical Musicology Review*, vol. 7, n. 1-2, 2012, pp. 49-56.

COLOMBO, Florian & GERSTNER, Wulfram. "Bachprop: Learning to compose music in multiple styles". *arXiv preprint*, 2018. Disponível em <https://arxiv.org/abs/1802.05162>. Acesso em 20/7/2024.

CONWAY, John & KOCHEN, Simon. "The Strong Free Will Theorem". *Notices of the AMS*, vol. 56, n. 2, 2009 [2006], pp. 226-232.

CORTIZO, Vitor *et al.* "Síndrome de Charles Bonnet: alucinações visuais em pacientes com doenças oculares – relato de caso". *Arquivos Brasileiros de Oftalmologia*, vol. 68, n. 1, 2005, pp. 129-132.

CORWIN, Lucille. *Le Istitutioni Harmoniche of Gioseffo Zarlino*, Part 1: *A translation with introduction*. New York, City University of New York, 2008.

CRISTOFORI, Irene *et al.* "Neural correlates of mystical experience". *Neuropsychologia*, vol. 80, 2016, pp. 212-220.

DESCARTES, René. *Discurso do método / Meditações / Objeções e respostas / As paixões da alma / Cartas*. São Paulo, Abril Cultural, 1973.

_____. *Compendio de musica*. Trad. Primitiva Flores e Carmen Gallardo. Madrid, Editorial Tecnos, 2001.

DONATO, Davi. "As quatro funções da escuta de Pierre Schaeffer e sua importância no projeto teórico do Traité". *Debates Unirio*, n. 16, 2016, pp. 32-51.

DOUVEN, Igor. "Abduction". *In*: ZALTA, Edward & NODELMAN, Uri (org.). *The Stanford Encyclopedia of Philosophy*. Summer, 2021. Disponível em <https://plato.stanford.edu/archives/sum2021/entries/abduction/>. Acesso em 9/7/2024.

DURRANI, Matin & RODGERS, Peter. "Physics: past, present, future". *Physics World Magazine*, 1999. Disponível em <https://physicsworld.com/a/physics-past-present-future/>. Acesso em 17/7/2024.

DURSTON, Sarah. *The Universe, Life and Everything...: Dialogues on our Changing Understanding of Reality*. Amsterdam, Amsterdam University Press, 2017.

EDMONSON, Alexis *et al.* "The function of the tensor tympani muscle: a comprehensive review of the literature". *Anatomy & Cell Biology*, vol. 55, n. 2, 2022, pp. 113-117.

EEROLA, Tuomas & TUURI, Kai. "Formulating a Revised Taxonomy for Modes of Listening". *Journal of New Music Research*, vol. 41, n. 2, 2012, pp. 137-152.

FALCONER, Tim. *Bad Singer: The Surprising Science of Tone Deafness and How We Hear Music*. Toronto, House of Anansi Press Inc, 2016.

FARBOOD, Morwaread Mary. "A parametric, temporal model of musical tension". *Music Perception: An Interdisciplinary Journal*, vol. 29, n. 4, 2012, pp. 387-428.

FECHNER, Gustav Theodor. *Elementos de psicofísica*. Trad. Maria da Penha Villalobos. São Paulo, Nova Alexandria, 2016.

FIORAVANTI, Carlos. "Os sons de um quase caos: improvisação livre valoriza a criatividade dos intérpretes, é mais estudada e ganha espaço para apresentações". *Pesquisa Fapesp*, 2017. Disponível em <https://revistapesquisa.fapesp.br/os-sons-de-um-quase-caos/>. Acesso em 9/7/2024.

FORTE, Allen. *The Structure of Atonal Music*. New Haven, Yale University Press, 1973.

GIBSON, Sophie. *Aristoxenus of Tarentum and the Birth of Musicology*. London, Routledge, 2014.

GINSBORG, Hannah. "Kant's Aesthetics and Teleology". *In*: ZALTA, Edward & NODELMAN, Uri (org.). *The Stanford Encyclopedia of Philosophy*. Fall, 2022. Disponível em <https://plato.stanford.edu/archives/fall2022/entries/kant-aesthetics/>. Acesso em 11/6/2024.

GÖDEL, Kurt Friedrich. "Über formal unentscheidbare Sätze der Principia Mathematica und verwandter Systeme I". *Monatshefte für Mathematik und Physik*, 38(1), 1931, pp. 173-198.

GUINAN, John & COOPER, Dale. "Efferent-mediated control of basilar membrane motion". *Journal of Physiology*, vol. 576, 2006, pp. 49-54.

HAINES, John. "The Origins of the Musical Staff". *The Musical Quarterly*, vol. 91, n. 3-4, 2009, pp. 327-378.

HALLAM, Susan. "Musicality". *In*: McPHERSON, Gary Edward (org.). *The child as musician: A handbook of musical development*. Oxford, Oxford University Press, 2006, pp. 93-110.

HAMPSON, Louise Barbara. *Schenker and Schoenberg: A critical comparison of two analytical methods, with reference to the first movement of Beethoven's Appassionata Sonata*. Dissertação de mestrado. Hamilton, McMaster University, 1993.

HANSLICK, Eduard. *On the Musically Beautiful: A New Translation*. Trad. Lee Allen Rothfarb e Christoph Landerer. New York, Oxford University Press, 2018 [1854].

HANSON, Howard. *Harmonic Materials of Modern Music: Resources of the Tempered Scale*. New York, Appleton-Century-Crofts, 1960.

HARPAZ, Yuval; LEVKOVITZ, Yechiel & LAVIDOR, Michal. "Lexical ambiguity resolution in Wernicke's area and its right homologue". *Cortex*, vol. 45, n. 9, 2009, pp. 1.097-1.103.

HELMHOLTZ, Hermann von. *On the sensations of tone as a physiological basis for the theory of music*. Trad. Alexander Ellis. Cambridge, Cambridge University Press, 2009 [1863].

HENRY, Richard Conn. "The Mental Universe". *Nature*, vol. 436, 2005, p. 29.

HERMANNS, William. *Einstein and the Poet*. Boston, Branden Press, 1983.

HOBBES, Thomas. *Leviatã ou Matéria, palavra e poder de um governo eclesiástico e civil*. São Paulo, Martin Claret, 2014.

HOBSBAWM, Eric. "The machine breakers". *Past & Present*, n. 1, 1952, pp. 57-70.

HÖCHENBERGER, Richard & OHLA, Kathrin. "A bittersweet symphony: Evidence for taste-sound correspondences without effects on taste quality-specific perception". *Journal of Neuroscience Research*, vol. 97, n. 8, 2018.

HOLT-HANSEN, Kristian. "Taste and Pitch". *Perceptual and Motor Skills*, vol. 27, n. 1, 1968, pp. 59-68.

HORI, Hiroko; TERAO, Takeshi & NAKAMURA, Jun. "Charles Bonnet Syndrome with Auditory Hallucinations: A Diagnostic Dilemma". *Psychopathology*, vol. 34, n. 3, 2001, pp. 164-166.

HUANG, Allen & WU, Raymond. "Deep Learning for Music". *ArXiv*, abs/1606.04930, 2016. Disponível em <https://arxiv.org/abs/1606.04930>. Acesso em 19/6/2024.

HURLEY, Matthew; DENNETT, Daniel Clement & ADAMS, Reginald Jr. *Inside Jokes: Using Humor to Reverse-Engineer the Mind*. Cambridge, Massachusetts, MIT Press, 2011.

HURON, David. "Listening styles and listening strategies". Conference. Society for Music Theory, 2002.

_____. *Sweet anticipation: Music and the psychology of expectation*. Cambridge, MIT Press, 2006.

_____. "Cues and Signals: An Ethological Approach to Music-Related Emotion". *Signata*, vol. 6, 2015, pp. 331-351.

HURON, David; KINNEY, Daryl & PRECODA, Kristin. "Influence of pitch height on the perception of submissiveness and threat in musical passages". *Empirical Musicology Review*, vol. 1, n. 3, 2006, pp. 170-177.

ISAACSON, Walter. *Einstein: His Life and Universe*. New York, Simon & Schuster, 2007.

JAKUBOWSKI, Kelly *et al.* "Dissecting an earworm: Melodic features and song popularity predict involuntary musical imagery". *Psychology of Aesthetics, Creativity, and the Arts*, vol. 11, n. 2, 2017, pp. 122-135.

JANATA, Petr. "Neural basis of music perception". *In*: CELESIA, Gastone & HICKOK, Gregory (org.). *Handbook of Clinical Neurology*, vol. 129. Edinburgh, Elsevier, 2015.

JORDI, Cat. "Otto Neurath". *In*: ZALTA, Edward & NODELMAN, Uri (org.). *The Stanford Encyclopedia of Philosophy*. Spring, 2024. Disponível em <https://plato.stanford.edu/archives/spr2024/entries/neurath/>. Acesso em 19/7/2024.

JORGENSEN, Lars Martin. "Descartes on Music: Between the Ancients and the Aestheticians". *The British Journal of Aesthetics*, vol. 52, n. 4, 2012, pp. 407-424.

KAHN, Charles. *Pythagoras and the Pythagoreans: A Brief History.* Indianapolis, Hackett Publishing, 2001.

KARPLUS, Kevin & STRONG, Alex. "Digital Synthesis of Plucked String and Drum Timbres". *Computer Music Journal*, vol. 7, n. 2, 1983, pp. 43-55.

KASTRUP, Bernardo. "The Next Paradigm". *Future Human Image*, vol. 9, 2018, pp. 41-51.

KAUFMANN, Henry William. *The Life and Works of Nicola Vicentino.* Roma, American Institute of Musicology, 1966.

KLEMPE, Sven Hroar. "The role of tone sensation and musical stimuli in early experimental psychology". *Journal of the History of the Behavioral Sciences*, vol. 47, n. 2, 2011, pp. 187-199.

KOPIEZ, Reinhard; PLATZ, Friedrich & WOLF, Anna. "The overrated power of background music in television news magazines: A replication of Brosius' 1990 study". *Musicae Scientiae*, vol. 17, n. 3, 2013, pp. 309-331.

KRUSE, Felicia. "Emotion in Musical Meaning: A Peircean Solution to Langer's Dualism". *Transactions of the Charles S. Peirce Society*, vol. 41, n. 4, 2005, pp. 762-778.

KUNST, Jaap. *Musicologica.* Amsterdam, Koninklijke Vereeniging Indisch Institut, 1950.

LARSON, Steve. *Musical forces: motion, metaphor, and meaning in music.* Bloomington, Indiana University Press, 2012.

LEIBNIZ, Gottfried Wilhelm. *Philosophical Papers and Letters.* Trad. Leroy Loemker. Dordrecht, D. Reidel Publishing Company, 1969.

LERDAHL, Fred & JACKENDOFF, Ray. *A Generative Theory of Tonal Music*. Cambridge, MIT Press, 1983.

LEVITIN, Daniel Joseph. *This is your brain on music: The science of a human obsession*. New York, Penguin, 2006.

LEVITIN, Daniel Joseph & GRAFTON, Scott T. "Measuring the representational space of music with fMRI: a case study with Sting". *Neurocase*, vol. 22, n. 6, 2016, pp. 548-557.

LEVY, Ernst. *A theory of harmony*. New York, Suny Press, 1985.

LEWIS, Jerome. "A Cross-Cultural Perspective on the Significance of Music and Dance to Culture and Society". *In*: ARBIB, Michael A. (org.). *Language, Music and the Brain*. Cambridge, Massachusetts, MIT Press, 2013.

LOGAN, Robert. *Understanding new media: extending Marshall McLuhan*. New York, Peter Lang, 2010.

MARGULIS, Elizabeth Hellmuth. "A model of melodic expectation". *Music Perception: An Interdisciplinary Journal*, vol. 22, n. 4, 2005, pp. 663-714.

MARTINDALE, Colin; MOORE, Kathleen & BORKUM, Jonathan. "Aesthetic Preference: Anomalous Findings for Berlyne's Psychobiological Theory". *The American Journal of Psychology*, vol. 103, n. 1, 1990, pp. 53-80.

MARTINELLI, Riccardo. "Brentano and Stumpf on Tonal Fusion". *In*: FISSETTE, Denis & FRÉCHETTE, Guillaume (org.). *Themes from Brentano*. New York, Editions Rodopi, 2013.

MARTINI, Giovanni Battista. *Storia della musica*, vol. 1. Bologna, Lelio dalla Volpe, 1757.

MATTHESON, Johann. *Johann Mattheson's Der Vollkommene Capellmeister: A Revised Translation with Critical Commentary*. Trad. Ernest Charles Harriss. Michigan, UMI Research Press, 1981.

MATURANA, Humberto & VARELA, Francisco. *Autopoiesis and cognition: the realization of the living*. Dordrecht, D. Reidel Publishing Company, 1980.

McINTYRE, Hugh. "Americans Are Spending More Time Listening To Music Than Ever Before". *Forbes*, 2017. Disponível em <https://www.forbes.com/sites/hughmcintyre/2017/11/09/americans-are-spending-more-time-listening-to-music-than-ever-before/#65735cd2f7f8>. Acesso em 12/7/2024.

McLUHAN, Marshall. *Understanding Media: The Extensions of Man*. New York, McGraw-Hill, 1994 [1964].

McNABB, Michael. "Dreamsong: The Composition". *Computer Music Journal*, vol. 5, n. 4, 2015.

MEYER, Leonard. *Emotion and Meaning in Music*. Chicago, University of Chicago Press, 2008 [1956].

MITHEN, Steven. *The singing Neanderthals: The origins of music, language, mind, and body*. Cambridge/Massachusetts, Harvard University Press, 2006.

MOORE, Gordon Earle. "Cramming more components onto integrated circuits". *Electronics Magazine*, 1965.

MORAES, Maurício. "É falso que Chico Buarque compra músicas de compositores anônimos". *Agência Lupa*. Rio de Janeiro, 2020. Disponível em <https://lupa.uol.com.br/jornalismo/2020/01/03/verificamos-chico-buarque-compra-musicas-compositores-anonimos>. Acesso em 9/7/2024.

MÜLLENSIEFEN, Daniel. *Fantastic: Feature ANalysis Technology Accessing STatistics (In a Corpus): technical report v1.5*. London, Goldsmiths University of London, 2009.

NARMOUR, Eugene. *Beyond Schenkerism: The Need for Alternatives in Music Analysis*. Chicago, University of Chicago Press, 1977.

O'CONNOR, Peg. "Perfectionism is Self-Deception". *Philosophy Stirred, Not Shaken* (Blog), 11 fev. 2015. Disponível em <https://www.psychologytoday.com/intl/blog/philosophy-stirred-not-shaken/201502/perfectionism-is-self-deception>. Acesso em 3/2/2025.

ONG, Walter. *Orality and literacy: the technologizing of the word*. New York, Taylor and Francis Group, 1982.

OZERSKY, Josh. "The radiohead menu is everything wrong with food today". *Esquire*, 2014. Disponível em <https://www.esquire.com/food-drink/food/a27308/radiohead-tasting-menu/>. Acesso em 9/7/2024.

PALISCA, Claude Victor. "Guido of Arezzo [Aretinus]". *In*: ROOT, Deane (ed.). *Grove Music Online*. Oxford, Oxford University Press, 2013.

PARNCUTT, Richard. "Systematic Musicology and the History and Future of Western Musical Scholarship". *Journal of Interdisciplinary Music Studies*, vol. 1, n. 1, 2007, pp. 1-32.

PATEL, Aniruddh. *Music, language and the brain*. Oxford, Oxford University Press, 2007.

PEREIRA, Aires Rodeia. "A estética musical em Aristóxeno de Tarento". *Humanitas*, vol. XLVII, 1995, pp. 469-479.

PERETZ, Isabelle; CUMMINGS, Stéphanie & DUBÉ, Marie-Pierre. "The genetics of congenital amusia (tone deafness): a family-aggregation study". *The American Journal of Human Genetics*, vol. 81, n. 3, 2007, pp. 582-588.

PÉREZ, Joaquín & MARTÍNEZ, Isabel Cecilia. "La Improvisación como conciencia en acto: Hacia una perspectiva corporeizada y ecológica de la improvisación musical". 6tas Jornadas de Investigación en Disciplinas Artísticas y Proyectuales (Jidap), 2012.

PETERS, Michael. "Technological unemployment: Educating for the fourth industrial revolution". *The Chinese dream: Educating the future*. London, Routledge, 2019.

PLATÃO. *A República*. Trad. Enrico Corvisieri. São Paulo, Martin Claret, 2006. Livro III, 401d-e.

____. *A República*. Trad. Enrico Corvisieri. São Paulo, Martin Claret, 2006. Livro X, 596a-602b.

PLOMP, Reinier & LEVELT, Willem. "Tonal Consonance and Critical Bandwidth". *The Journal of the Acoustical Society of America*, vol. 38, 1965, pp. 548-560.

POOSSON, Sylvain. "Entre tango y payada": The Expression of Blacks in 19th Century Argentina". *Confluencia*, vol. 20, n. 1, 2004, pp. 87-99.

POPKIN, Gabriel. "Einstein's 'spooky action at a distance' spotted in objects almost big enough to see". *Science*, 2018. Disponível em <https://www.science.org/content/article/einstein-s-spooky-action-distance-spotted-objects-almost-big-enough-see#:~:text=Albert%20Einstein%20colorfully%20dismissed%20quantum,to%20a%20satellite%20in%20space.>. Acesso em 19/7/2024.

PRAETORIUS, Michael. *Syntagma Musicum II: De Organographia*. Wolfenbüttel, 1619.

PRICE, Rob. "Microsoft's AI chatbot says Windows is 'spyware'". *Business Insider*, 2017. Disponível em <https://www.businessinsider.com/microsoft-ai-chatbot-zo-windows-spyware-tay-2017-7>. Acesso em 20/7/2024.

RANDALL, Richard. *A General Theory of Comparative Music Analysis*. Tese de doutorado. New York, University of Rochester, 2006.

ROBERTSON, Michelle *et al.* "Characteristics of non-clinical hallucinations: A mixed-methods analysis of auditory, visual, tactile and olfactory hallucinations in a primary voice-hearing cohort". *Psychiatry Research*, vol. 289, 2020.

ROBINSON, Andrew. "Chemistry's visual origins". *Nature*, vol. 465, 2010, p. 30.

RODRIGUES, Nelson. *A vida como ela é... O homem fiel e outros contos.* São Paulo, Companhia das Letras, 2001.

ROGERS, Carl & FARSON, Richard Evans. *Active listening.* Mansfied Centre, Martino Publishing, 2015.

RUDMIN, Floyd & CAPPELLI, Mark. "Tone-Taste Synesthesia: A Replication". *Perceptual and Motor Skills*, vol. 56, n. 1, 1983, p. 118.

SACKS, Oliver. *Musicophilia: Tales of Music and the Brain.* New York, Vintage, 2008.

SADIE, Stanley. *Vincenzo Galilei. The New Grove Dictionary of Music and Musicians.* London, Macmillan Publishers Ltd., 1980.

SCHÄFER, Thomas *et al.* "The psychological functions of music listening". *Frontiers in Psychology*, vol. 4, 2013.

SCHOEN-NAZZARO, Mary. "Plato and Aristotle on the Ends of Music". *Laval Théologique et Philosophique*, vol. 34, n. 3, 1978, pp. 261-273.

SCHOPENHAUER, Arthur. *The World as Will and Representation*, vol. 1. Trad. Eric Francis Jules Payne. Massachusetts, Courier Corporation, 1966 [1818].

SEASHORE, Carl Emil. *The psychology of musical talent.* Boston, Burdett and Company, 1919.

____. *Why we love music.* Boston, Oliver Ditson Company, 1941.

____. *In Search of Beauty in Music.* New York, The Ronald Press Company, 1947.

SHANNON, Claude Elwood. "A mathematical theory of communication". *The Bell System Technical Journal*, vol. 27, n. 3, 1948, pp. 379-423.

SHELDRAKE, Rupert. *The Science Delusion: Freeing the Spirit of Enquiry.* London, Coronet, 2012.

SILVÉRIO, Gustavo Camargo & ROSAT, Renata Menezes. "Memória de longo prazo: mecanismos neurofisiológicos de formação". *Revista Médica de Minas Gerais*, vol. 16, n. 4, 2006, pp. 219-223.

SMITH, Julius. "Digital Waveguide Architectures for Virtual Musical Instruments". *In*: HAVELOCK, David; KUWANO, Sonoko & VORLÄNDER, Michael (org.). *Handbook of Signal Processing in Acoustics.* Berlim, Springer, 2008.

SPENCE, Charles *et al.* "Commercializing Sonic Seasoning in Multisensory Offline Experiential Events and Online Tasting Experiences". *Frontiers in Psychology*, vol. 12, 2021.

STAMOU, Lelouda. "Plato and Aristotle on Music and Music Education: Lessons From Ancient Greece". *International Journal of Music Education*, vol. 39, n. 1, 2002, pp. 3-16.

STUMPF, Carl. *The Origins of Music*. Oxford, Oxford University Press, 2012.

_____. *Tone psychology*, vol. I: *The Sensation of Successive Single Tones*. London, Routledge, 2019.

TANCO, Matías Germán. "La comunicación performer-público en la performance de la música académica". *Revista de Psicología (UNLP)*, vol. 17, n. 2, 2018, pp. 22-44.

TAYLOR, Jill Bolte. *My Stroke of Insight: A Brain Scientist's Personal Journey*. New York, Viking, Penguin Group Inc., 2006.

TEGMARK, Max. "Our Mathematical Universe: My Quest for the Ultimate Nature of Reality". New York, Knopf, 2014.

THOMAS, Ben. "Oliver Sacks Shares Tales of Musical Hallucinations". *Scientific American*, 2013. Disponível em <https://www.scientificamerican.com/blog/mind-guest-blog/oliver-sacks-shares-tales-of-musical-hallucinations/>. Acesso em 9/7/2024.

THOMPSON-BELL, Jacob; MARTIN, Adam & HOBKINSON, Caroline. "'Unusual ingredients': Developing a cross-domain model for multisensory artistic practice linking food and music". *International Journal of Food Design*, vol. 6, n. 2, 2021, pp. 233-261.

VAN LOMMEL, Pirn *et al.* "Near-death experience in survivors of cardiac arrest: a prospective study in the Netherlands". *The Lancet*, vol. 358, 2001.

VAROUFAKIS, Yanis. *Technofeudalism: What killed capitalism*. Hoboken, Melville House, 2024.

VASWANI, Ashish *et al.* "Attention is all you need". *Advances in Neural Information Processing Systems*, vol. 30, 2017.

VELEMA, Floris. "From technique to technology: A reinterpretation of Adorno's concept of musical material". *Proceedings* of the Electroacoustic Music Studies Network Conference, 2007.

VICKERS, Paul. "Ways of Listening and Modes of Being: Electroacoustic Auditory Display". *Journal of Sonic Studies*, vol. 2, 2012.

VON NEUMANN, John. *The Computer and the Brain*. New Haven, Connecticut, Yale University Press, 1958.

WASHBURN, Sherwood (ed.). *Social life of early man*. New York, Routledge, 1962.

WEST, Martin Litchfield. *Ancient Greek Music*. Oxford, Clarendon Press, 1992.

WHITEHEAD, Alfred North & RUSSELL, Bertrand. *Principia Mathematica*. Cambridge, At the University Press, 1963 [1910].

WINDT, Jennifer Michelle. *Dreaming: A Conceptual Framework for Philosophy of Mind and Empirical Research*. Cambridge, The MIT Press, 2015.

WOLVIN, Andrew & COAKLEY, Carolyn Gwynn. *Listening*. Dubuque, William C. Brown Publishers, 1992.

_____. "Listening competency". *International Listening Association Journal*, vol. 8, n. 1, 1994, pp. 148-160.

WOOD, Robert Jackson. *At the Threshold: Edgard Varese, Modernism, and the Experience of Modernity*. Tese de doutorado. New York, City University of New York, 2014.

WUNDT, Wilhelm Max. *An Introduction to Psychology*. Trad. Rudolf Pintner. London, George Allen & Unwin, 1912.

XENAKIS, Iannis. *Formalized Music: Thought and Mathematics in Composition*. New York, Pendragon Press, 2001.

ZATORRE, Robert; CHEN, Joyce & PENHUNE, Virginia. "When the brain plays music: auditory–motor interactions in music perception and production". *Nature Reviews Neuroscience*, vol. 8, n. 7, 2007, pp. 547-558.

ZHOU, Xinyue; KIM, Sara & WANG, Lili. "Money helps when money feels: Money anthropomorphism increases charitable giving". *Journal of Consumer Research*, vol. 45, n. 5, 2019, pp. 953-972.

Título	Fundamentos interdisciplinares da musicologia sistemática
Autores	José Eduardo Fornari Novo Junior
Coordenador editorial	Ricardo Lima
Secretário gráfico	Ednilson Tristão
Preparação dos originais e revisão	Lúcia Helena Lahoz Morelli
Editoração eletrônica	Ednilson Tristão
Design de capa	Ana Basaglia
Formato	14 x 21 cm
Papel	Avena 80 g/m² – miolo
	Cartão supremo 250 g/m² – capa
Tipologia	Minion Pro
Número de páginas	304

ESTA OBRA FOI IMPRESSA NA GRÁFICA CS
PARA A EDITORA DA UNICAMP EM FEVEREIRO DE 2025.